W0068326

Kanarische Inseln

Hans-Heiner Bergmann
Wiltraud Engländer

Dedicado a los amigos Canarios

Tecklenborg

Die Deutsche Bibliothek – CIP-Einheitsaufnahme

terra NaturReiseführer Kanarische Inseln
Hans-Heiner Bergmann, Wiltraud Engländer
Steinfurt, Tecklenborg Verlag, 2008
ISBN: 978-3-939172-37-6
NE: Bergmann, Hans-Heiner; Engländer, Wiltraud

Die Zusammenstellung der praktischen
Reiseinformationen und die Beschreibung
der Touren in diesem Führer erfolgten
mit größtmöglicher Sorgfalt und mit Rücksicht
auf die Natur. Bitte verhalten auch Sie sich
entsprechend und beachten Sie im Interesse
Ihrer eigenen Sicherheit die Hinweise der
Autoren, z. B. zu gefährlichen Wegstrecken.
Ob eine Route gefährlich ist, hängt neben
den Wetterverhältnissen auch von der
persönlichen Konstitution des Reisenden ab.
Befragen Sie im Zweifelsfall vor einer Reise
ihren Hausarzt.
Bitte haben Sie Verständnis dafür, dass sich
nach Erscheinen des Buches Wegführungen,
Anschriften, Telefonnummern und Internet-
Adressen ändern können.
Korrekturhinweise werden Autoren und Verlag
gerne aufgreifen.

Das Werk einschließlich aller seiner Teile ist
urheberrechtlich geschützt. Jede Verwertung
außerhalb der engen Grenzen des Urheberrechts-
gesetzes ist ohne Zustimmung des Verlages
unzulässig und strafbar. Das gilt insbesondere
für Vervielfältigungen, Übersetzungen,
Mikroverfilmungen und die Einspeicherung und
Verarbeitung in elektronischen Systemen.

1. Auflage 1993 BLV Verlag, München
2. Auflage 1995 BLV Verlag, München
3. Auflage 2008 (vollständig überarbeitet)
   © Tecklenborg Verlag,
   Siemensstraße 4, 48565 Steinfurt

Lektorat: Diana Kirstein
Karten: Viertaler+Braun, Grafik-DTP, München;
Tecklenborg Verlag
Karte vordere Umschlagklappe:
Angelika Thieme / mapdesign@arcor.de
Gesamtherstellung:
Druckhaus Tecklenborg, Steinfurt

Printed in Germany
ISBN: 978-3-939172-37-6

Einführung

Tafeln

Inhalt

Zum Geleit

terra NaturReiseführer – eine Chance für den sanften Tourismus?

Dem Massentourismus ist sehr viel Natur zum Opfer gefallen. Der Versuch, den Ballungsräumen in eine »intakte Natur« für die kostbaren Wochen des Jahres zu entfliehen, misslang. Denn der Ruhe und Naturgenuss suchende Mensch wurde im Touristikboom schnell wieder in die Massen einbezogen. Der Massentourismus wälzte sich, da er fortlaufend seine eigenen Existenzgrundlagen zerstört, bis in die letzten Winkel der Erde. Mit größter Sorge betrachten Naturschützer in aller Welt diese Entwicklung.

So wurde der Tourismus als nicht natur- und umweltverträglich gebrandmarkt. Nicht ganz zu Recht! Denn nicht wenige der unersetzlichen Naturreservate der Welt konnten gerade wegen des Tourismus gesichert werden, der manchen Staaten mehr harte Währung einbringt als eine Umwidmung dieser Flächen zu anderen Formen der Nutzung. Durch gezielte Lenkung des Besucherstromes ist es möglich, die Schäden gering zu halten, aber großen Nutzen zu bewirken.

In Afrika und in Südostasien gelingt es offenbar besser, Naturreservate zu erhalten als in Mitteleuropa. Es fehlt aber an Information und an Personal, das die Schutzgebiete überwacht, Besucher betreut und für die Erhaltung der Natur wie für die Einhaltung der Schutzbestimmungen sorgt, den Besucherstrom also sinnvoll lenkt. So bleibt der Naturfreund auf sich allein gestellt, wenn er Natur erleben will, ohne sie zu zerstören.

Die Serie »terra NaturReiseführer« will Naturfreunden helfen, sich schöne Landschaften mit einem reichhaltigen oder einzigartigen Tier- und Pflanzenleben auf eine »umweltverträgliche« Art zu erschließen.

Ein Tourismus, der auf Information aufbaut und dessen Ziel die Sicherung der Naturschönheiten ist, wird vielleicht eine Wende zu ihrem wirklich nachhaltigen Erhalt bringen. Unberührte Natur, naturnahe Landschaften und frei lebende Tiere und Pflanzen haben ihren besonderen Wert. Aber er wird nicht zum Nulltarif auf Dauer zu erhalten sein.

Dr. Einhard Bezzel
Prof. Dr. Josef H. Reichholf

Vorwort zur 1. Auflage

Als »Islas encantadas« gelten sie seit alters her, als verzauberte, zauberhafte Inseln. Viele alte und neue Sagen ranken sich um sie. Immer noch haftet ihnen auch der Ruch des im Atlantik versunkenen märchenhaften Inselreichs Atlantis an. Doch vermögen die Kanarischen Inseln auch heute auf den aus dem nüchternen Norden einfliegenden Besucher ihren Zauber auszuüben. Das gilt zwar auch für jene Gäste, die sich am liebsten nur am Swimmingpool in der Sonne aalen möchten, aber noch viel mehr für diejenigen, die ihre Augen, ihre Ohren, all ihre Sinne offen halten möchten für die Schönheit und Besonderheit der Natur außerhalb der »Urbanización«.

Durch ihre isolierte Lage, durch ihre vulkanische Entstehung, durch ihre teilweise beachtliche Höhe über dem Meeresspiegel warten die Inseln mit einem großen Reichtum an natürlichen Erscheinungen sowohl in der Geologie und Mineralogie als auch in der Tier- und Pflanzenwelt auf: von Lebensräumen unter dem Meeresspiegel bis zu alpinen Felsfluren auf dem Teide, dem mit 3718 m höchsten Berg Teneriffas, der Kanaren und zugleich ganz Spaniens. Die Inseln werden von Kennern als »Galapagos vor Europas Haustür« angesehen.

Das Ziel dieses Naturführers ist es, dem Besucher zu einer Begegnung mit den Naturerscheinungen der Inseln zu verhelfen. Er soll ihn anleiten, ihre natürlichen Anziehungspunkte aufzufinden, sie zu erkennen und sie besser zu verstehen. Dieses Buch will nicht einen Wanderführer, aber auch nicht spezielle Bestimmungsbücher für Gesteine, Pflanzen oder Tiere ersetzen. Wer solche Information benötigt, der findet Hinweise auf einschlägige Literatur im Anhang. Das Buch setzt dort ein, wo Wanderführer nicht mehr weiter wissen. Es kann je nach Interesse seines Benutzers in Kombination mit anderer speziellerer Literatur verwendet werden. Dementsprechend wollen wir auch nicht die Standorte der seltensten und gefährdeten Pflanzen und Tiere präsentieren, sondern dem Leser die häufigen Formen, die uns in den Landschaften der Inseln beim Wandern oder Durchfahren begegnen, nahe bringen. Den Begriff Natur haben wir allerdings weit gefasst. Der Mensch gehört manchmal dazu, besonders wenn er die Natur verändert oder nutzt oder sich ihr besonders anpasst.

Die Natur der Kanarischen Inseln ist trotz ihrer in mancher Hinsicht weltfernen Lage starker Gefährdung ausgesetzt. Der Tourismus hat direkt oder indirekt schon viel Schaden gestiftet. Jeder Umgang mit der Natur fordert daher besondere Rücksichtnahme. Der Besucher ist ein Gast, dem erlaubt ist, die Wunder der Kanaren zu erleben, ohne dass er sie gefährden sollte. Deswegen soll dieses Buch auch dazu beitragen, den aktiven Naturschutz auf den Kanarischen Inseln im Bewusstsein der Gäste und der Einheimischen zu verankern und zu stärken. Die Kanarier fordern sich selbst und ihre Gäste heute überall dazu auf:

»Respete la naturaleza!«.

Prof. Dr. Hans-Heiner Bergmann
Dr. Wiltraud Engländer

Vorwort

Vorwort zur Neubearbeitung

Ein Buch ist nicht für die Ewigkeit gemacht. Während Lebensräume sich verändern, bleibt ein einmal gedrucktes Buch im Prinzip gleich. Daher wird es nach einiger Zeit unmodern, besonders wenn es ein Natur-Reiseführer ist. Wir haben bei den Recherchen zur Neubearbeitung im Jahr 2007 und 2008 bemerkt, dass die alte Auflage von 1995 an vielen Stellen überholt war. Die natürliche Sukzession hatte an manchem Ort die Vegetation stark weiter entwickelt, zum Beispiel bei Tenteniguada auf Gran Canaria. Anderswo ist eine hoffnungsvolle Entwicklung der Vegetation zusammengebrochen, zum Beispiel im Lorbeerwald-

Sonnenaufgang auf dem Teide. Im Licht der Morgensonne wirft der Vulkan seinen Schatten in den Dunst.

rest von Los Tilos auf Gran Canaria. Vielfach sind neue Informationszentren entstanden oder ältere ausgebaut und bereichert worden, zum Beispiel beim Cruz del Carmen im Anagagebirge auf Teneriffa oder in El Paso auf La Palma. Neue Schutzgebiete sind eingerichtet, alte ausgeweitet oder der Schutz ist intensiviert worden. Dramatisch haben sich – wenigstens für die jüngere Zukunft – die zahlreichen Brände ausgewirkt, die im Sommer 2007 die Wälder von Teneriffa, La Palma und La Gomera verwüstet haben. Umso wertvoller sind die erhaltenen Reste.

Dem stehen aber auch unveränderte Situationen gegenüber. Der Lorbeerwald im Monte del Agua im Tenogebirge von Teneriffa ist unangetastet und wächst weiter. Ein paar alte Bäume sind gefallen, junge wachsen dafür nach. Jetzt ist es jedoch verboten (außer mit Sondergenehmigung), den von Erjos aus durch den Wald führenden Weg mit dem Kraftfahrzeug zu befahren. Waldbrände sind natürliche Ereignisse ebenso wie Stürme. Während im Süden von El Hierro ein großer Brand im Kiefernwald wieder bestürzende Bilder erzeugt hat, konnte sich der abgebrannte Wald im Nordwesten von La Palma prächtig erholen. Man sollte als Besucher mit darum bemüht sein, die Häufigkeit der Brände nicht zu steigern.

Als Benutzer dieses Buches muss man damit rechnen, dass nach einigen Jahren wieder Veränderungen eingetreten sind. Schnelle Bearbeitungen und Neuauflagen sind im Allgemeinen nicht zu erreichen. Wir begrüßen es, wenn der Schutz der Natur auf den Kanarischen Inseln verstärkt und ausgeweitet wird, selbst wenn man als Besucher Beschränkungen auf sich nehmen muss. Wir begrüßen es ebenfalls, wenn die Information für den Besucher verbessert wird, so dass er für das Verstehen der Naturphänomene aufgeschlossen und für ihren Schutz gewonnen werden kann.

Die Autoren,
im März 2008

Einführung

Zur Benutzung des Buches

Wir haben uns bemüht, Ihnen, der Leserin und dem Leser, die wichtigsten Naturschönheiten der Kanarischen Inseln nahe zu bringen. Um die Informationen vollständig und rasch nutzen zu können, sollten Sie sich zuerst mit dem Gebrauch des Buches vertraut machen.

Die **»Inselkunde«** gibt allgemeine Informationen über den Naturraum der Kanarischen Inseln. Man findet hier Angaben zur Entstehung der Inseln, ihrer Lage und Größe, über das Klima und die natürliche Vegetation, aber auch über Naturschutz und Schutzgebiete, Besiedlung, Bevölkerung und Landwirtschaft. Viele dieser Informationen sind wichtig zum Verständnis der Kanaren allgemein oder der einzelnen Insel, die man bereisen möchte.

Den Hauptteil des Buches nehmen die **Beschreibungen der Reiseziele auf den einzelnen Inseln** ein. Eine Einführung in die jeweilige Insel mit Übersichtskarte finden Sie jeweils vor dem ersten Reiseziel. Eine Übersicht über Größe und Lage aller Inseln gibt die Karte im hinteren Umschlagdeckel. Die aufgeführten Reiseziele sind gewissermaßen die naturkundlichen Höhepunkte der Kanarischen Inseln: Sehenswerte Landschaften, interessante geologische Formationen, Gebiete, die Besonderheiten der Pflanzen- und Tierwelt beherbergen. Ein Reiseziel besteht oft aus mehreren ganz verschiedenartigen Unterzielen oder Besuchspunkten. In einigen Fällen, wie z. B. bei El Hierro, die in den früheren Auflagen nur als ein Reiseziel vertreten war, haben wir allerdings eine Gliederung in mehrere Reiseziele vorgenommen.

Jeweils am Beginn der Darstellung zu einem Reiseziel werden Hauptattraktionen und Charakteristik des Gebietes stichwortartig vorgestellt, um eine schnelle Orientierung zu erleichtern. Die spätere Beschreibung der Tier- und Pflanzenwelt konzentriert sich auf Arten, die für die Kanaren typisch und häufig sind, aber in Mitteleuropa und anderswo auf der Welt fehlen. Viele Arten werden im Foto vorgestellt; freilich nur ein kleiner Teil der insgesamt vorkommenden. Die Fotos erleichtern das Erkennen, können aber ein Bestimmungsbuch nicht ersetzen. Auf Abbildungen, die nicht im gleichen Kapitel zu finden sind, wird mit »S. xxx« verwiesen, Textstellenverweise bzw. Verweise auf Arten, die anderswo ausführlicher beschrieben wurden, erfolgen durch »s. S. xxx«.

Eine Neuigkeit in diesem Buch stellen Fototafeln dar, in denen jeweils interessante Pflanzen, Tiere oder Lavaformen zusammengestellt sind.

Artnamen von Pflanzen und Tieren sind soweit möglich in Deutsch angegeben. In einer Reihe von Fällen haben wir zur Verdeutlichung den spanischen (in Anführungszeichen), meist aber den wissenschaftlichen Namen *(in Kursivdruck)* genannt, manchmal auch mehrere. Bei den Vögeln haben wir auf die wissenschaftlichen verzichtet, weil es sich um relativ wenige, meist gut bekannte Arten handelt. Das Auffinden von Orten und **Besuchspunkten** wird durch Querverweise zwischen Text und **Karten** (Zahlen im Kreis) erleichtert. Auf den Kanaren haben sich vielfach Institutionen wie Vogelparks und Kakteengärten angesiedelt, die exotische Vögel, Reptilien oder Kakteen ausstellen. Da diese Formen nicht zur Natur der Kanarischen Inseln gehören und an beliebigen anderen Orten ebenfalls besichtigt werden können, haben wir diese Einrichtungen nicht in diesen Führer aufgenommen. Der praktischen Reisevorbereitung dient das Kapitel **Reiseplanung**. Dort finden sich Tipps zum Reisen auf den Inseln, aber auch eine genaue Aufstellung aller vom verantwortungsbewussten Besucher zu beachtenden Nationalparkregeln sowie Tipps zum Verhalten am Meer. Das anschließende **Literaturverzeichnis** verweist auf weiterführende Lektüre. Aus der Menge der allerdings oft in spanischer Sprache vorliegenden Veröffentlichungen über die Natur der Inseln wurde nur ein kleiner Teil zitiert und das Hauptaugenmerk auf allgemein verständliche Lektüre und Nachschlagewerke gelegt.

Im **Wörterbuch** der Tier- und Pflanzennamen findet man zu den manchmal unbekannten oder nicht eindeutigen deutschen oder spanischen Namen die exakten wissenschaftlichen Bezeichnungen. Das **Regis-**ter enthält alle im Text vorkommenden Tier- und Pflanzennamen, Ortsnamen und viele andere Stichworte mit Seitenzahlen.

Zeichenerklärung zu den Karten im Text

Um die Übersichtlichkeit der Karten zu gewährleisten, wurden vor allem die für den Touristen interessanten Informationen aufgenommen. Die verwendeten Abkürzungen und Symbole werden unten erklärt. Weitere Sonderzeichen sind in der jeweiligen Karte erläutert, wenn sie nur in diesem Gebiet verwendet werden. Einem Leserwunsch entsprechend haben wir zusätzlich zu den Detailkarten bei jeder Insel eine Gesamtkarte mit den wichtigsten Ortsnamen und Straßenverbindungen eingefügt.

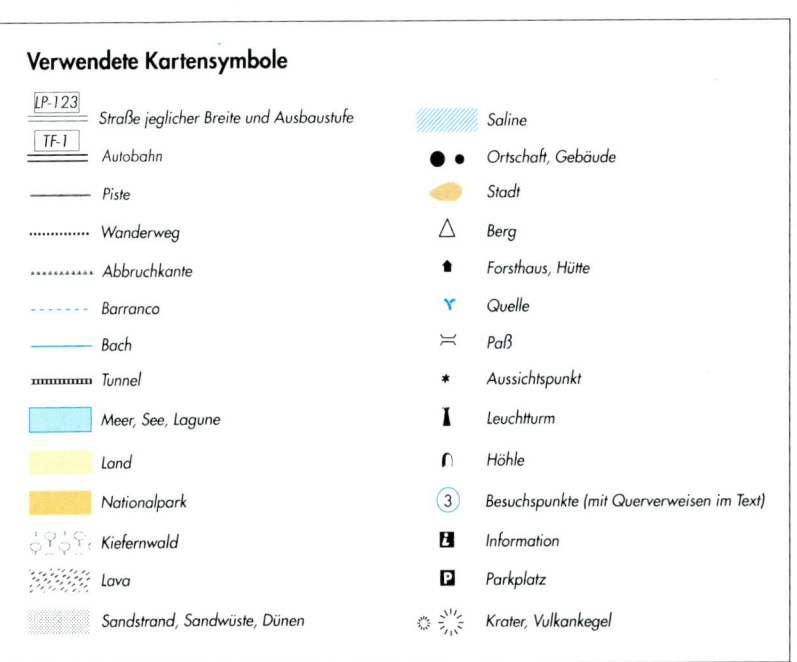

Verwendete Kartensymbole

LP-123 — Straße jeglicher Breite und Ausbaustufe	Saline
TF-1 — Autobahn	Ortschaft, Gebäude
Piste	Stadt
Wanderweg	Berg
Abbruchkante	Forsthaus, Hütte
Barranco	Quelle
Bach	Paß
Tunnel	Aussichtspunkt
Meer, See, Lagune	Leuchtturm
Land	Höhle
Nationalpark	Besuchspunkte (mit Querverweisen im Text)
Kiefernwald	Information
Lava	Parkplatz
Sandstrand, Sandwüste, Dünen	Krater, Vulkankegel

Inselkunde

Namen, Lage und Größe der Inseln

Die Insel Teneriffa heißt im Spanischen Tenerife. Wir verwenden hier den deutschen Namen. Drei Inseln müssen in korrekter Form einen Artikel tragen: El Hierro, La Palma, La Gomera. Im Deutschen lässt man die Artikel häufig weg. Bei den übrigen Inseln Gran Canaria, Fuerteventura und Lanzarote gibt es keine Namensprobleme.

Die Kanarischen Inseln liegen 115 km westlich der Küste Nordwestafrikas im Atlantischen Ozean. Ein Blick auf die Karte macht klar, dass sie geographisch nicht mehr zu Europa, sondern zu Afrika gehören. Die sieben großen Inseln sitzen unter Wasser auf Sockeln, die teilweise miteinander verbunden sind, über einem mehr als 3000 m tiefen Meeresgrund. Zusammen mit einigen kleineren Inselchen beläuft sich ihre Gesamtfläche auf 7500 km². Die Nördliche Breite zwischen 27° 38' und 29° 25'

entspricht der Lage der zentralen Sahara Marokkos. Auf der gleichen Breite liegt Kairo, auf der gleichen geographischen Länge Island. Die größte der Inseln ist Teneriffa (2057 km²), gefolgt von Fuerteventura (1731 km²) und Gran Canaria (1532 km²). Lanzarote (795 km²) und La Palma (729 km²) sind kaum halb so groß; La Gomera und El Hierro sind mit 378 und 277 km² die kleinsten der sieben Hauptinseln. Die Schlusslichter bilden die Inselchen Graciosa, Alegranza und Montaña Clara bei Lan-

zarote und Lobos nahe Fuerteventura. Besonders bei den großen Inseln ist das Erkunden oft mit richtiger Fahrarbeit verbunden, weil dabei oftmals kurven- und gefällereiche Bergstrecken zu überwinden sind. Bei Wanderungen kann man wenigstens den teilweise intensiven und schnellen Kraftfahrzeugverkehr vermeiden. Hierzu sollte man die Wanderführer zu Rate ziehen.

Gran Canaria und Teneriffa sind mit etwa je 600 000 Einwohnern am dichtesten besiedelt. Gran Canaria hat mehr Einwohner pro Quadratkilometer (440) als die alte Bundesrepublik (248) und selbst als das am dichtesten besiedelte mitteleuropäische Land, die Niederlande (349). Auf den anderen Inseln leben 8000 (El Hierro) bis 80 000 Menschen (La Palma). Als zweitgrößte ist Fuerteventura zugleich die einwohnerärmste Insel (18 pro Quadratkilometer).

Politisch gehören die Kanarischen Inseln zu Spanien. Teneriffa und die westlich gelegenen Inseln bilden die Provinz Santa Cruz de Tenerife, Gran Canaria und die Ostinseln die Provinz Las Palmas.

Entstehung

Nach einer mythischen Entstehungssage sollen die Inseln Reste des im Atlantischen Ozean versunkenen Inselreichs Atlantis sein. In der Wissenschaft wurden lange zwei kontroverse Hypothesen diskutiert. Die westlichen Inseln sollten rein vulkanischer unterseeischer Herkunft sein. Die Haupttätigkeit der Vulkane fand in zwei Phasen statt: im Früh- und Mitteltertiär und vom Spättertiär bis zur Gegenwart. Bei den Ostinseln wurden Belege dafür angeführt, dass sie früher eine Landverbindung zum

Lavablöcke, wie von Riesenhänden hingestreut: Blocklavafeld bei Arenas Blancas, El Hierro.

Lapilli verschiedener Färbung sind zu Tuffschichten verfestigt. Izãna, Cumbre Dorsal, Teneriffa.

afrikanischen Festland hatten. Die aufgefundenen fossilen »Straußeneier« werden allerdings inzwischen als Meeresschildkröteneier interpretiert. Demnach sind alle Inseln vulkanischer Herkunft.
Die Inseln weisen jedenfalls ein ganz unterschiedliches geologisches Alter auf.
Die östlich gelegenen sind mit 16–20 Mio. Jahren die ältesten, Gran Canaria mit 13–14 Mio. Jahren schon etwas jünger. Teneriffa und Gomera erreichen nur ein Alter von etwa 10 Mio. Jahren, während La Palma und El Hierro mit 2–3 Mio. Jahren die jüngsten sind. Das Alter nimmt von Ost nach West ab. Das hat sich sowohl auf die landschaftsbildenden Verwitterungsprozesse wie auf die Besiedlung mit Organismen ausgewirkt. Fuerteventura und Lanzarote sind erst seit etwa 12 000 Jahren voneinander getrennt. Die Meerestiefe zwischen ihnen beträgt auch heute nicht mehr als 40 m.

Vulkanismus

Aktive Vulkane sind Erhebungen auf der Erdoberfläche, die Material aus dem Erdinneren nach außen befördern. Später, nach dem Erkalten, bilden sich aus den Ergussgesteinen flüssiger Lava ganz verschiedene Oberflächenformen, die man sämtlich auf den Kanaren finden und studieren kann. Am attraktivsten ist die **Pahoehoe-Lava**. Das Wort kommt aus dem Hawaianischen und bedeutet »Barfuß-Lava« – die Oberfläche ist ziemlich glatt. Diese Form entstand, wenn sehr heiße, gashaltige, dünnflüssige Lava schnell fließend ausgeworfen wurde und sich auf der

Fläche ausbreitete. Dabei bildeten sich durch Stau der sich allmählich abkühlenden Flüssigkeit die wunderlichsten Oberflächenformen. Sie sind besonders im Süden der Insel El Hierro bei Restinga (s. S. 127), aber auch im Timanfaya-Gebiet auf Lanzarote (s.S. 204ff.) ausgebildet. Die gehärteten Platten können durch Bewegung des Untergrunds sekundär verworfen und gespalten werden. Unter ihnen befinden sich oft Höhlungen, in denen Lava geflossen ist. Manchmal ist die Decke nur zentimeterdick, und man kann einbrechen. An der Höhlendecke sieht man meist die Spuren der darunter geflossenen Lava oder auch regelrechte Stalaktiten, die hier Staphyliten genannt werden (S. 207).

Demgegenüber ist die **Aa-Lava** zähflüssiger und weniger heiß zutage getreten. Sie bildet chaotische Schlackenflüsse und -haufen, die aus scharfkantigen, kaum begehbaren Blöcken unterschiedlicher Größe aufgeworfen sind. Die Kanarier nennen solche Erscheinungen »malpaís« (= schlechtes Land).

Eine dritte Form heißt **Blocklava**. Sie kommt dadurch zustande, dass erkaltete große Lavablöcke sekundär transportiert worden sind.

In bestimmten Phasen ihrer Ausbrüche werfen Vulkane ihr Material unter sehr hohem Gasdruck in die Luft. Es besteht einerseits aus Gasen (meist Wasserdampf), andererseits aus geformten Bestandteilen, die die Fachleute vulkanische Lockermassen, **Pyroklastite** oder auch Tephra nennen. Sehr feines Material mit Korngrößen kleiner als 2 mm bezeichnet man als **Asche**. Bei Korngrößen zwischen 2 und 64 mm spricht man von **Lapilli**. Noch größere Objekte, die der Vulkan ausgespien hat, nennt man bei unregelmäßiger Gestalt **Schlacken**, bei gleichmäßig abgerundeter Gestalt **Bomben**. Diese haben ebenso

Vulkanische Bombe: Wurfgeschoss des Vulkans.

Piedra de Rosas heißt die Basaltrosette, eine geologische Attraktion oberhalb von Puerto de la Cruz.

wie die größeren Lapilli oft eine charakteristische tropfenförmige Gestalt mit seitlichen Leisten.

Sehr solide schwere Bomben sind oft mit Olivinkristallen (s.S. 212) angefüllt. Die pyroklastischen Elemente können schwarz oder dunkel gefärbt sein. Dann nennt man sie Scoria. Helle, hochgradig gashaltige Materialien kennen wir als Bims oder Bimstein. Sie sind sehr leicht und können schwimmen. Lapilli gibt es in verschiedenen Farbtönen. Die Färbung der Gesteine hängt von ihrer chemischen Zusammensetzung, der bei ihrem Freisetzen herrschenden Temperatur und davon ab, wie schnell sie abgekühlt sind. Über derartige Prozesse können am besten Töpfer Auskunft geben, die ihre Keramik je nach Behandlung schwarz, rot oder andersfarbig brennen.

Betrachtet man die Schichtenfolgen in einem Aufschluss, zum Beispiel entlang einer Straße, so kann man oft die verschiedensten Materialien übereinander gelagert erkennen: Basalte und Phonolithe, dann wieder dunkle, helle oder weißliche **Tuffe**, das sind verfestigte Lockermassen, und anderes. Gehen solche Schichtenfolgen auf die Tätigkeit eines einzigen Vulkans zurück, so nennt man ihn **Misch-** oder **Schichtvulkan**. Daneben gibt es, vielerorts auf den Kanarischen Inseln sichtbar, auch reine **Lockervulkane**, die nur Aschekegel bilden.

Bei den Mischvulkanen kommt es häufig zum Einsturz des ursprünglich aufgehäuften Kraters. Statt ausgeworfener Lava oder pyroklastischen Materials entsteht ein Hohlraum, der irgendwann zusammenstürzt. Der stehen bleibende Rand bildet eine **Caldera** (span.»Kessel«). In dieser können sich wieder neue Kegel als Nebenvulkane ausbilden. Die Cañadas auf Teneriffa (s.S. 44ff.) stellen einen riesigen Einsturzkrater dar, ebenso die Caldera de Taburiente auf La Palma. An den steilen inneren Wänden solcher Krater setzt starke Erosion ein. Stecken gebliebene Eruptionen füllen einen **Schlot** mit vulkanischer Gesteinsmasse an. Ist diese härter als die

Umgebung, so bildet sich durch Verwitterung ein freigestellter domartiger Fels, ein Neck oder Schlot. Besonders beeindruckende Beispiele hierfür findet man auf La Palma, im Zentrum von Gran Canaria und auf La Gomera (S. 104).

Landschaftsformen

Viele Einflüsse prägen die Landschaften der Kanarischen Inseln. Als erstes ist es der **Vulkanismus**, der die Inseln entstehen ließ und viele Spuren an der Oberfläche hinterlassen hat. In der Tiefe wirkende tektonische Prozesse zusammen mit Schwankungen des Meeresspiegels haben Hebungen und Senkungen verursacht und auch einen Teil des Riesenkraters El Golfo von El Hierro ins Meer sinken lassen.

Sekundär ist diese Urlandschaft durch das **Wasser** der Niederschläge und Quellen geformt worden, das Täler und Schwemmland produziert. Am beeindruckendsten sind die **Barrancos**, durch Erosion tief eingeschnittene Schluchten. Älter sind die ausgedehnten Kehltäler. Das **Meer** mit seiner Dünung formt die Landschaft an der Küste. Die meisten Küsten der Kanaren sind steil und felsig. Sandstrände sind selten. Der Sand ist oft dunkel. Er wird durch die Sonnenhitze so heiß, dass man ihn barfuß kaum betreten kann. An vielen Stellen ist er mit Schotter aller Korngrößen bis zum groben Geröll durchmischt.

Manchmal ist schließlich auch der **Wind** als formende Kraft beteiligt, der marine Sande ins Land transportiert. Sie können zu Dünen aufgehäuft werden, wie man sie im Süden Gran Canarias und auf Fuerteventura findet. Für die Lebewesen entstehen daraus Sand- oder Halbwüsten. Im Norden Lanzarotes, Fuerteventuras und von El Hierro bildet sich aus Schalenstücken kalkschaliger Meerestiere ein weißer Kalksand, der ebenfalls vom Meer

Eingriff des Menschen: Kulturlandschaft mit Terrassen im Norden Lanzarotes.

her durch den Wind landeinwärts getragen wird.

Unter dem Einfluss des Menschen ist die Naturlandschaft an manchen Orten zur **Kulturlandschaft** geworden, andernorts zur »Wüste der Zivilisation« degeneriert. Auf mehreren Inseln ist die küstennahe Zone derzeit noch eine großflächige Bananenkultur.

Klima

Die Kanaren sind ozeanische Inseln. Daher ist es vor allem die ausgleichende Wirkung des Meeres, die ihnen während des ganzen Jahres wenigstens in Küstennähe steten Frühling mit Temperaturen um 20 °C beschert. Nur wenige 100 km weiter östlich findet man in der afrikanischen Sahara tagsüber dörrende, lebensfeindliche Hitze und nächtliche Kältestarre. Die Milde der Inseln ist im Wesentlichen durch den kühlenden Kanarenstrom als Meeresströmung zwischen den Inseln und dem afrikanischen Festland sowie durch das mediterrane Klima bedingt. Die Kanaren stehen unter dem Einfluss des dafür so bezeichnenden Winterregens mit verstärkten Niederschlägen in den Monaten November bis Februar, besonders von Dezember bis Januar. Im Sommer herrschen Schönwetterlagen mit etwas höheren Temperaturen vor.

An der Küste liegt das mittlere monatliche Maximum der **Temperatur** zwischen 20 °C (Januar) und 29 °C (August), das mittlere Minimum zwischen 15 °C und 21 °C. Schon in 500 m Höhe in der Passatzone sind die Temperaturen durchschnittlich um 5 °C

Wie bei Föhn quillt die Passatwolke über den Bergkamm und löst sich darunter auf.
Blick von La Cumbrecita, bei El Paso, La Palma.

niedriger. In den Cañadas können auf einer Meereshöhe von mehr als 2000 m Temperaturen zwischen -8 °C und +28 °C gemessen werden.

Wegen der Nähe zum Äquator schwankt die **Tageslänge** nicht so stark wie in Mitteleuropa. Der längste Sommertag dauert etwa 14 Stunden, der kürzeste Tag im Jahr nicht viel weniger als 11 Stunden. Die Sonne steht mittags sehr hoch am Himmel. Sie sinkt steil ins Meer und steigt ebenso steil daraus auf. Daher ist die Dämmerung zu allen Jahreszeiten relativ kurz.

Die Vielfalt der Lebensräume – wenigstens auf den Westinseln – findet ihre Ursache vor allem in der ungleichen Verteilung der **Niederschläge**. Es gibt wüstenhafte Regionen im Süden, in denen es kaum jemals regnet. Andernorts im Norden und Nord-osten regnet es fast an jedem Tag des Jahres. Dabei spielt der Passat eine Rolle.

Passat und Antipassat

Im Süden strahlende Sonne und Hitze, im Norden und Osten, von wo der Wind kommt, eine Wolkendecke, Feuchtigkeit und Kühle: eine typische kanarische Wettersituation. Dafür ist der Nordostpassat verantwortlich.

Am Äquator steigt über dem erwärmten Ozean warme Luft auf. Dadurch entsteht nahe der Meeresoberfläche ein Tiefdruck-, in der Höhe ein relatives Hochdruckgebiet. Hieraus fließt Luft in südliche und nördliche Breiten ab. Zum Ausgleich entsteht ein zum Äquator gerichteter Wind, der über das Meer wieder in das oberflächennahe tropische Tiefdruckgebiet hineinweht. Dies ist der **Passat**. Er wurde schon im Mittelalter von Handelsschiffen (»trade winds«) und von Entdeckungsreisenden wie Columbus genutzt. Der in der Höhe entgegengesetzt wehende Wind wird als **Antipassat** bezeichnet. Dass Passat und Antipassat von der Nord-Süd-Richtung nach rechts abweichen, kommt durch die unterschiedliche Geschwindigkeit der Erddrehung auf den verschiedenen Breitengraden zustande, die so genannte Coriolis-Kraft. Der Antipassat kommt von Südwest, der Passat ist ein Nordostwind.

Wenn der feuchte, über das Meer kommende Passat auf eine niedrige Insel wie Lanzarote oder Fuerteventura trifft, bilden sich nur an den höchsten Erhebungen ein paar Wolken. An den höheren Westinseln aber staut sich die auftreffende Luft und muss aufsteigen. Dabei kühlt sie sich ab, es bilden sich Tröpfchen und Wolken. Unter dem Einfluss der warmen vom Boden aufsteigenden Luft wird dieser Effekt verstärkt. So entsteht tagtäglich im Laufe des Vormittags auf der windzugewandten Luvseite der Berge eine mehrere hundert Meter dicke **Passatwolke**. Ihre Obergrenze liegt auf Teneriffa in einer Meereshöhe von etwa 1700 m, in den Sommermonaten nur etwa bei 1200 m. Im Winter gibt es viele wolkenfreie Tage. Bei ruhigem Wetter im Sommer kann sich auch auf der Leeseite eine solche Wolke ausbilden.

Über der Wolkendecke herrscht strahlender Sonnenschein. Die obere Wolkengrenze kommt dadurch zustande, dass aus größerer Höhe kalte und dadurch schwerere trockene Luft herab gleitet und auf die Wolkenmasse aufläuft. Hier kann auch Passat herrschen. Nur ist der Nordostwind hier trocken, da er in seiner Höhe keine Feuchtigkeit vom Meer aufnehmen konnte. An Bergkämmen quellen die Wolken auf die Leeseite hinüber und lösen sich dort auf. Diese Wolkenmassen entsprechen Erscheinungsbildern des Föhns in den Alpen.

Nebelniederschlag

Fährt man von unten in eine Passatwolke hinein, so wird es feucht und das Licht gedämpft. Von allen Bäumen tropft das kondensierende Wasser herab. Die langen

Wo der Nordostpassat auf höhere Erhebungen der Inseln trifft, bilden sich Passatwolken (nach Satellitenfoto).

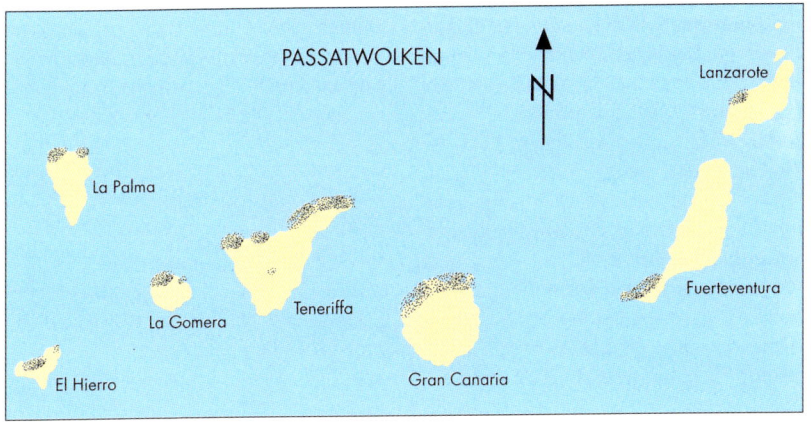

Die langen Nadeln der Kanarenkiefern kämmen den Nebelniederschlag aus den Wolken.

Nadeln der Kanarischen Kiefer, aber auch die fein benadelten Zweige der Baumheide kämmen die Feuchtigkeit regelrecht aus den Wolken heraus. So kann es geschehen, dass zwischen den Bäumen der Boden trocken ist, unter den Baumkronen aber feucht. An sehr niederschlags- und wolkenreichen Stellen wie auf dem Kamm des Anaga-Gebirges auf Teneriffa können zur jährlichen Niederschlagsmenge von etwa 1000 mm weitere 300 mm durch Nebelniederschlag hinzukommen. In den Kiefernwäldern werden lokal noch weit höhere Werte erreicht. Das zeigt, wie wichtig der Wald für den Wasserhaushalt der Inseln ist. Für die Pflanzen haben die Passatwolken jedoch weitere Folgen: Die Temperaturen sind herabgesetzt, die Verdunstung stark verringert, so dass die Pflanzenwelt viel Wasser spart.

Das Wetter

Das Wetter ist etwas anderes als das Klima. Die momentane Wetterlage wird ungeachtet der Beständigkeit des Passats besonders im Winter auch von anderen Witterungseinflüssen bestimmt. Verlagert sich das Passatsystem mit der Sonnenbahn nach Süden, dringen die vom Norden kommenden Tiefdruckgebiete weit südwärts vor. Sie können den Inseln Abkühlung, Sturm und heftige Regenfälle bescheren. Auch polare Kaltluft kann bei solcher Gelegenheit nach Süden gelangen. Die nördlichen und westlichen Inseln sind von solchen Einflüssen stärker betroffen als die südlichen und östlichen.

Umgekehrt gibt es im Spätwinter nicht selten mehrtägige Süd- oder Südostwetterlagen. Wenn das Azorenhoch sich weit nach Osten ausdehnt oder verlagert, kann das saharische Hoch auf die Inseln übergreifen. Der von Afrika kommende **Levante** oder **Scirocco**, auch Harmattan oder Tiempo Sur genannt, ein trockenheißer, mit rötlichem Saharastaub (»Calima«) beladener Südostwind, erzeugt dörrende Trockenheit und Hitze. Dabei entsteht eine drückend-schwüle Atmosphäre. Solches Wetter macht viele Menschen für Krankheiten anfällig. Diese Situation tritt im Durchschnitt an 64 Tagen im Jahr auf und hält meist drei Tage, manchmal auch länger an.

Natürliche Vegetation

Auf den Kanarischen Inseln gibt es insgesamt etwa 3000 Arten von Farnen und Höheren Pflanzen. 800 Arten wurden als Kultur- oder Zierpflanzen auf die Inseln gebracht oder sind eingeschleppt worden. Bleiben etwa 2200 Wildpflanzenarten. Die Kanaren erreichen damit eine höhere Artenzahl als die 34-mal so großen Britischen Inseln. Der Reichtum der Pflanzenwelt ist für den Besucher kaum zu überblicken.

Auch heutzutage sind noch nicht alle Pflanzen bekannt, die auf den Kanaren wachsen. In den letzten Jahrzehnten wurden hier viele neue Arten entdeckt. Im Jahre 1991 ist eine neue Glockenblume aus der Gegend von Masca auf Teneriffa beschrieben worden. In den 1990er Jahren wurden insgesamt an die 600 neue Arten höherer Organismen beschrieben, darunter allerdings die meisten (49 %) Insekten, aber immerhin noch 3,5 % Höhere Pflanzen. Die neue Ausgabe des Buchs von Bramwell & Bramwell (2001) führt Formen auf, die in den deutschsprachigen Bestimmungsbüchern nicht zu finden sind.

Endemismus

440 Pflanzenarten, das sind 20 %, sind jeweils auf nur einer einzigen Insel heimisch. Diese Arten nennt man inselendemisch. 230 weitere Arten sind für die Kanaren als ganze Inselgruppe typisch. Diese kanarischen Endemiten machen 35–45 % der heimischen Pflanzenwelt aus, wenn man alle eingeschleppten und absichtlich importierten Pflanzenarten abzieht. Makaronesische Endemiten kommen auch auf anderen atlantischen Inseln wie z. B. auf Madeira vor. Wir haben bisher hier nur von Art-Endemiten gesprochen. Doch gibt es in großer Zahl auch Endemiten, die nur

Unterartniveau erreicht haben, wie zum Beispiel die Buchfinken. Viele Unterarten, gerade in der Vogelwelt, sind aber in jüngerer Zeit als so abweichend erkannt worden, dass man sie zu eigenen Arten ernennen musste. Umgekehrt gibt es auch Gattungsendemiten. Der Korbblütler *Vieraea laevigata* des Tenogebirges gehört einer Gattung an, die es ebenfalls nur hier gibt und die nur durch diese eine Art vertreten ist (s. S. 61).

Viele Endemiten sind selten geworden oder in ihrem Bestand bedroht. Manche existieren nur noch in winzigen Populationen. Von dem Hornklee *Lotus pyranthus*, auf Spanisch »Cienfuego« genannt, gibt es nur zwei Populationen auf La Palma, beide bestehen nur aus je einem Exemplar. Nur eine Art, ein Nachtschattengewächs, ist seit einigen Jahrzehnten als vermisst gemeldet.

Besonders interessante Gattungen haben gleich eine Vielzahl von Arten hervorgebracht, die aus einer Urform hervorgegangen sein dürften: Die Tochterformen haben sich gleichzeitig in verschiedenen Richtungen spezialisiert und auseinanderentwickelt. Man nennt das adaptive Radiation. Ein Beispiel sind die Rosetten tragenden Fettblattgewächse der Gattung *Aeonium* mit allein 34 Arten (S. 22f.). Die Nachbargattung *Aichryson* ist mit 10, die Gattung *Monanthes* mit 15 Arten vertreten. Aber auch die Gänsedisteln *Sonchus*, die Gattung Natternkopf *Echium*, Margeriten der Gattungen *Argyranthemum* u. a. haben mehrere oder viele Arten entwickelt. Dafür sind verschiedene Faktoren verantwortlich. Die auf den Inseln neu eintreffenden Individuen fanden unbesetzte Nischen vor, in denen sie sich einnisten und anpassen konnten. Schnelle Anpassung war umso mehr gefordert, je extremer die Lebensbedingungen waren. Durch die Entfernung der Inseln vom Fest-

Aus der Werkstatt der Evolution: Von den mindestens 34 kanarischen Arten der Gattung *Aeonium* kommt das goldfarben blühende *Aeonium holochrysum* auf den westlichen Kanaren vor.

Das kleine *Aeonium sedifolium* ist im Westen von Teneriffa und La Palma verbreitet.

Aeonium spathulatum ist ein grüner kleiner Halbstrauch, der auf den westlichen und zentralen Kanaren gedeiht.

Aeonium tabulaeforme mit seinen abgeflachten Rosetten wächst ausschließlich an Felswänden und Mauern im Norden Teneriffas.

Das weich behaarte *Aeonium virgineum* aus dem Norden von Gran Canaria färbt sich oft rotgelblich.

Das strauchige *Aeonium decorum* von der Insel La Gomera färbt seine Blattrosetten bei Wassermangel rötlich.

Aeonium simsii mit seinen schlanken, behaarten Blättern gibt es im Zentrum der Insel Gran Canaria.

Aeonium valverdense ist ein Endemit der Insel El Hierro.

land war aber auch unabhängige und schnelle Entwicklung möglich.

Hier ist das Phänomen Endemismus am Beispiel der Höheren Pflanzen dargestellt worden. Selbstverständlich gilt das Prinzip genauso für Tiere, je nach ihrer Ökologie und Morphologie, besonders ihrer Mobilität, in unterschiedlichem Maß. So gibt es unter den 87 Brutvögeln nur ca. 5 Artendemiten, unter den 14 Reptilien sind es jedoch 13. Unter den Insekten sind die unbeweglichen Gespenstschrecken (*Mantis* und Verwandte) mit 7 von 10 Arten hochendemisch, während die beweglichen Hautflügler (Bienen und Wespen), von denen beinahe 1000 Arten nachgewiesen sind, einen Endemiegrad von nur 23,5 % erreichen. Übrigens ändern sich die Werte mit der wissenschaftlichen Erkenntnis. Vom Zitronenfalter *Gonepteryx cleobule* (nur noch Teneriffa) sind neuerdings zwei Arten abgespalten worden: Die Population auf La Gomera heißt jetzt *G. eversi*, die auf La Palma *G. palmae*.

Wenn eine Art auf mehreren Inseln vorkommt, heißt das keineswegs, dass sie überall gleich ist. Sie kann auf einer Insel durchaus anders aussehen als auf der nächsten. Es gibt Variationen innerhalb der Art. Die Evolution geht weiter.

Riesenwuchs

Ein besonders auffallendes Merkmal kennzeichnet viele Pflanzen der Kanaren. Wolfsmilchgewächse, die in Mitteleuropa in die Krautschicht gehören, sind auf den Kanarischen Inseln als Sträucher oder Bäume vertreten. Der Natternkopf, bei uns eine bestenfalls kniehohe Pflanze, bildet dort fast durchweg bis zu mannshohe Sträucher oder mehrere Meter hohe Blütenkerzen (S. 46). Johanniskraut ist ebenfalls kein Kraut, sondern strauch- oder baumförmig. Die Baumheide im Lorbeerwald kann bis 40 cm dicke und 15 m hohe Stämme bilden. Riesenwuchs findet man in vielen Gattungen und Familien höherer Pflanzen verbreitet. Sicherlich ist es die Gunst des Klimas, die es gestattet, dass Pflanzen, deren Verwandte in Mitteleuropa im Winter absterben oder ruhen, hier eine ganzjährige Vegetationsperiode mit entsprechenden Wuchsformen nutzen können.

Zonierung

Das Pflanzenkleid der Kanarischen Inseln ändert sich wie überall auf der Welt mit zunehmender Höhe über dem Meer, ist aber auch von anderen Faktoren abhängig. Unmittelbar an der **Küste** herrscht der Einfluss des Meeres vor. Die hier siedelnden

»El Drago«, der Drachenbaum

Er findet sich als Titelfoto auf manchem Buch und ziert ungezählte Ansichtspostkarten: ein lebendiges Wahrzeichen der Kanarischen Inseln. Der berühmte Drachenbaum von **Icod de los Vinos** auf Teneriffa ist ein Haltepunkt für viele Besucher der Insel. Er ist 16 m hoch, der Stamm weist einen Umfang von etwa 6 m auf. Es gibt weitere große Dragos in La Laguna und bei Taganana auf Teneriffa. Drachenbäume sind Liliengewächse. Der baumförmige Wuchs ist etwas Ungewöhnliches für diese Pflanzenfamilie. Die äußere Gestalt kommt durch wiederholte gabelige Zweiteilung des Vegetationskegels zustande, wonach man auch ihr Alter abschätzen kann. Solche Bäume können Hunderte von Jahren alt werden. Der »tausendjährige« Drachenbaum von Icod wird von Botanikern auf ein Alter von etwa 400 Jahren geschätzt – eine respektable Zahl für eine Lilie. Drachenbäume bilden an Rispen sitzende rötliche Beerenfrüchte, die keimfähig sind. Die Bäume sind lebende Fossilien. Einst waren sie im Mittelmeergebiet verbreitet, sind aber dort in eiszeitlichen Kältephasen fast überall ausgestorben. Sie gelten als eines der eindrucksvollsten Tertiärrelikte der kanarischen Pflanzenwelt, was schon Alexander von Humboldt bei seinem Besuch 1799 bei einem riesigen Drago in Orotava angemerkt hat. Seit neuestem gilt eine Population von Drachenbäumen an Steilwänden des Barrancos von Arguineguín auf Gran Canaria als eigenständige Art *Dracaena tamaranae*. Ebenso eine botanische Sensation war der Fund eines regelrechten Waldes von Drachenbäumen im Jahre 1996 im marokkanischen Anti-Atlas südlich von Agadir. Diese Population wird als eigene Unterart aufgefasst. Nächstverwandte Formen gibt es erst wieder in Ostafrika und Südarabien, z. B. auf der Insel Sokotra im Indischen Ozean.

Heute findet man Drachenbäume einzeln in der Kulturlandschaft. In neu geschaffenen Parkanlagen und an Straßen werden junge Dragos angepflanzt. Auf La Palma gibt es sogar kleine Drago-Wälder. Wilde Populationen haben nur an unzugänglichen Felsstandorten überlebt. Vor allem müssen sie gegen Ziegen geschützt sein, die den Jungwuchs wegfressen.

Wegen seines Alters und seiner eindrucksvollen Ausmaße wurde der Drago schon von den Ureinwohnern verehrt. Dabei spielte neben dem Holz, das sich zur Herstellung von Booten verwenden ließ, auch ein anderes Produkt eine Rolle. Ritzt man den Baum an, so läuft ein farbloser, harziger Saft aus der Wunde. Er wird beim Eintrocknen dunkelrot. Dieses »Drachenblut« wurde von den Ureinwohnern zum Mumifizieren der Toten und als Medizin verwendet.

Der »tausendjährige« Drachenbaum von Icod auf Teneriffa wird auf ein Alter von etwa 400 Jahren geschätzt.

Pflanzenspezialisten müssen vor allem mit dem Meersalz fertig werden. Spezielle Pflanzengesellschaften findet man am **Sandstrand** und in den Dünen. Die darüber liegende Zone ist **Halbwüste** und wird vor allem von Wasser speichernden Pflanzen mit verkleinerter Oberfläche, den **Sukkulenten**, besiedelt. Hier erreichen die Wolfsmilchgewächse ihre größte Vielfalt. Wer nach seiner Ankunft auf den Kanaren die erste Kandelaberwolfsmilch (*Euphorbia canariensis*, S. 61) entdeckt, wird wohl zuerst glauben, einen Kaktus vor sich zu haben. Aber die Stacheln sind gegabelt, die Blüten unauffällig und viel kleiner als Kakteenblüten. Das deutlichste Merkmal der Wolfsmilchgewächse ist oft auch zugleich ein gefährliches: Ritzt man sie an, läuft oder spritzt ein weißlicher Milchsaft heraus, der stark ätzend wirken kann. Wer davon etwas in die Augen bekommt, muss rasch zum Arzt. Nur die »Tabaiba dulce«, die Balsamwolfsmilch

Euphorbia balsamifera, soll milden Milchsaft haben.

Auch die oberhalb der Küste anschließende **Trockenzone** verlangt von den Pflanzen Anpassungen an den Wassermangel. Nur unter Passateinfluss kann in Höhen ab 600 m der feuchte **Lorbeerwald** gedeihen. In seinen Rand- und Übergangsbereichen wächst die Pflanzengesellschaft des **Fayal-Brezal** (S. 105) aus Gagelbaum (»faya«) und Baumheide (»brezo«). Auf den trockenen Südseiten bis etwa 2000 m tritt die Kanarische Kiefer für den Lorbeerwald ein. Oberhalb des **Kiefernwaldes** gedeihen in der **subalpinen Zone** vor allem Ginsterarten. Hier herrscht kontinentales Klima mit trockenen Sommern und kalten Wintern. In der **alpinen Zone** wachsen nur noch Moose und Flechten und als Pioniere das Teideveilchen (S. 49) und wenige andere Höhere Pflanzen. Auf den passatzugewandten Nord- und Ostseiten der Inseln wird die Zonierung

Durch den Einfluss von Höhenlage und Passat ergeben sich auf den Inseln unterschiedliche Vegetationszonen.

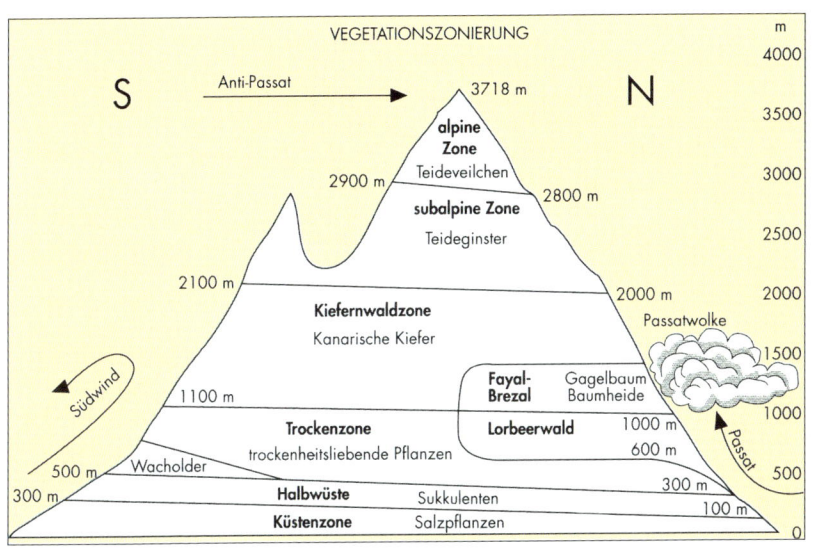

Der Wald der Kanarischen Kiefer verjüngt sich auf natürliche Weise.

herruntergedrückt. Die küstennahe Halbwüste verschmälert sich, der Lorbeerwald mit seinen Arten kann bis fast an das Meer herabreichen.

An die unterschiedlichen Niederschlagsbedingungen in den verschiedenen Höhenzonen ist auch die pflanzliche **Vegetationsperiode** angepasst. Im Februar stehen in der Trockenzone viele Pflanzen in voller Blüte. Im Sommer bei Dürre und Hitze gehen die meisten von ihnen in einen Trockenschlaf über und werfen ihre Blätter ab. In den Hochlagen über 2000 m verzögert sich die Ginsterblüte in den Mai hinein. Während die Tieflagen einen Jahresgang kaum erkennen lassen, ist der Frühling in den höheren Lagen stärker ausgeprägt, besonders dort, wo laubwerfende Gehölze wie Mandelbäume, Esskastanien und Wein eingeführt worden sind.

»El Pinar« – der Kiefernwald

Die Kanarische Kiefer kommt nur auf den westlichen Kanaren vor. Sie ist im Tertiär auch in Südwesteuropa heimisch gewesen. Heute lebt ihre nächste Verwandte *Pinus roxburghii* im westlichen Himalaya. Hochgewachsene alte Kanarenkiefern mit ausladender Krone bieten einen prächtigen Anblick. Sie haben bis zu 30 cm lange, jeweils zu dritt in einem Kurztrieb sitzende Nadeln, die im Gegenlicht glänzen. Ihre mächtigen Zapfen sind größer als die der mediterranen Pinie *Pinus pinea*.

Das Wunderbarste an diesen Bäumen ist ihre Fähigkeit, dem Feuer zu widerstehen – wohl eine stammesgeschichtliche Anpassung an den Vulkanismus. Selbst wo keine Lava fließt, entstehen heute durch Unachtsamkeit oder Absicht nicht selten Waldbrände. Eine in Brand geratene Waldkiefer in Mitteleuropa stirbt. Bei der Kanarischen Kiefer ist die mächtige Borke oft über dem

Das Feuer

Im Sommer 2007 ging es durch die Presse. Auf mehreren der Kanarischen Inseln kam es zu ausgedehnten Waldbränden, die durch hohe Temperaturen und starken Wind noch angefacht wurden. Man konnte die Rauchfahnen, die sie erzeugten, selbst in Satellitenfotos sehen. Auf mehreren Inseln brannten Häuser, manchmal Teile von ganzen Siedlungen ab. Die Ursachen der Brände waren wohl nicht natürlicher Art. Auf Gran Canaria erzeugte ein Feuerwächter, der seinen Vertrag verlängert haben wollte, mit einem einzigen Streichholz einen riesigen Waldbrand. In der jüngeren Vergangenheit hat es auf den westlichen Kanaren immer wieder Brände gegeben. Auf El Hierro hat es im August 1990 (1600 ha) und 1995 gebrannt, auf La Palma im Juli 1968 (5500 ha) und im Sommer 1994 (5140 ha). Selbst auf La Gomera brannte der Wald im September 1984 auf 1150 ha. Auf Teneriffa gab es einen großen Brand im September 1983 (6500 ha), kleinere Brände im Juni 1984, im Juli und August 1995 und im August 1998. Von den riesigen Bränden 2007 soll hier nicht weiter die Rede sein. In der Zeit zwischen 1968 und 1994 hat sich die Häufigkeit der Bründe je 5 Jahre von etwa 150 auf 450 gesteigert, die betroffenen Flächen von 1800 auf 12 400 ha. Die meisten Brände finden oberhalb von 1000 m ü. NN statt.

Bis sich ein Kanarenkiefernwald vom Brand erholt, dauert es 8–10 Jahre, das Unterholz aus Ginstern und Zistrosen eingeschlossen. Die Baumheide und der Gagelbaum erreichen zwei Jahre nach dem Brand bereits eine Höhe von 1 m, nach 7 oder 8 Jahren sind sie schon wieder 3 oder 4 m hoch. Große Kanarenkiefern leiden am wenigsten, da sie durch ihre dicke Borke gegen die Hitze isoliert sind. Weil ihre Äste erst einige Meter über dem Boden beginnen, können bodennahe Feuer schadlos unter ihnen entlanglaufen. Das Verbrennen der Bodenvegetation und der Nadelstreu erzeugt Licht und Nahrung für die keimenden Jungkiefern. Änderungen im Säuregrad des Bodens sind ebenfalls nach einigen Jahren wieder behoben. Insgesamt ist das Feuer in den kanarischen Wäldern ein natürliches Ereignis, an das die heimischen Pflanzen gut angepasst sind. Die erhöhte Häufigkeit der Brände in der jüngeren Vergangenheit muss allerdings vermieden werden.

Waldbrand: Das Feuer im Sommer 2007 hat auf mehreren Inseln den Kiefernwald auf großer Fläche geschädigt.

Schon bald nach dem Brand bildet die Kanarenkiefer neue blaugrüne Sprosse.

Boden verkohlt. Doch selbst wenn die Flammen den ganzen Baum erfasst haben, fallen ihnen nur die Nadeln und dünneren Äste zum Opfer. Der Stamm und die dickeren Seitenäste überleben. Schon bald treiben sie neue Seitenzweige aus. Die frischen Triebe tragen anfänglich blaugrüne Nadeln. Mehrfach feuergeschädigte Bäume, wie man sie z. B. auf La Palma finden kann, wirken wie Säulen. Ein heroisches, aber gleichzeitig auch ein schauriges Bild.

Das dunkelbraune Kernholz der alten Bäume, das die Spanier »tea« nennen, ist hart und zäh. Es wird als Baumaterial geschätzt, besonders für Türen und Balkone. In der Vergangenheit hat man in eigens dafür konstruierten Steinöfen (»horno de brea«) daraus Kiefernharz gewonnen. Es diente als Imprägnierungsmittel für Bau- und Schiffsholz. Die abgefallenen Nadeln wurden über lange Zeit dazu verwendet, die geernteten Bananenfruchtstände weich zu lagern und zu verpacken. Noch heute nutzt man die Nadeln als Einstreu im Stall.

Manchmal werden die Bäume von dem Forstschädling *Dasychira* (= *Macaronesia*) *fortunata* kahl gefressen, den Raupen eines Schmetterlings aus der Familie der Nonnen. Doch selbst vom Kahlfraß können sich die Kiefern gut erholen.

»Laurisilva« – der Lorbeerwald

Der kanarische Lorbeerwald ist ein Kind des Passats. Er beherbergt anders als der Kiefernwald je nach Standort 15 bis 20 verschiedene Baumarten. Alle sind relativ ähnlich. Sie haben immergrüne, meist einfache Blätter. Die Blüten sind oft unscheinbar und stehen unerreichbar hoch

Die Bäume im lichtarmen Lorbeerwald verjüngen sich hauptsächlich durch Stockausschlag.
In der Mitte bleibt der alte Baum auch nach seinem Absterben lange erhalten.

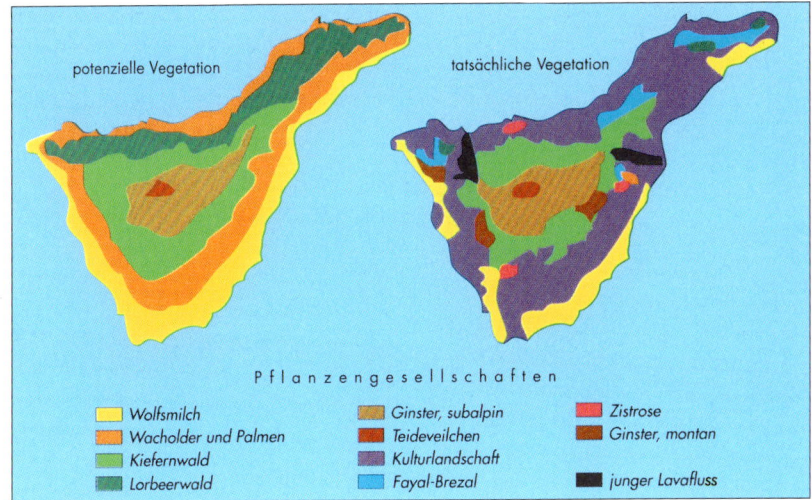

Die natürlichen Vegetationszonen auf Teneriffa (links) sind durch den Einfluss des Menschen verändert (rechts).

in den Baumkronen. Man muss die Bäume nach den Blättern und der Borke bestimmen.

Zum Wald gehören Strauch-, Kraut- und Moosschicht, außerdem die Epiphyten auf Ästen und Stämmen der Bäume. Die Laurisilva ist ein Urwald, der an manchen Stellen einen sehr dichten Kronenschluss erzeugt. Wegen des Lichtmangels kann es hier kein Unterholz und keinen Jungwuchs geben. Ein Waldweg bringt allerdings bereits eine Auflichtung mit sich. Er wird daher von einer besonders reichen Waldboden- und Waldrandflora begleitet. Auch die aus den Früchten gekeimten Jungpflanzen haben nur an den helleren Stellen eine Chance. Ansonsten findet die Erneuerung der Bäume durch rings um den Hauptstamm sprießende Stockausschläge statt, die nicht so stark auf eigene Lichtversorgung angewiesen sind. Sie treten später an die Stelle des alten Baumes, der oft noch lange als Totholz in der Mitte stehen bleibt.

Immergrüne Dickblattgewächse

In Anpassung an besonders trockene Standortbedingungen haben Dickblattgewächse aus der Gruppe um *Aeonium* (S. 22f.) ihre Gestalt entwickelt. Blattrosetten vermindern die Verdunstung, besonders wenn sie dem Boden anliegen. Sukkulenz ermöglicht Wasserspeicherung für Dürrezeiten. Sie meiden die Meeresnähe, aber auch die Höhenlagen. Sie haben auf den einzelnen Inseln und in den verschiedenen Lebensräumen eine Vielzahl von unterschiedlich gestalteten Arten entwickelt. Insgesamt 83 Arten von Dickblattgewächsen in verschiedenen Gattungen sind heute auf den Kanaren bekannt. Da sich die Arten erst in jüngerer Zeit entwickelt haben, wundert es nicht, dass sie oft noch zum Bastardieren neigen. Sie sind alle immergrün und werden viele Jahre alt. Der griechische Wortsinn besagt »aei« = immer und »on«= seiend.

Der Lorbeerwald – im Tertiär gab es solchen Wald auch in Europa.

Eingeführte Pflanzen

»Hier gedeihen Pinien ebenso wie Palmen, Kastanienbäume und Kakteen.« Dieser Satz aus einem neueren Bildband über die Kanaren ist richtig. Allerdings sind allein die Palmen heimisch, und von diesen nur die Kanarische Dattelpalme (S. 162). Kastanien und Kakteen sind Fremdlinge, auch die seltenen Pinien. Sehr häufig ist anstelle der kanarischen die dunkelnadlige kalifornische Montereykiefer *Pinus radiata* angepflanzt, daneben gelegentlich die duftende Aleppokiefer *Pinus halepensis* aus dem Mittelmeergebiet. Das Gemisch aus heimischen kanarischen und fremden Pflanzen aus aller Herren Länder, das heute die Pflanzenwelt der Kanarischen Inseln kennzeichnet, ist ebenso bemerkenswert wie bedenklich. Die tropische Blütenpracht ist zugleich mit dem Verlust an echten kanarischen Pflanzen verbunden. An die Stelle des ursprünglichen kanarischen Lorbeerwalds tritt an manchem Ort ein fader, schnellwüchsiger Eukalyptusbestand. Trockene Lebensräume werden vielerorts von Opuntien und Agaven beherrscht.

Oft sind es aber unauffällige, versehentlich eingeschleppte Wildkräuter, die sich überall breitmachen und heimische Formen verdrängen. Das gilt besonders für die so genannten Ruderalstandorte an Straßen und Wegen. Hier findet man u. a. das Federborstengras *Pennisetum setaceum* (S. 140), das sich schon weit in die Landschaft hinein ausgebreitet hat, den hübschen Kalifornischen Mohn *Eschscholzia californica* und das aus Mexiko stammende Weiße Eupatorium (*Ageratina adenophora*), das sich an vielen Orten zur wahren Landplage entwickelt hat. Man trifft die Art nicht nur an Wegen an, sondern selbst mitten im besten Lorbeerwald. Gleicher Herkunft ist der schmächtige Wilde Tabak *Nicotiana glauca* (S. 227), der einige Meter hoch wird, an Flieder erinnernde blaugrüne Blätter und gelbe Röhrenblüten trägt.

Kulturpflanzen

Die Kanaren galten schon zu Beginn der Neuzeit als Zwischenstation für die Akklimatisierung tropischer Gewächse an europäisches Klima. Aufgrund ihrer klimatischen Gunst sind sie aber auch zum Anbaugebiet vieler Kulturpflanzen geworden, auf den Westinseln besonders von Bananen. Das Klima eignet sich auch gut für Tomatenkulturen, die vorzugsweise in großflächigen plastikbedeckten Gewächshäusern reifen. Heute werden allerdings Tomaten billiger in Marokko oder den Niederlanden produziert.

Der Avocadobaum *Persea americana*, zur Familie der Lorbeergewächse gehörig, stammt aus dem tropischen Amerika. Eine nächstverwandte Art mit kleinen Früchten *Persea indica* wächst im kanarischen Lorbeerwald. Avocadobäume werden mehr und mehr in ausgedehnten Kulturen gezogen und treten an manchem Ort bereits an die Stelle der Bananen. Man kann die warzigen, dunkelgrünen Früchte billig im Geschäft oder auf dem Markt kaufen, sie sind aber in kleinen Ortschaften kaum erhältlich. Für Kenner empfiehlt sich die Herstellung von Avocado-Creme. Das zerdrückte Fleisch wird mit klein geschnittenem, hart gekochtem Ei vermischt, mit etwas Zitrone, reichlich Knoblauch, Pfeffer und Salz abgeschmeckt. Erstklassiger Brotaufstrich. Manche empfehlen auch den Zusatz von etwas Cognac oder Sherry.

Der Gelbe Sauerklee *Oxalis cernua* oder *pescaprae* ist aus Südafrika eingeschleppt und kann rasch ganze Flächen für sich einnehmen.

Bananen – Glanz und Elend

Seit mehr als hundert Jahren und in immer zunehmendem Maße ist die Küstenzone auf den Westinseln bis in Höhen von etwa 300 m mit Bananenkulturen zugebaut worden. Dadurch sind viele ursprüngliche Landschaften und Lebensräume verloren gegangen. Selbst junge, noch unbewachsene Lavaströme werden auf diese Weise nutzbar gemacht. Durchbrochene Umfassungsmauern sollen stärkeren Wind abschirmen, aber eine gewisse Luftbewegung zulassen. Neuerdings sind viele Plantagen durch plastikbespannte Gewächshäuser geschützt.

Es war im Jahre 1855, als der französische Konsul Sabin de Berthelot die Zwergbanane aus Südostasien auf den Inseln einführte, eine Art mit kleinen, aromatisch-süßen Früchten, die aber nicht leicht über längere Zeit transportiert werden können. Der Export beschränkt sich daher zum größten Teil auf das festländische Spanien. Die Rentabilität des Anbaus steht heute auch wegen des unmäßigen Wasserverbrauchs der Kulturen grundsätzlich in Frage.

Eine Bananenpflanze hat keinen echten Stamm, sondern einen Scheinstamm, der

Kulturpflanze Banane: Oben der Fruchtstand,
unten der »hijo«, der Sohn, der später
an die Stelle der Mutterpflanze treten wird.

tragenden Stamm und einen oder mehrere »hijos«. Wie bei vielen anderen Kulturen, die ihre Zeit auf den Kanaren gesehen haben – zum Beispiel das Zuckerrohr – ist auch wohl das Ende des blühenden Bananenanbaus bald gekommen.

Opuntien und die Koschenillelaus

Opuntien sind Kakteen südamerikanischer Herkunft, die ihre Blätter reduziert haben und mit Hilfe der grünen, fleischigen Flachsprosse assimilieren. Mehrere Opuntienarten sind schon früh als Viehfutter auf den Kanaren eingeführt worden und haben sich an manchen Stellen massenweise ausgebreitet. Im Jahre 1826 wurde die Koschenilleschildlaus *Dactylopius cacti* aus Südamerika auf den Inseln eingeführt. Sie ist ein Insekt mit stark reduzierten Fühlern und Beinen, das als Parasit in kleinen Kolonien auf der Oberfläche der Opuntiensprosse lebt. Die Tiere bevorzugen den häufigen Feigenkaktus. Sie besitzen im Fettkörper den rötlich-violetten Farbstoff Karmin, der schon den Azteken bekannt war. Im 19. Jahrhundert wurde Karmin in Europa viel für Färbungszwecke verwendet. Obwohl die Zucht der Tiere und das Gewinnen des Farbstoffs mit reichlich Handarbeit verbunden waren, ließen sich damit gute Geschäfte machen. So kam es um die Mitte des 19. Jahrhunderts zu einem Koschenille-Boom auf den Kanaren. In den 1880er Jahren allerdings wurden in Europa die Anilinfarben erfunden. Damit brach die Karmingewinnung zusammen.

Heute findet man die Tiere noch an vielen Stellen auf den Kanaren, vor allem im Nordosten Lanzarotes. Das natürliche Karmin wird nur noch in geringer Menge gewonnen, z.B. als Farbstoff für mikroskopische Präparate, für Lebensmittel und neuerdings wieder vermehrt für Kosme-

sich aus den verholzten Blattscheiden zusammensetzt. Er wächst innerhalb eines Jahres unter viel Wasser- und Nährstoffverbrauch heran und trägt einen einzigen großen Blüten- und Fruchtstand. Nach der Ernte stirbt er und wird abgeschlagen. Was noch davon brauchbar ist, dient als Viehfutter oder Einstreu im Stall. Die Pflanze regeneriert inzwischen durch Stockausschlag von der Basis her. Den kleinen Keimling nennen die Spanier »hijo« = Sohn. Meist sieht man an einer Pflanze drei Generationen: Den alten Stumpf, den tikprodukte. Die nach mehreren Häutungen ausgewachsenen Tiere werden von den Kakteen abgekratzt, durch Hitze getötet und getrocknet. Die bis 6 mm langen Weibchen werden ausgesucht und zermahlen. Dabei entsteht das pulverisierte Koschenille oder Cochenille, woraus der Farbstoff extrahiert wird. Für 50 g Karmin benötigt man 1 kg Koschenille, hierfür etwa 140 000 Läuse.

Fauna
Säugetiere

Unter Säugetierkennern sind die Kanaren immer wieder einmal für eine kleine Sensation gut. Die beiden Zoologen Molina und Hutterer haben 1989 eine neue Spitz-mausart (*Crocidura osorio*) beschrieben, die nur auf Gran Canaria, vielleicht in kleiner Zahl auch auf Teneriffa vorkommt. Aufgrund genetischer Analysen hat sich allerdings herausgestellt, dass diese Population wohl ein eingeschleppter Ableger der iberischen *Crocidura russula* ist. Dagegen ist die Spitzmaus *C. canariensis* von Lanzarote und Fuerteventura ein echter Endemit. Die früher wohl auf allen Inseln lebende, Küsten bewohnende Mönchsrobbe *Monachus monachus* ist längst ausgerottet bzw. zu einem extrem seltenen Gast geworden.

In den Cañadas auf Teneriffa und in der Caldera de Taburiente auf La Palma hat man dagegen den Mufflon eingebürgert, um ein geeignetes Jagdwild zur Verfügung zu

Opuntienfeld bei Guatiza, im Norden Lanzarotes. Hier werden Koschenilleschildläuse geerntet, aus denen der Naturfarbstoff Karmin gewonnen wird.

Koschenilleschildläuse bilden Kolonien auf den Sprossen der Opuntien.

haben. In der jüngeren Vergangenheit hat man viel Mühe darauf verwendet, diese Tiere wieder auszurotten, da sie durch ihren Verbiss gefährliche Schäden an der Vegetation anrichteten. Auf verschiedenen Inseln trifft man gelegentlich im Wald verwilderte Hauskatzen, darunter scheue große Tiere mit dickem Schwanz, die an Wildkatzen erinnern. Sie ernähren sich hauptsächlich von den ebenfalls eingeführten Ratten und Hausmäusen, zu deren Bekämpfung sie ursprünglich eingeführt und freigelassen wurden. Zeitweise gab es im Anagagebirge auf Teneriffa sogar Damwild. Die Tiere verschwanden aber rasch durch illegalen

Abschuss und Autounfälle. Wildkaninchen sind in beinahe allen Lebensräumen häufig und werden bejagt. Man findet sie vom Meer bis in Hochlagen über 2000 m. Auf jüngere künstliche Ansiedlungen gehen auch die Vorkommen des Nordafrikanischen Erdhörnchens *Atlantoxerus getulus* (S. 193, nur auf Fuerteventura) und des Wanderigels *Atelerix* oder *Aethechinus algirus* zurück, der ebenfalls aus Nordafrika stammt. Dagegen haben sich die Spitzmaus *Crocidura canariensis* und sieben Fledermausarten ohne Zutun des Menschen in der erdhistorischen Vergangenheit angesiedelt.

Wale

An der Küste lohnt sich immer ein langer Blick mit dem Fernglas auf das hohe Meer hinaus. Man wird nicht nur fliegende Sturmtaucher und Möwen entdecken, sondern nicht selten auch große Meeressäuger: Wale und Delphine. Letztere begleiten bei ruhigem Wasser gern Fährboote auf der Überfahrt.

Grindwale sind an ihrer tropfenförmig nach hinten gebogenen Rückenflosse leicht zu erkennen, auch wenn man den runden Kopf nicht sieht. Sie ernähren sich hauptsächlich von Kalmaren und Hochseefischen wie Bonitos und Stachelmakrelen. Weibchen sollen bis zu 60 Jahre alt werden, Männchen weniger. Besonders an der Südküste von Teneriffa kann man die Tiere sehen. Kleinen Schulen begegnet man bei der Schiffsüberfahrt nach Gomera oder La Palma. In diesem Meeresbereich scheint sich eine ortsfeste Population von 200–300 Tieren aufzuhalten. Viele von ihnen haben Narben am Körper, die von den Propellern der Schnellboote stammen. Die Wale sind bei einer Länge von 4–5 m und einem Gewicht von etwa 1,5 Tonnen nicht so wendig, dass sie den schnellen Booten rasch genug ausweichen könnten.

Tote, nach Verletzungen eingegangene Wale werden mit Regelmäßigkeit an den Küsten, vor allem auf Fuerteventura und Lanzarote angespült.

Außer dem Grindwal sind vor den kanarischen Küsten bisher 18 verschiedene Arten von Barten- und Zahnwalen nachgewiesen worden, unter ihnen auch weltweit sehr seltene und bestandsgefährdete Arten. Keine Frage: Erlebnisfahrten mit Booten zu Delphinen und Walen sind Naturbegegnungen, die nicht verboten werden sollten. Aber sie müssen nach den geltenden Schutzbestimmungen unter Einhalten der für die Tiere wichtigen Distanz durchgeführt werden. Übrigens: Die von den Anbietern ausgesprochene Garantie, dass man bei den Walfahrten mit Aus-

flugsbooten auch Wale sieht, gilt nur für den Fall, dass auch Wale da sind. Wenn schon nicht mit dem Grindwal, kann man doch mit Tümmlern rechnen.

Vögel

Obwohl Vögel zu den beweglichsten Organismen zählen, waren die kanarischen Vogelpopulationen gegenüber dem afrikanischen und dem europäischen Festland soweit isoliert, dass sich einige endemische Arten gebildet haben: Teidefink, Lorbeertaube, Kanarentaube und Kanarenschmätzer. Neuerdings sind auch die Teneriffa-Blaumeise, der Kanaren-Zilpzalp und das Teneriffa-Rotkehlchen als eigene Arten erkannt worden, was sich sowohl in ihren Gestaltmerkmalen als auch in den Laut-

Der Kanarengirlitz

Der Kanarienvogel, auch Kanarengirlitz und von den Einheimischen »Canario« genannt, ist in beinahe allen Lebensräumen der westlichen Inseln anzutreffen, im Kulturland wie im Kiefernwald, in den Trockengebieten wie in den Randzonen des Lorbeerwalds. Er ist ein schnell fliegender Vogel. Die Männchen sind prächtiger als die schlichten Weibchen. Der kurze Kegelschnabel zeichnet den Körnerfresser

Der Kanarengirlitz ist der Vorfahre unseres zum Haustier gewordenen Kanarienvogels.

aus. Der Kanarengirlitz ist etwas größer als der europäische Girlitz, dementsprechend sind seine Bewegungen nicht ganz so flink, die Stimme ist tiefer.

Die Gesangsstrophen des Männchens stehen wegen ihres klaren Aufbaus und ihrer klangvollen Phrasen dem Gesang der Mönchsgrasmücke nicht nach. Dem Wildvogel fehlt allerdings der typische tiefe Roller des Harzer Kanarienschlages, oder er ist nur in Andeutungen zu hören. Durch Jahrhunderte lange Mühen hat man inzwischen beim Kanarienvogel eine Vielzahl von Gesangs-, Farb- und Formschlägen herausgezüchtet – bis hin zu völlig deformierten Vogelgestalten. In der kanarischen Reiseliteratur werden die wilden Kanarengirlitze oft abschätzig behandelt. Wer aber einmal ein prächtiges Männchen bei seinem gaukelnden Singflug sah, der wird darüber anders denken.

Der Kanarengekko *Tarentola delalandii* kommt nur auf Teneriffa und La Palma vor.

Irrläufer, sondern befinden sich auf regelmäßig genutzten Zugwegen, die sie auf dem Wegzug im Herbst genauso benutzen wie auf dem Heimzug im Frühjahr. Solche Durchzügler kann man allerdings auf den Ostinseln häufiger und regelmäßiger antreffen als auf den mehr ozeanischen Westinseln. Einige neu auf den Inseln als Brutvögel auftretende Arten mögen sich im Rahmen ihrer Zugbewegungen hier niedergelassen haben, wenn sie geeigneten Lebensraum fanden. Hierzu gehören das Teichhuhn, der Girlitz und der Europäische Star. Gelegentliche Bruten sind in jüngster Vergangenheit auch bei Haus- und Feldsperling, Zwergdommel, Stelzenläufer sowie Kuh- und Seidenreiher nachgewiesen worden. Die Vorkommen des Heiligen Ibis, des Hirtenmaina und einiger Sittiche gehen aber sicher auf direkte menschliche Einwirkung zurück. Die Türkentaube ist besonders auf den Ostinseln heute ein gewöhnlicher Vogel in jeder Ortschaft. Sie hat die Kanaren im Rahmen ihrer jüngsten Ausbreitung im nordwestlichen Afrika wahrscheinlich aus eigenen Kräften erreicht.

äußerungen zeigt. Das Teneriffa-Goldhähnchen und den Raubwürger der Kanaren kann man ebenfalls als eigene endemische Arten betrachten, obwohl hier das letzte Wort noch nicht gesprochen ist. Eine etwas größere Verbreitung haben Kanarengirlitz, Kanarenpieper und Einfarbsegler. Sie kommen auch auf Madeira und den Azoren vor. Man nennt sie Makaronesische Endemiten. Ausgestorben ist u. a. der Schwarze Austernfischer *Haematopus meadewaldoi* im 20. Jahrhundert, während von einer Wachtel (*Coturnix gomerae*), einer flugunfähigen Ammer (*Emberiza alcoveri*) auf Teneriffa und einem Grünlingsverwandten (*Carduelis triasi*) auf La Palma nur fossile Reste vorliegen. Mehrere Sturmtaucherarten sind in historischer Zeit von den Ureinwohnern als einfache Beute aufgegessen worden.

Aus der Beringung kanarischer Vögel hat sich als neue Erkenntnis ergeben, dass die Kanarischen Inseln regelmäßig von Durchzüglern genutzt werden. Wandernde Vögel, die die Kanaren über den Atlantik erreichen, sind also meist keine verzweifelten

Amphibien, Reptilien, Fische

Die Reptilien sind vor allem durch Eidechsen (s.S. 174f.) vertreten, unter ihnen auch mehrere Rieseneidechsen (s.S. 128f.) sowie Gecko- und Skinkarten. Schlangen fehlen ganz. An Amphibien kommen der Iberische Seefrosch *Rana perezi*, der Saharafrosch *Rana saharica* und der Mittelmeer-Laubfrosch *Hyla meridionalis* vor – sämtlich in jüngerer Vergangenheit vom Menschen eingeführt. Die Zahl der Fischarten im Meer ist groß. Man kann sie am besten auf dem Fischmarkt, bei einem Angler oder beim Schnorcheln bzw. Tauchen kennen lernen. Wie die Fangzahlen der Fischerei zeigen, stammen jedoch nur die wenigsten der im Fischrestaurant angebotenen Fische aus den Fischgründen der Kanaren.

Wirbellose des Meeres

Meerestiere haben seit jeher für die Menschen auf den Kanaren eine wichtige Rolle gespielt. Die Ureinwohner haben an vielen Stellen Abfallhaufen mit Tausenden von Schalen der Napfschnecke hinterlassen. Heute sind diese Tiere der Gezeitenzone recht selten geworden. Das Tierleben im Meer ist ansonsten reich. Nur wer es tauchend oder schnorchelnd erkundet, wird diesen Reichtum erahnen.

Zerbrechliche kleine Posthornschalen, die man im Spülsaum findet, stammen nicht von einer Schnecke, sondern von dem Tintenfisch Spirula. Auch die fein gekammerten Schulpe von *Sepia*-Tintenfischen zweier Arten werden häufig angeschwemmt. An Fisch-Schwimmblasen erinnern die bläulich-irisierenden Schwimmpolypen einer Staatsqualle, die den Namen Portugiesische Galeere (*Physalia physalis*, S. 198) trägt. An den treibenden Blasen hängen bis zu 50 m lange dunkelblaue Nesselfäden. Ihre Nesselwirkung trifft den Menschen auf seiner Haut so stark wie ein heftiger Peitschenhieb. Die Kenner meiden sie deshalb wie die Pest. Auch Individuen der nahe verwandten, aber harmlosen Meduse *Velella velella* werden angetrieben. Sie lassen sich mit Hilfe eines kleinen Segels vom Wind verdriften und benutzen ihre Tentakel als Schwimmanker.

Meerestiere: In den Tidentümpeln der Felsküste trifft man eine reiche Fauna und Flora; hier den mehr als faustgroßen Seehasen *Aplysia dactylomela*, eine Nacktschnecke.

Die Rennkrabbe *Grapsus grapsus* lebt im Spülsaum der Felsküste. Hier ist nur das leere Gehäuse angespült, das nach der Häutung zurück bleibt.

Diese zarten Schalen im Spülsaum stammen von dem kleinen Tintenfisch *Spirula spirula*.

Mensch und Geschichte

Schon die Phönizier scheinen, ausgehend von ihren nordafrikanischen Stützpunkten bzw. von Cadiz in Südspanien, die östlichen Inseln Lanzarote und Fuerteventura besucht zu haben. Sie brachten von dort den begehrten purpurroten Farbstoff der Orchilla-Flechte (Orseille; S. 139) mit nach Hause. Demzufolge werden die beiden Ostinseln als die **Purpurarien** bezeichnet.

Der römische Astronom Ptolemäus (etwa 85–160 n. Chr.) setzte die Insel Hierro als Nullmeridian in seinem geozentrischen Weltsystem ein. Er bezeichnete die ganze Inselgruppe als »Insulae fortunatae«, die glücklichen Inseln oder Inseln der Seligen. Dieser Name hat sich für die Westinseln, die **Fortunaten**, bis heute erhalten. Zu ihnen gehören Gran Canaria, Teneriffa, Hierro, Gomera und La Palma.

Der eigentliche Name der Kanaren ist in seinem Ursprung ungeklärt. Nach dem römischen Universalgelehrten Plinius dem Älteren (23/24 – 79 n. Chr.) wird Gran Canaria wegen der dort vorkommenden großen Hunde (lat. »canis« = Hund) als »Canaria« bezeichnet. Dem stehen aber auch andere Deutungen gegenüber.

Die Ureinwohner

Von den Phöniziern und den Römern wurden sie zuerst besucht, gelebt haben sie auf den Inseln schon viel länger: Die frühesten Einwanderer der Kanarischen Inseln gehörten der **Cromagnon**-Gruppe an. Noch heute gibt es Menschen dieses Typs einerseits bei den Berbern in Nordafrika, andererseits auch bei den Basken, Iren und Bretonen. Sowohl der Rassentyp der älteren Cromagniden als auch derjenige der jüngeren Promediterranen war auf den Kanarischen Inseln vertreten. Die

Inseln wurden vermutlich in mehreren Schüben besiedelt. Die erste Einwanderungswelle soll etwa 2500 v. Chr. stattgefunden haben. Auf Gomera scheint der kulturell weniger fortschrittliche cromagnide Typus vorgeherrscht zu haben, ebenfalls auf Teneriffa. Nur hier werden die Ureinwohner als Guanchen bezeichnet.

Auf Gran Canaria waren eher mediterrane Typen mit moderneren Kulturtechniken aus jüngeren Einwanderungswellen vertreten. Zahlreiche Großsteinbauten belegen besonders auf La Palma kulturelle Zusammenhänge mit westeuropäischen und nordafrikanischen Kulturen: In Tagorors hielten die Ureinwohner ihre Versammlungen ab, das sind Steinkreise, die aussehen wie ein kleines Stonehenge. Die Felsgravierungen in der Höhle von Belmaco und anderswo auf La Palma und El Hierro finden ihre Entsprechung in einem Königsgrab in der Bretagne. Bei den Altkanariern war es wie im alten Ägypten üblich, die Toten zu mumifizieren, allerdings mit Hilfe einer etwas einfacheren Technik. Die früheste Datierung einer solchen Mumie ergab ein Alter von etwa 2450 Jahren.

Trotz ihrer in vieler Beziehung hohen Kultur befanden sich die Ureinwohner zur Zeit ihrer »Entdeckung« durch die Spanier noch in der Steinzeit: Sie kannten kein Metall, Werkzeuge beschränkten sich auf Steinabschläge oder bestanden aus Holz. Man ernährte sich von Getreide, das auf allen Inseln außer auf La Palma und El Hierro wohl von den Besiedlern mitgebracht worden war, von einheimischen Pflanzen und von Viehzucht. Eine wichtige Rolle spielten der Fang von Fischen und das Sammeln von Meerestieren. Die Alt-

Der Cenobio de Valerón auf Gran Canaria wurde von den Ureinwohnern als Kornspeicher und Heiligtum in den Felsen geschlagen.

kanarier verehrten den Gott »Abora« und brachten dessen Gegenspieler »Guayote« zur Besänftigung Opfer dar. Das Oberhaupt der hochentwickelten sozialen Gemeinschaft war ein König, von dem ein vorbildlicher Lebenswandel erwartet wurde. Frauen spielten im Priester- und Richteramt eine herausragende Rolle. Auch die Erbfolge der Guanchen war mutterrechtlich organisiert.

Als die Inseln um 1340 »entdeckt« wurden, war dort nicht viel zu holen. Mangels anderer exportierbarer Güter liefen Schiffe der Portugiesen, Spanier und Mallorquiner sie wiederholt mit dem Ziel an, Sklaven zu fangen. Die Menschen galten als heidnisch und somit als Freiwild. Wer nicht als Sklave verschleppt wurde, musste sein Leben in jahrelangen blutigen Unterwerfungskämpfen lassen – ein Großteil der Urbevölkerung wurde umgebracht. Neuere anthropologische Untersuchungen zeigen jedoch, dass das Erbe der Ureinwohner genetisch zu regional wechselnden Anteilen in der heutigen Bevölkerung weiterlebt. Dies äußert sich z. B. in der Blutgruppe und bestimmten Merkmalen der Gesichter.

Schutzgebiete

Spanien ist Mitglied der Europäischen Union und hat eine Reihe von Vereinbarungen über den Schutz der belebten Natur unterzeichnet, die auch für die Kanarischen Inseln gelten: Die Ramsar-Konvention zum Schutze von Feuchtgebieten internationaler Bedeutung, die Bonner Konvention über den Schutz wandernder wildlebender Tierarten, die Berner Konvention über die Erhaltung wildwachsender Pflanzen und wildlebender Tiere sowie natürlicher Lebensstätten in Europa (= Europäische Naturschutzkonvention) und die EU-Vogelschutzrichtlinie zur Erhaltung wildlebender Vogelarten.

Auf den Kanaren gibt es Schutzgebiete unterschiedlicher Wertigkeit:

Weltnaturerbe der Menschheit (UNESCO): Nationalpark Garajonay auf Gomera; **Biosphärenreservate**: Canal y Los Tiles auf La Palma; El Hierro. So hat es angefangen. Heute sind die ganze Insel La Palma, El Hierro und Teile von Gran Canaria Biosphärenreservate, auch größere Teile von Lanzarote.

Spezielle Schutzgebiete der EU (SPA): Los Islotes de Lanzarote, Riscos de Famara (Lanzarote), Jable Istmo de Jandía (Fuerteventura), Insel Lobos (bei Fuerteventura), Jable de Corralejo (Fuerteventura), Kiefernwälder von Pajonales, Ojeda, Inagua und La Data auf Gran Canaria, Caldera de Taburiente auf La Palma, Nationalpark Garajonay auf Gomera.

Nationalparks

Zu Nationalparks sind auf den Inseln Naturgebiete erklärt worden, die in ihrer Ursprünglichkeit nicht zu stark durch menschlichen Einfluss verändert worden sind und in denen die Pflanzen- und Tierwelt ebenso wie die Landschaft von außerordentlichem kulturellen, wissenschaftlichen bzw. Erholungsinteresse sind.

Die Nationalparks mit ihren thematischen Schwerpunkten sind:

Timanfaya, Lanzarote: Rezenter Vulkanismus; **Garajonay**, La Gomera: Lorbeerwald; **Cañadas del Teide**, Teneriffa: Subalpine Zone; **Caldera de Taburiente**, La Palma: Kanarischer Kiefernwald.

Zusätzlich zu den Nationalparks sind Naturparks (»Parques naturales«) ausgewiesen worden, die weniger strengen Schutzbestimmungen und Kontrollen als die Nationalparks unterliegen. In Nationalparks benötigt man für professionelle Foto- und Filmarbeit eine Genehmigung.

Teneriffa ist die größte und höchste der Kanarischen Inseln. Als Folge davon wartet sie auch mit der größten landschaftlichen und ökologischen Vielfalt auf: ein Kontinent für sich. Sie reicht von der Dürre der wüstenhaften Küstenzone bis zur subalpinen und alpinen Stufe. Der Nationalpark Las Cañadas de Teide bietet atemberaubende, vielgestaltige Hochgebirgslandschaft. Las Cañadas – das ist ein ausgedehnter Krater in mehr als 2000 m Höhe; in seinem Zentrum erhebt sich der Pico del Teide mit 3718 m. Im Norden und Westen der Insel sind bedeutende Lorbeerwaldreste an steilen Berghängen erhalten. In den trockeneren und höheren Südlagen treten ansehnliche Kiefernwälder an ihre Stelle. In Meeresnähe herrscht trocken angepasste Strauchvegetation vor. Direkt an der Küste gedeiht salztoleranter Trockenbusch. Der vielgestaltigen Vegetation ist eine ebenso reichhaltige Tierwelt zugeordnet. Mit Ausnahme weniger Spezialisten kann man alle kanarischen Vogelarten auf Teneriffa sehen.

Teneriffa: Insel des ewigen Frühlings. Während der Teidegipfel im Januar noch mit Schnee bedeckt ist, blühen im Tal die Mandelbäume.

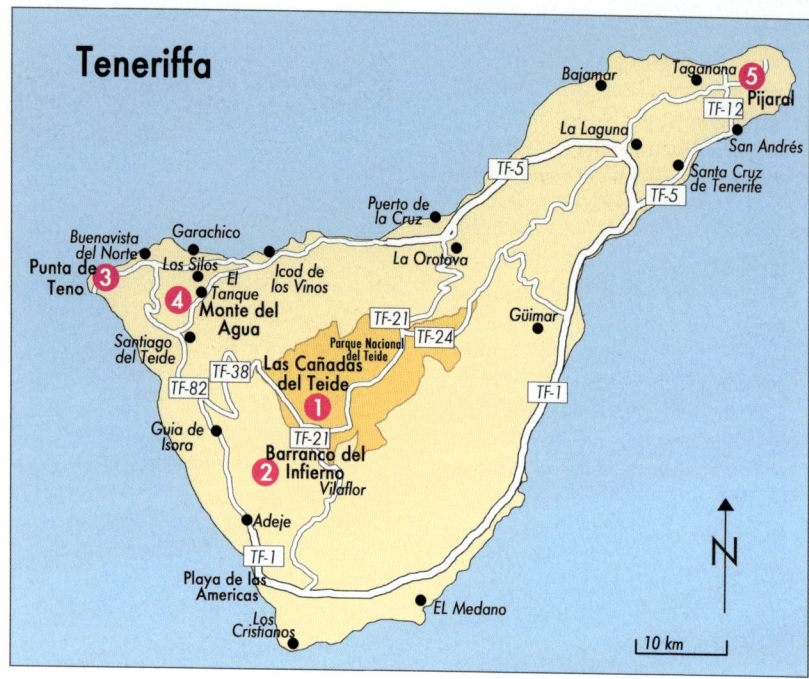

Praktische Tipps

Anreise

Auf Teneriffa gibt es zwei Flughäfen, von denen der südliche »Reina Sofia« mehr den internationalen Verkehr aufnimmt, der nördliche bei La Laguna mehr für die interinsularen Flüge zuständig ist.

Vom Kontinent aus kann man die Insel mit der Autofähre von Cadiz aus erreichen.

Von Santa Cruz de Tenerife aus gibt es zudem Fährverbindungen nach Santa Cruz de la Palma, Puerto de las Nieves bei Agaete auf Gran Canaria und Morro Jable auf Fuerteventura. Von Los Cristianos im Süden Teneriffas aus kann man mit der Fähre nach San Sebastián auf La Gomera, nach Valverde auf El Hierro sowie nach Santa Cruz de la Palma übersetzen. Selbstverständlich gelten die umgekehrten Richtungen genauso.

Verkehr

Die Insel ist dicht besiedelt und verkehrsreich. Schlimme Zustände herrschen zeitweise auf den beiden Autobahnen, besonders im Süden bei Playa de las Americas und bei der Hauptstadt Santa Cruz de Tenerife sowie bei Puerto de la Cruz. Hier kann man jederzeit mit Staus rechnen. Wer nicht dazu gezwungen ist, sollte die

Autobahnen besonders zu den voraussichtlichen Stoßzeiten meiden. Ansonsten ist das **Verkehrsnetz** gut ausgebaut und gepflegt. In den Hochlagen der Cañadas del Teide treten im Winter zeitweise Eis und Schnee auf. Dann werden die Straßen vorübergehend gesperrt oder sind nur mit erhöhter Vorsicht zu befahren. Allerdings ist der Schnee meist innerhalb weniger Stunden des Tages wieder verschwunden. Bei Schlechtwetter kann man ansonsten zu anderen Jahreszeiten oberhalb der Passatwolke oder auch im Süden der Insel Sonne und Wärme finden.

Für die **Busverbindungen** sind die ca. 160 Linien der Firma Titsa zur Verfügung. Siehe dazu www.canarias. arkus.net/tenerife/bus.php. Vom Flughafen »Reine Sofia« fährt die Buslinie 487 etwa stündlich nach Los Cristianos und Playa de las Americas. Ebenfalls gibt es eine stündliche Verbindung nach Santa Cruz. Nach Puerto de la Cruz gibt es nur vier Busse pro Tag (340). Man kann aber auch über Santa Cruz fahren und findet dann mehr Verbindungen. Um 9.15 Uhr fährt ein Bus von Playa de las Americas nach El Portillo am Teide und um 15.15 Uhr wieder zurück. Entsprechend gibt es einen Bus um 9.15 Uhr von Puerto de la Cruz nach El Portillo. Um 16 Uhr fährt er zurück. In den Büros ist ein Faltblatt mit allen Verbindungen erhältlich. Aktuelle Information über Tel. 922 53 13 00, auch www.titsa.com.

Mit einer Bono-Bus-Karte ab 12 € erhält man 50 % Rabatt bei Strecken von mehr als 20 km.

Die kanarische Küche verwendet vielerlei – auch exotische – Früchte und Gemüse. Fisch wird schmackhaft zubereitet.

Unterkunft / Verpflegung

Die großen Städte und Urbanisationen wie Puerto de la Cruz, Santa Cruz de Tenerife, Los Cristianos und Playa de las Americas, mehr und mehr auch kleinere Ansiedlungen bieten das Flair von Großstädten mit allen Vor- und Nachteilen. Ohne vorherige Buchung wird man hier nicht so leicht Unterkunft finden. Zugleich bietet sich ein Spektrum internationaler Restaurants an. Eine kanarische oder spanische Küche findet man mehr in den kleinen Ortschaften. Das Preisgefälle gestaltet sich entsprechend.

Riesiger Einsturzkrater von 16 km Durchmesser in mehr als 2000 m Höhe; darin die Vulkane Pico Viejo und Pico del Teide, dieser mit dem 3718 m hohen Gipfel Pilón; überragende Aussicht, auch auf Nachbarinseln; in den Cañadas weitgehend endemische, subalpine Strauchvegetation aus Kugelbüschen; Gipfelregion des Teide fast vegetationsfrei bis auf das endemische Teideveilchen.

Seit dem Besuch Alexander von Humboldts im Jahre 1799 ist das Gebiet der Cañadas mit dem **Teide**, dem höchsten Gipfel der Kanaren und ganz Spaniens, eines der meistbesuchten Ausflugsziele von Teneriffa geworden, sehenswert nicht nur für Naturfreunde. Die Cañadas stellen die Reste eines eingestürzten oder explodierten Vulkans (s. S. 16) dar, dessen Kraterwand im Süden noch weitgehend unversehrt, im Norden und Westen jedoch durch jüngere vulkanische Ereignisse zerstört ist. Der Vulkankegel, der in erdgeschichtlicher Vergangenheit über diesem Krater stand, hat im Laufe seiner Entstehung wahrscheinlich mehrere vorher schon vorhandene Teilinseln zur heutigen Insel Teneriffa zusammengeschmolzen, darunter die alten Massive **Anaga** und **Teno**.

An den Teide als Hauptgipfel schließen sich im Westen mit einer Höhe von 3106 m der **Pico Viejo**, im Osten die **Montaña Blanca** mit 2750 m an, alles noch innerhalb des riesigen Kraters. Auch der Teide geht in seiner Entstehung auf mehrere vulkanische Ereignisse zurück. Der von hellem

Die Roques de García sind eines der Ausflugsziele in den Cañadas und ein Anziehungspunkt für Fotofreunde.

Im Inneren des Riesenkraters Las Cañadas: das Schwemmland von Ucanca, im Hintergrund junge Lava.

Bimsstein gezeichnete höchste Gipfel, Pilón oder Zuckerhut genannt, erhebt sich 200 m hoch über einer älteren Basis, der Rambleta, aus deren Krater heute noch sichtbare Lavaströme herabgeronnen sind. **Las Narices** (die Nasenlöcher) stellen einen Strom dunkler Lava dar, der sich im Jahre 1798 aus der Südflanke des Pico Viejo ergossen hat. **Los Azulejos** sind Schichten bunter Lapilli (s. S. 15), einige davon blaugrün (»azul«).

Aus biologischer Sicht bieten erkaltete Lavaströme und Lapillifelder eindrucksvolle Anschauung für die Sukzession bei der Besiedlung durch Tiere und Pflanzen. Als erste werden viele wirbellose Kleintiere in die lebensfeindliche Umgebung hineingetragen, die sich dort von ebenfalls verdrifteten Insekten und anderem eingewehten organischen Material ernähren. Später fassen Sporen von Farnen, Moosen und Flechten sowie die ersten Samen höherer Pflanzen Fuß, die nach ihrem Keimen weitere Tierformen anziehen und ernähren. Das geht parallel mit Verwitterung und Bodenbildung einher. Diese Prozesse nehmen Jahrhunderte und Jahrtausende in Anspruch.

Die Cañadas sind seit 1954 mit einer Fläche von 13 500 ha Nationalpark. Darin sind die Caldera und das gesamte Teidegebiet eingeschlossen. Nach einer südwärts gerichteten Erweiterung im Jahre 1999 umfasst der Nationalpark heute 18 990 ha.

Pflanzen und Tiere

Entsprechend dem Klima finden wir in den Cañadas eine besondere subalpine Pflanzenwelt mit ihren Anpassungen vor. Es gibt nur wenige Arten, meist in relativ lichtem Bestand. Bäume fehlen. An ihre Stelle tre-

In den Hochlagen von Teneriffa und La Palma gedeiht als fast blattloser Kugelbusch der Teide-ginster.

ten Sträucher, meist als Kugelbüsche ausgebildet. Auch ihre Anatomie ist an den Wassermangel angepasst.

Schon im Kiefernwald außerhalb des Nationalparks fällt die Teideskabiose (S. 50) als kniehoher Strauch auf, der im Sommer viele lichtrosa Einzelblüten trägt

Der Rote Teidenatternkopf *Echium wildpretii*: ein Wahrzeichen Teneriffas.

und im Spätsommer über und über mit winzigen Pusteblumen bedeckt ist. Die länglichen Blätter sind weißfilzig, ein Schutz gegen Wasserverlust. In den eigentlichen Cañadas dominieren strauchförmige, manchmal über mannshohe Ginsterarten. Ohne Blätter präsentiert sich mit weißlichen, dicht und aufrecht stehenden Sprossen der Teideginster (*Spartocytisus supranubius*, »Retama del Teide«), der in seinem Vorkommen auf die Hochlagen von Teneriffa und La Palma beschränkt ist. Die Sprosse reichen bis zum Boden herab, nur durch Kaninchenfraß enden sie einen halben Meter darüber. Im fortgeschrittenen Frühjahr sind die Büsche über und über mit weißlichen, stark duftenden Blüten bedeckt. Diese liefern Nahrung für mehrere zum Teil endemische Wildbienenarten und für zahllose Bienenvölker, die von den Imkern heraufgebracht werden.

Der gelb blühende mannshohe Ginster »Codeso de Cumbre« *Adenocarpus viscosus* hat einen dichten Besatz weißfilziger und etwas klebriger Blätter. Zu den Kreuzblütlern rechnet die Teidebesenrauke oder Teiderauke *Descurainia bourgeauana*, ein weiterer Kugelbusch der Cañadas mit gelben Blütenständen. Nach dem Verblühen bleiben die fahlgelben Blütenstiele stehen und überziehen die Büsche mit einem lichten Heiligenschein, etwas profaner Teidestroh genannt. Mit weißen Margeritenblüten wartet ein inselendemischer Korbblütler *Argyranthemum teneriffae* auf. Erwähnenswert ist noch der Teidelack *Erysimum scoparium* (vgl. S. 106), ein Kreuzblütler mit vierzähligen weißlich-violetten Blüten. Berühmt sind die bis 2 m hohen dunkelroten Blütenstände des Roten Teidenatternkopfs *Echium wildpretii*. Man findet ansehnliche Exemplare – im Winter und Frühjahr die toten weißen Skelette – beim Parador Nacional, seit

Die jungen Kiefern am Rand der Cañadas zeigen durch ihre gelbliche Farbe, dass sie hier am Grenzstandort wachsen.

Neuem auch anderswo an der Straße. Daneben gibt es als zweite Art den meterhohen Blauen Teidenatternkopf *Echium auberianum* (S. 48). Im Botanischen Garten bei dem Besucherzentrum El Portillo werden alle Arten mit Beschriftung vorgestellt. Auf Teneriffa kommt nur die **Westkanareneidechse** *Gallotia galloti* vor. Man hat sie am Teide bis in Höhen von 3200 m gefunden. Die großen Männchen sind sowohl am Kopf als auch auf dem Rücken sehr dunkel gefärbt. Ihnen fehlen der lebhaft blaue Kehl- und Wangenfleck und die gelbgrüne Rückenzeichnung. Dieser dunk-

len Form *Gallotia galloti galloti* (S. 174) gehören die Cumbre, die Cañadas und der ganze Süden der Insel. *G. g. eisentrauti* (S. 174) ist die bunt gemusterte Form, die von der Anaga-Halbinsel bis nach Santa Cruz hin und an der Nordküste bis Garachico vorkommt. Die Populationen gehen in bestimmten Bereichen ineinander über. Die bunten Formen (»Passateidechsen«) sind besser an die reiche Vegetation des Nordens angepasst. Die dunklen (»Vulkaneidechsen«) stimmen in ihrer Färbung mehr mit der Lava des Südens überein. Im Tenogebirge ist kürzlich noch eine neue

Der Kanarenpieper gehört auf allen Kanaren vom Meer bis in die Hochlagen zu den typischen Bodenvögeln.

Der Teidefink ist ein Bewohner der Kiefernwälder Teneriffas und Gran Canarias.

Rieseneidechse *Gallotia intermedia* entdeckt worden (s. S. 128f.).

Die Cañadas in ihrem inneren Bereich sind abgesehen von dem Pflanzenbewuchs nicht sehr lebensfreundlich für höhere Tiere. Doch fliegen der Kanarenpieper und der Kolkrabe (S. 120) noch bis weit die Hänge des Teide hinauf. Viele Vögel gibt es in den Kiefernwäldern am Außensaum der Caña-

Der seltene Blaue Teidenatternkopf kommt nur in den Cañadas vor – er wird bis 1 m hoch.

das, in der Corona Forestal. In den »Zonas recreativas« und im Garten des Besucherzentrums ist häufig fließendes Wasser vorhanden. Dieses zieht die Vögel magisch an. An solchen Stellen kann man besonders morgens, aber bei Sonnenhitze auch tagsüber Teidefinken, Kanarengirlitze, Kanarenpieper, Teneriffa-Goldhähnchen, Teneriffa-Blaumeisen, Kanarenzilpzalpe, zuweilen sogar den Kanaren-Raubwürger (S. 171) und den Turmfalken aus der Nähe beobachten.

Zum Wasser kommen auch Eidechsen, Kaninchen und viele Insekten, darunter der häufige Kanarenbläuling (*Cyclyrius webbianus*, span. »Manto de Canarias«) mit unterseits bunt gemusterten Flügeln. Die Art ist endemisch auf den Westinseln. Die Larven leben auf Schmetterlingsblütlern. Auch die große blaue Köngslibelle *Anax imperator* kann man hier fliegen sehen. Die Cañadas weisen viele Höhlen auf. In ihnen hat man eine interessante, angepasste Insektenfauna entdeckt.

Der **Gipfel des Teide** beherbergt einen kleinen Krater, dessen Betreten heute nur mit Sondergenehmigung zulässig ist. Bei ruhigem Wetter liegt schwefliger Duft überall in der Luft. Am Boden gibt es häufig Solfataren, wo sich gelblich-glitzernde Schwefelausblühungen ablagern. Der Vulkan ist nicht tot, sondern ruht nur. Nahe den Solfataren wachsen Grünalgen und Moose. Selbst im Winter auf Schneeflecken kann man viele vom Wind herauf transportierte Insekten sehen, die in der Kälte nicht mehr flugfähig sind. Andere Gliedertiere wie Spinnen, Hundertfüßer und Käfer haben sich hier oben angesiedelt und leben von diesen sterbenden oder toten gestrandeten Insekten. Vögel sind hier selten, doch manchmal lässt sich der Kanarenpieper sehen. Kolkraben suchen nach Abfällen.

Das Teideveilchen *Viola cheiranthifolia* wächst bis in die Gipfellagen.

Das Teideveilchen *Viola cheiranthifolia* ist der berühmteste pflanzliche Endemit der Kanaren. Es kommt tatsächlich nur an den Hängen des Teide bis zur Höhe von etwa 3500 m und an einigen Stellen in der Caldera vor. Im Botanischen Garten beim Besucherzentrum hat man es auch kultiviert, ist aber daran gescheitert, dass die Pflanzen von Besuchern gestohlen wurden. Es blüht im späten Frühjahr. In der Gipfelregion auf 3600 m Höhe gibt es auch

Die Narices del Teide – die Nasenlöcher des Teide – sind Kennzeichen eines jungen Ausbruchs.

Die glänzenden Nadeln der Kanarenkiefer erreichen eine Länge von 30 cm.

Die Teideskabiose *Pterocephalus lasiospermus*, ein häufiger Strauch der Cañadas.

das endemische Teide-Edelweiß *Gnaphalium teydeum* und eine neu entdeckte Neophytengesellschaft aus einem Mastkraut *Sagina procumbens* und einem kleinen Moos.

Im Gebiet unterwegs

Man kann die Cañadas auf verschiedenen Straßen mit dem Fahrzeug erreichen: Vom Norden über die TF-21 von Puerto de la Cruz: 35 km. Vom Osten von La Laguna her über die Cumbre (TF-24): 43 km. Vom Süden von Vilaflor her über die TF-21: 16 km. Vom Westen auf der TF-38 über Chío: 24 km. Eine Busverbindung gibt es von Santa Cruz über La Orotava nach **El Portillo** ⑦ am Osteingang der Cañadas. Der Bus fährt jeweils am Montag, Samstag und Sonntag um 6.30 Uhr in Sta. Cruz ab. Weiteres s.S. 43.

Jede Zufahrt zu den Cañadas hat ihre eigenen Reize und führt durch eine sehenswerte Zonierung von Vegetation und Landschaft. Besonders sei auf den südwärts liegenden Kiefernwald von **Vilaflor** hingewiesen, der einen prächtigen Bestand teils uralter Kanarenkiefern bietet.

Wählt man die Südauffahrt, so gelangt man nach einigen Fotostopps durch den Kraterrand bei der Kreuzung Boca de Tauce in eine mehrteilige flache Schwemmlandebene, genannt **Los Llanos de Ucanca** ①. Etwas weiter Richtung Teide passiert man die **Azulejos** ② und gelangt bald zum Parkplatz des Parador Nacional. Von dort hat man Ausblick auf die berühmten **Roques de García** ③.

Um die Roques herum führt ein Rundweg mit einigem Gefälle und Steigungen, der dem Besucher Landschaft, Geologie und Pflanzen- und Tierwelt aus nächster Nähe erschließt.

Wenn man die Straße weiterfährt, kommt man zur Talstation des »teleférico«. Die meisten Besucher lassen es damit bewenden, mit der Kabinenbahn zur Bergstation des Teide hinaufzufahren. Das weitere Aufsteigen zum eigentlichen Gipfel ④ bedarf einer besonderen Genehmigung der Nationalparkdirektion (s. u.).

Für Bergwanderer gibt es die romantischere Möglichkeit, den Gipfel zu erwandern. Von Osten (El Portillo) her kommend zweigt man nach etwa 7 km beim Schild Montaña Blanca nach rechts ab. Hier stellt man das Fahrzeug ab, da die Piste ⑤ bald nur noch zu Fuß begehbar ist. Es lohnt sich, den Wagen gut zu verschließen und keine Wertsachen darin zu lassen. Der Weg steigt zunächst durch locker verteilte Strauchformationen in bald immer vegetationsärmeres Gelände. Ein beeindruckendes Naturerlebnis ist es, in den allerfrühesten Morgenstunden noch bei Dunkelheit zum Gipfel aufzusteigen und dort den Sonnenaufgang zu sehen. Im Licht der tiefstehenden Morgensonne wirft der Teide einen riesigen kegelförmigen Schatten nach Westen (S. 8). Diesen Schatten kann man auch in umgekehrter Richtung sehen, wenn abends die Sonne sinkt. Etwas östlich der Montaña Blanca gibt es eine Stelle, wo neben der Straße ein Obsidianfeld liegt ⑥. Es ist streng verboten, Steine mitzunehmen.

ACHTUNG: Der Aufenthalt im Nationalparkbereich bedeutet Einschränkungen für den Besucher (s. S. 231). Man ist verpflichtet, sich an die Wege zu halten. Man darf keinen Lärm machen und weder Abfall hinterlassen noch Tiere, Pflanzen, Steine oder andere Gegenstände der Natur oder Vorgeschichte mitnehmen. Die Einhaltung dieser Regelungen wird durch Ranger kontrolliert.

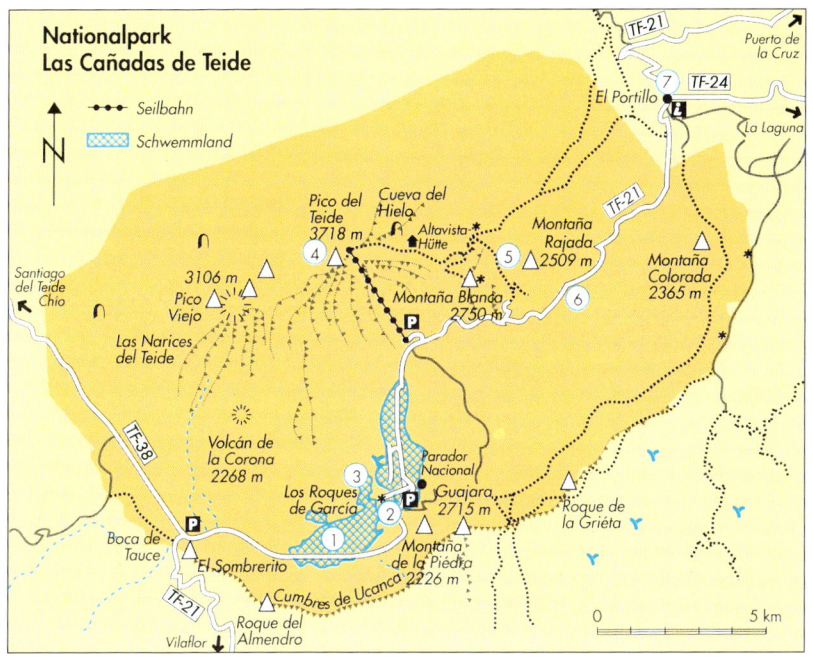

Praktische Tipps

Unterkunft / Verpflegung

Das einzige Hotel im Bereich der Cañadas ist der Parador Nacional, ein staatliches Hotel. Steigt man bei der Montaña Blanca zu Fuß zum Teidegipfel hinauf, kann man, nachdem man sich im Parador Nacional oder im Besucherzentrum angemeldet hat, im **Refugio de Altavista** übernachten, einer Berghütte auf 3270 m Höhe, die allerdings im Winter geschlossen ist. Die Mitnahme eines Daunenschlafsacks ist zu empfehlen. An der Talstation der Kabinenbahn gibt es einen Kiosk für Getränke und schnelle Kost und ein Restaurant, mehrere in El Portillo. Auch im Parador Nacional kann man per Selbstbedienung speisen.

Information

Alle nötigen Informationen bekommt man von 9–16 Uhr im Besucherzentrum bei **El Portillo** ⑦. Karten und Prospekte zum Nationalpark sind auch anderswo auf Teneriffa erhältlich. Im »Centro de Visitantes« gibt es eine kleine Buchhandlung mit mehrsprachigem Angebot an naturkundlicher Literatur. Ferner werden von hier aus Führungen im Nationalpark angeboten. Wer die Pflanzen des Nationalparks kennen lernen will, besuche den kleinen, gut beschilderten Botanischen Garten, in dem man auch Vögel, wie z. B. den Teidefinken, sehen kann. Ein weiteres kleines Besucherzentrum findet sich beim Parador Nacional in den Cañadas. Fotografieren und Film-

Ungewohntes Bild: Ein Wintereinbruch am Teide kommt zustande, wenn polare Kaltluft weit nach Süden vorstößt.

arbeiten für professionelle Zwecke innerhalb des Nationalparks sind an eine Sondergenehmigung gebunden.

Besuch des Gipfels

Die Kabinenbahn »Teleférico del Teide« bringt den Besucher in etwa 8 Minuten zur Bergstation. Die Strecke beträgt knapp 2,5 km und überwindet einen Höhenunterschied von 1200 m. Das Ticket gilt 1 Stunde. Von der Bergstation aus ist noch ein Höhenunterschied von etwa 170 m zum Gipfel zu überwinden. Dazu benötigt man je nach Wetterlage und Kondition etwa 20 Minuten. Bei Schneelage am Gipfel im Winter und bei Sturm verkehrt die Kabinenbahn nicht. Bei schönem Wetter ist der Besucherandrang an der Kabinenbahn groß. Will man stundenlanges Schlangestehen vermeiden, so lohnt es sich, rechtzeitig morgens schon an der Talstation zu sein. Die erste Bergfahrt startet um 9 Uhr, die

letzte um 16 Uhr. Das Betreten der eigentlichen Gipfelregion ist an eine Sondergenehmigung gebunden. Man erhält sie auf frühzeitigen Antrag in der Nationalparkverwaltung, C. Emilio Calzadilla 5–4°, E-38002 Santa Cruz de Tenerife, Mo–Fr 8–14 h, Tel. 922 290 129, Information unter www.webtenerife.com.
TIPP: Für den nächtlichen Aufstieg zum Gipfel über die Montaña Blanca ist festes Schuhwerk vonnöten. Außer Verpflegung und Getränk benötigt man eine Lampe und sehr warme Kleidung, auch Handschuhe. Die Temperaturen können bei Nacht deutlich unter 0 °C sinken.
ACHTUNG: Am Gipfel kann intensiver Sonnenschein, aber auch starker und kalter Wind herrschen. Man befindet sich im Hochgebirge. Sonnenschutz ist unbedingt nötig. Herzkranken und Kreislaufschwachen ist dringend vom Besuch des Gipfels abzuraten.

Obsidian: Erinnerungen aus der Steinzeit

Auf den Kanarischen Inseln gibt es von Natur aus keine Metalle in ausbeutbaren Lagerstätten. Vielleicht liegt es vor allem hieran, dass die Eroberer der Inseln die Urbevölkerung in steinzeitlichem Zustand antrafen. Unter den bearbeitbaren Steinen fehlt auf den Kanaren der Feuerstein. Daher blieben nur Obsidian und Basalt, um daraus Klingen, Schaber und andere Werkzeuge herzustellen. Obsidian ist von der Urbevölkerung besonders auf Teneriffa verwendet worden, wo dieses vulkanische Glas in Mengen in den Cañadas zu finden ist. Es bricht muschelartig wie Feuerstein. Die schwarze Farbe rührt von eingemengtem Eisenoxid her. Obsidian entsteht, wenn flüssiges, gasarmes Magma

Obsidian – vulkanisches Glas – eignet sich, um daraus Steinwerkzeuge herzustellen. Von diesem Kern sind einst Klingen abgeschlagen worden.

rasch erkaltet, z. B. als Kruste von Basaltlava oder auch in vulkanischen Bomben (s. S. 15). Auf altem Kulturland findet man Abschläge und Werkzeuge.

2 Barranco del Infierno

Tief eingeschnittene Schlucht im
Südwesten von Teneriffa, auf komfortablem Wanderweg an Steilhängen
entlang etwa 3 km bis zum Talschluss begehbar. Zugang kontingen-
tiert. Formenreiche Trockenvegetation
im Steilhang; am Ende bachbeglei-
tender feuchtkühler Auwald mit der
endemischen Kanarischen Weide;
Wasserfall; reiches Vogelleben.

Der Barranco del Infierno, zu Deutsch die
Höllenschlucht, hat seinen Namen nicht
etwa von den beängstigend steil abfallenden Felswänden, sondern von einer
anderen Naturerscheinung. Menschen, die
im Frühling den späten Abend oder die
Nacht hier zubrachten, haben die Stimmen
von Höllengeistern zu hören geglaubt. In
Wirklichkeit war es der nächtliche Gesang
der Sepiasturmtaucher (s.S. 66), die hier
ihre Bruthöhlen im Fels aufsuchen. Die
Schlucht schließt sich bergwärts immer
enger. Der Blick nach oben ist atemberaubend. Über die lotrechten Wände rieselt
Wasser herab, am Ende des Talkessels gibt
es bei schwachem Tageslicht als krönen-
den Abschluss einen kleinen Wasserfall,
der in einen Tümpel fließt.

Der Barranco ist eines der bekanntesten
Wanderziele der Insel. Dementsprechend
halten sich je nach Tageszeit viele Besucher dort auf – heute ist der Zugang kontrolliert und auf eine Zahl von 200 pro Tag
begrenzt. Trotzdem bietet der Barranco
durch die monumentale Landschaft einen
der beeindruckendsten und durch den
Wechsel der Vegetation interessantesten
Ausflüge für Naturfreunde.

Barranco del Infierno – atemberaubende Felswände und eine Schlucht, die Höllenschlucht genannt wird.

Pflanzen und Tiere

Zunächst ist die Vegetation im Steilhang schütter, besonders im Sommer, wenn viele Pflanzen sich zurückgezogen oder die Blätter abgeworfen haben. Man findet die häufigen Trockenpflanzen. Die hüfthohe baumförmige König-Juba-Wolfsmilch *Euphorbia regis-jubae* dominiert zunächst. Demgegenüber ist die Balsamwolfsmilch *Eu. balsamifera* meist mehr strauchförmig entwickelt und hat einen rundlichen Umriss. Die kaktusartige Kandelaberwolfsmilch *Eu. canariensis* (S. 61) ist unverkennbar und findet sich oft an den steilsten Felsabstürzen. Häufig ist überall im Trockenbereich der immergrüne »Valo« *Plocama pendula* (S. 165), ein zu den Rötegewächsen gehöriger Strauch mit hängenden Zweigspitzen und fein zerteiltem Laub. Zwei Feigenkaktus-Arten sind eingebürgert. Die kleine, abstoßend stachlige *Opuntia dillenii* wirkt mehr gelblich. Der große, dunkelgrüne Feigenkaktus *Opuntia ficus-carica* ist derjenige, der die weißen Kolonien der Koschenille-Schildlaus trägt (s. S. 32ff.). Als häufiger Korbblütler tritt *Allagopappus dichotomus* auf: ein Strauch bis 1 m Höhe mit dichtem Besatz von lanzettlichen Blättchen gegen Ende der Sprosse. Hier stehen auch die dichten Blütenstände aus gelben Korbblüten. Ein Strauch mit schütteren nadelartigen Blättern und rosa-violetten spitzenständigen Blütchen heißt *Campylanthus salsoloides*.

In einem Seitental wird die Vegetation durch bessere Wasserversorgung und geringere Sonneneinstrahlung höher und dichter. Hier gibt es die Französische Zistrose *Cistus monspeliensis* (S. 90) und den stachelbättrigen Krapp *Rubia peregrina*. Dieser kletternde Halbstrauch kann zum Pflanzenwürger werden: Manchmal über-

Die Kanaren-Krummblüte *Campylanthus salsoloides* ist ein schmächtiger Strauch mit sukkulenten Blättern und hübschen violetten Blüten.

Am Bach im Grund des Barranco gedeihen feuchtigkeitsliebende Pflanzen wie die Kanarische Weide *Salix canariensis*.

Der Kanarische Blaupfeil *Orthetrum chrysostigma* – eine Libellenart der Inseln.

wächst er eine prächtige große Wolfsmilch völlig und bringt sie zum Absterben.

Im Talgrund fallen überdimensional große Euphorbien auf. Die König-Juba-Wolfs-milch *Euphorbia regis-jubae* erreicht hier

mit baumförmigem Wuchs an die 3 m Höhe, ähnlich die Rotbraune Wolfsmilch *Eu. atropurpurea* mit dunklen Blüten. Auch der sukkulente Korbblütler »Verode« *Kleinia neriifolia* wird hier bis 2 m hoch. Das strauchige Kanarische Johanniskraut *Hypericum canariense* erreicht ebenfalls das Aussehen eines kleinen Baums.

Etwas weiter oberhalb tritt fließendes Wasser zutage, das sogleich eine Änderung der Vegetation mit sich bringt. Verfilztes Brombeergestrüpp begleitet den Weg. Im Talgrund wachsen in dichtem Bestand Kanarische Weiden *Salix canariensis*, eine endemische laubabwerfende Baumart. Auf der Wasseroberfläche schwimmen Was-serlinsen und Wasserhahnenfuß.

Hangaufwärts wird es rasch trockener. Hier findet man unter anderem den »Mocán«

Rotbraune Wolfsmilch – ein Endemit im Westen von Teneriffa.

Visnea mocanera und den »Marmulán« *Sideroxylon marmulano* als Elemente des Lorbeerwaldes. Hoch oben in den senkrecht abfallenden Felswänden entdeckt man gegen den Himmel die Umrisse von Drachenbäumen (*Dracaena draco*, s.S. 24) am natürlichen, vom Menschen nie betretenen Standort. Noch höher droben stehen Kanarische Kiefern, von denen manchmal ein Zapfen in die Schlucht herabfällt. Menschliche Siedlungtätigkeit hat Spuren in der Vegetation zurückgelassen: Es gibt einige uralte Kastanienbäume, auch Feigen- und Maulbeerbäume.

Der »Verode«, ein sukkulenter Verwandter aus der Gruppe der Zinerarien, ist trockenangepasst.

Durch seine ökologische Vielfalt vom trockenen Lebensraum bis zum Süßwasser bietet der Barranco auch eine vielseitige Tierwelt. Schon nahe dem Eingang kann man gelegentlich dem Felsenhuhn begegnen. Einfarbsegler sind immer in der Luft und umschwirren die Felsen. Turmfalken und der Mäusebussard machen ihnen den Luftraum streitig. Sehr häufig, besonders im hinteren Teil, kann man Felsen-

Die Rotbraune Wolfsmilch unterscheidet sich von den verwandten Arten durch dunkelrote Hochblätter.

Vom unteren Teil der Bergschlucht eröffnet sich ein Ausblick auf das Städtchen Adeje.

tauben hin- und herfliegen sehen, auch ihre Federn im Talgrund finden. Allerdings sind sie zum Teil mit Haustauben vermischt. Die schütter bewachsenen Hänge werden von Kanarenpiepern (S. 48), Samtkopfgrasmücken, Kanaren-Zilpzalpen, Kanarengirlitzen (s. S. 35) und Teneriffa-Blaumeisen bewohnt. In der dichteren Vegetation des Talgrunds, besonders in den Weidenbeständen, gesellen sich laut singende Mönchsgrasmücken, Teneriffa-Rotkehlchen (S. 73) und Amseln hinzu. An offenem Wasser trifft man paarweise die langschwänzigen Gebirgsstelzen an, die hier mehrere aneinander angrenzende Reviere innehaben, in Adeje aber auch Gebäudebrüter sind. In den Felswänden, manchmal nahe am Weg, brüten im Sommer Sepiasturmtaucher (S. 66).
Offenes Wasser ergibt auch Lebensmög-

lichkeiten für viele wassergebundene Insekten. Verschiedene Libellenarten fliegen und hinterlassen an der gemauerten Wasserleitung die leeren Hüllen ihres letzten Larvenstadiums. Das Männchen des Kanarischen Blaupfeils *Orthetrum chrysostigma* ist deutlich kleiner als die Königslibelle *Anax imperator*. Daneben findet man auch die gelbschwarz gebänderte Libelle *Zygonyx torrida*.

Im Gebiet unterwegs

Das Bergstädtchen **Adeje** liegt im Südwesten von Teneriffa, noch im Dunstkreis der Urbanisationen von Los Cristianos und Playa de las Americas. Man kann es mit dem Fahrzeug von Süden her über die Autopista del Sur (Südautobahn) oder von Norden her entweder auf der Küstenstraße über Playa de San Juan oder über die

Bergstraße (TF-1) über Guía de Isora und Tejina erreichen. Im Ort fährt man bergwärts und folgt der Beschilderung vorbei an einer Festung. Die asphaltierte Straße endet in einer Steilstrecke bei der Bar Otelo mit Cafeteria und Parkplatz.

Der Wanderweg beginnt unmittelbar dahinter bei einem Kiosk der Naturschutzbehörde ①. Hier zahlt man Eintritt (sonntags frei) und kann Ratschläge bekommen. Die Anzahl der täglich zugelassenen Besucher ist auf 200 begrenzt, die Zahl der gleichzeitig eingelassenen auf 80. Unangemeldet muss man mit Wartezeiten oder Vertröstung auf den nächsten Tag rechnen. Man kann sich vorher telefonisch anmelden (922 782 885). Bei Regenwetter ist der Zugang wegen Steinschlaggefahr gesperrt.

Der in jüngerer Zeit sehr gut ausgebaute und gesicherte Weg verläuft zunächst hoch in der Schulter des Barrancos und führt horizontal mit plötzlichen Steigungen und manchmal abwärts über seine Flanke bis zum Talgrund und dann den Bach entlang weiter. Die »Cascada«, den Wasserfall ② im Talschluss, kann man bei normalem Gang in eineinhalb Stunden erreichen.

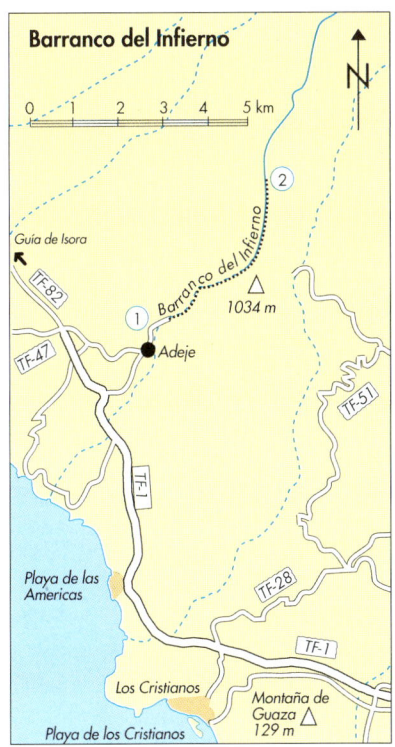

Praktische Tipps

ACHTUNG: Schilder warnen vor Steinschlag und verbieten Kampieren, Feuermachen und das Hinterlassen von Abfall im Gebiet. Man sollte nicht vom Weg abweichen, es haben sich schon Unfälle ereignet. Im Tal können große Hitze und starke Sonneneinstrahlung herrschen. Im Talgrund am Ende ist es aber kühler. Hier gibt es auch genug Wasser zum Trinken. Der steinige Weg verlangt feste Schuhe. Hin- und Rückweg nehmen bei zügigem Wandern über 6,3 km etwa 3 Stunden in Anspruch. Baden im Bach oder Wasserfall ist untersagt. Tiere dürfen nicht mitgeführt werden. Ranger kontrollieren und bieten Unterstützung an.

3 Punta de Teno

Trocken-heiße Region am nordwestlichen Kap der Insel mit einer beeindruckenden und formenreichen, an Trockenheit und Salz angepassten Strauchvegetation. Nahe dem Leuchtturm ein kleiner Fischerhafen mit vielen Meerestieren und Möglichkeit zum Schnorcheln.

Die Hunderte von Metern steil ins Meer stürzenden Klippen der **Punta del Fraile** und der anschließende allmähliche Übergang zur Küstenebene bei der **Punta de Teno** gehören zu den botanisch reichhaltigsten und interessantesten Gebieten der Insel. Man hat allein hier mehr als 300 verschiedene Arten von Blütenpflanzen festgestellt, darunter allein 6 Wolfsmilcharten.

Findet man im Winter und Frühjahr viele Arten grünend und blühend vor, so sind sie im Sommer fast durchweg vertrocknet, blattlos oder scheinbar gar nicht vorhanden.

An der Punta de Teno herrscht meist auch dann Sonnenschein, wenn über dem Nordteil der Insel eine Passatwolke liegt. Zugleich weht hier oft kräftiger Wind. Die Sonneneinstrahlung ist stark. Die Region ist Naturpark und verdient intensiven Schutz gegen zu starke touristische und landwirtschaftliche Nutzung.

Inmitten wilder, steil ins Meer stürzender Lavawüste steht auf dem Kap ein heute unzugänglicher Leuchtturm (Faro de Teno) mit prachtvoller Sicht auf das Meer hinaus. Die bekommt man auch von neu eingerichteten Stegen mit Aussichtsplattfor-

Von der Punta del Fraile öffnet sich ein weiter Ausblick auf die Küste bei der Punta de Teno – vorn ein Ampferstrauch *Rumex lunaria*.

men. Der kleine Fischerhafen daneben liegt geschützt in einer Bucht und hat ein paar winzige Strände aufzuweisen.

Pflanzen und Tiere

Schon vor Beginn der steilen Felswände gibt es im Bereich zweier Wasserspeicher ein Seitental mit vielfältiger Vegetation und vielen Seltenheiten. Hier trifft man auch einige Pflanzen des Lorbeerwalds an.

In den Felswänden findet man teils direkt an der Straße den sukkulenten Zwergstrauch *Vieraea laevigata*, der im Frühjahr und Sommer mit gelben Korbblüten bedeckt ist. Er kommt auf der ganzen Welt nur in den Basaltklippen des nördlichen Tenogebirges in Meereshöhen zwischen 50 und 300 m vor. Nicht nur die Art, sondern auch die Gattung ist hier lokalendemisch. Der Gattungsname geht auf den einheimischen Naturforscher J. Viera y Clavijo zurück. Daneben gibt es einen ebenso dichten felsbewohnenden Zwergstrauch, dessen rosafarbene Blüten zeigen, dass er eine Flockenblume ist (*Cheirolophus canariensis*). Als drittes gesellt sich die sukkulente Strandmargerite *Argyranthemum arborescens* hinzu, die teilweise ebenfalls direkt am Straßenrand wächst.

Die biologisch interessanteste und auffälligste Pflanzengruppe der Region stellen die **Wolfsmilcharten** dar. Alle haben selbst im blattlosen Zustand Milchsaft, der stark ätzend wirken kann. Die prachtvolle Kandelaberwolfsmilch (»Cardón«, *Eu. canariensis*) bestimmt in der Nachbarschaft der Punta das Landschaftsbild bis weit in die Hänge hinauf. Erreicht sie mit ihren stachelbewehrten Sprossen eine Höhe bis 1,50 m, so ist die verwandte Blattlose Wolfsmilch (*Eu. aphylla*, S. 153) meist nur kniehoch. Sie tritt mehr in den Steilhängen westlich des Tunnels auf. Die anderen Arten haben wenigstens im Frühjahr lan-

Die Kandelaberwolfsmilch verträgt extreme Trockenheit und steigt weit in die felsigen Hänge hinauf.

Vieraea laevigata ist ein seltener Endemit, der nur im botanisch reichhaltigen Teno-Gebirge vorkommt.

Die Blüten der Gelben Fensterpflanze sind Gleitfallenblumen.

Die Gelbe Fensterpflanze *Ceropegia dichotoma*, eine Bewohnerin der Halbwüste, ist fast das ganze Jahr hindurch blattlos.

zettliche Blätter, meist in Rosetten. Relativ niedrig und in Meeresnähe überwiegend ist die stämmige Balsamwolfsmilch *Eu. balsamifera* (S. 153). Sie trägt nur eine endständige Frucht an jedem Sproß. Schlanker und mit längeren grünen Endsprossen versehen ist die König-Juba-Wolfsmilch (*Eu. regis-jubae*), die auf den Kanaren bis in Höhen von 1500 m sehr verbreitet ist. Vereinzelt kommt noch die Rotbraune Wolfsmilch (*Eu. atropurpurea*,

S. 56f.) hinzu, ein schütterer, mehr als meterhoher Strauch, dessen rotbraune Blüten und Blattrosetten an den Spitzen der Sprosse konzentriert sind. Die Arten wachsen säuberlich getrennt, sind unterschiedlich häufig und scheinen nicht zu bastardieren. Mit den übrigen dort wachsenden Sträuchern und Kräutern entsteht kein flächendeckender Bewuchs. Man kann beinahe überall zwischen ihnen hindurchgehen. Nur die spitzen Stacheln der häufigen kleinen Opuntienart *O. dillenii*, die des hüfthohen Bocksdorns *Lycium intricatum* und des kniehohen Dornlattichs (*Launaea arborescens* S. 112, 193) verhindern das an manchen Stellen.

So sehr die Euphorbien einander meiden, kann man doch Vergesellschaftungen mit anderen Arten beobachten. In großen alten »Cardón«-Pflanzen wachsen manchmal die kletternden Sträucher Hörnerranke (S. 118) und Bocksdorn. Auch die Opuntie und der in Meeresnähe häufige weißliche Kompositenstrauch Schizogine (*Schizogyne seri-*

cea) drücken sich gern in ihren Windschatten. Ähnlich wie die letztgenannte Art und ebenfalls völlig weißlich behaart ist die spatelblättrige Kanarische Steinbeere *Neochamaelea pulverulenta*. Nicht mit der Blattlosen Wolfsmilch verwechseln sollte man die Gelbe Fensterpflanze *Ceropegia dichotoma*, die ebenfalls die meiste Zeit des Jahres über blattlos ist. Sie besteht aus einem aufrechten Bündel von kniehohen und gut fingerdicken Sprossen weißlicher Farbe. Im Frühjahr tragen sie gelbe Gleitfallenblumen, worin sich Insekten fangen, die die Blüten bestäuben.

Werden die meisten Pflanzen hier durch dauernde oder vorübergehende Blattlosigkeit mit Hitze und Trockenheit fertig, so können es einige anders. Auch bei der größten Sommerdürre behält beispielsweise der hüft- bis mannshohe »Valo« *Plo-*

cama pendula (s. S. 165) mit hängenden Zweigen und zartem Blattwerk sein helles Grün. Auf einer offenen Fläche im Trockenbusch kann man einer Überraschung begegnen: ein winziger Farn erweist sich als Natternzunge (*Ophioglossum* spec.). Ein für einen Farn unerwarteter Lebensraum. Je weiter man zum Meer hinabsteigt, desto mehr gewinnen salztolerante oder salzliebende Pflanzen die Oberhand. Zu ihnen gehört die prächtige Nymphendolde *Astydamia latifolia*, eine Meerfenchelverwandte, die mit ihren gelblichen, breit gelappten Blättern auch noch in der reinen Lavawüste siedelt, wo die anderen Pflanzen kein Fortkommen mehr finden. Die Einheimischen essen sie als Meersalat. Im Sommer vertrocknet schließlich auch sie, trotz ihrer sukkulenten, wasserspeichernden Blätter. Weniger augenfällig ist der

Die Nymphendolde *Astydamia latifolia* ist ein salztoleranter Küstenbewohner.

Diesen Meerbarsch *Diplodus cervinus* kann man paarweise im kleinen Hafen an der Punta de Teno beobachten.

Zwergstrandflieder *Limonium pectinatum*, ein Bleiwurzgewächs mit rosa Blütenständen und bodenständigen Blattrosetten. Hier und dort liegen dem Boden dichte, im Sommer teils rot gefärbte, teils vertrocknete Rasen einer Mittagsblume auf: Die Eisblume *Mesembryanthemum crystallinum* wurde früher zur Sodagewinnung kultiviert. Eine verwandte Art, *Mesembryanthemum nodiflorum*, hat etwas kleinere Blätter. *Aizoon canariense* ist ein kleinblättriger Bodendecker.

Gegenüber dem pflanzlichen Reichtum könnte die Tierwelt fast arm erscheinen. Jedenfalls gibt es nicht viele Vogelarten zu sehen. Über den Steilhängen kreist zuweilen ein Kolkrabenpaar. Kanarenpieper (S. 48) laufen am Boden. Im Frühjahr kann man in dichterem Gebüsch die Samtkopfgrasmücke, in lichterem die Brillengrasmücke beobachten. Beide pflegen ihre Reviere nicht nur durch Gesang, sondern auch durch Singflüge zu markieren. An aufgelassenen Feldern in der Küstenebene in der Nähe der Straße kann man zeitweise Scharen von Kanarengirlitzen und Steinsperlingen antreffen. Felsenhühner halten sich selbst in den Steilhanglagen auf. Bei etwas Glück bekommt man den Wüstenfalken zu Gesicht.

An der Küste treten zuweilen Mittelmeermöwen (S. 224) auf, Altvögel neben den braunfleckigen Jungvögeln. Selten zieht ein Fischadler vorbei – heute in der Roten Liste der Wirbeltiere der Kanarischen Inseln, und zwar in der höchsten Gefährdungsstufe.

Wenn man am Abhang oberhalb der Küstenebene gelegentlich einen größeren Stein herumdreht, kann es geschehen, dass ein dunkles Etwas davonhuscht und sich auf der dem Beobachter abgewandten Seite des Steins zu verbergen sucht. Es ist ein Kanarengecko (*Tarentola delalandii*, S. 36), der tagsüber im Versteck ruht und dabei die dunkle Körperfarbe annimmt. Man findet die Tiere in den Cañadas bis auf Höhen von 2300 m, vielerorts auf Teneriffa und La Palma auch als Hausbewohner. Im Tenogebirge ist jüngst auch die Teno-Rieseneidechse (*Gallotia intermedia*, s.S. 128) entdeckt worden, außerdem eine Teno-Hauswurz.

Der kleine Fischerhafen an der Punta de Teno bietet, wenn nicht die Störung durch die Wasserbewegung zu groß ist, gute

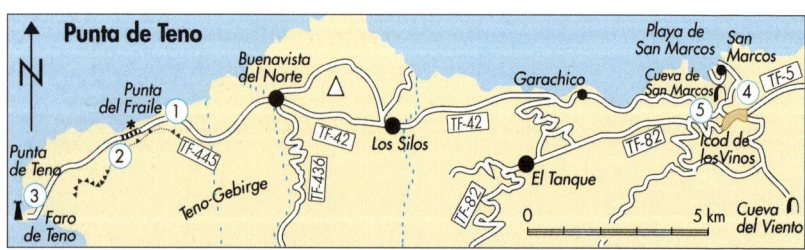

Schnorchelmöglichkeiten. Man sollte allerdings nur als geübter Schwimmer und mit Flossen weiter hinaus schwimmen. Man begegnet vielen verschiedenen Fischarten. Selbst in kleinen Tidentümpeln, die bei Ebbe zurückbleiben, kann man mehrere Bodenfischarten finden. Zu ihnen gehören kleine Schleimfische, z. B. der atlantisch verbreitete *Ophioblennius atlanticus* mit seinen auffallenden Augenflecken auf den Kiemendeckeln. Häufig sind auch Meergrundeln, z. B. der quergebänderte *Mauligobius maderensis*. Im etwas freieren Wasser schwimmen Scharen verschiedener Meerbrassen und Lippfische, wie man sie auch im Mittelmeer findet. Auffällig ist der mit 6 breiten dunklen Querbändern verzierte *Diplodus cervinus*, der sehr standorttreu ist und oft zu zweit auftritt: ein größerer zusammen mit einem kleineren Partner. Die bunte Vielfalt der sonstigen Fisch- und Wirbellosenfauna lässt sich kaum beschreiben. Häufig ist die mit einem Muster aus Kreisen gezeichnete, überraschend große Nacktschnecke *Aplysia dactylomela* (s. S. 37), die wir Seehase, die Spanier aber »Conejo de Mar« (Seekaninchen) nennen. Der Spülsaum ist nur gelegentlich nach einem Sturm reichhaltig. Von hier aus lohnt sich ein Blick auf das Meer hinaus, da manchmal Schulen von Pilotwalen ziemlich nahe herankommen. Von der Umgebung des Leuchtturms aus kann man ab April mit dem Fernglas draußen über den Wellen gegen Abend zahlreiche Sepiasturmtaucher fliegen sehen.

Im Gebiet unterwegs

Die Region ist mit dem Wagen in einer Stunde von Icod aus auf der westwärts führenden Straße über die Ortschaften Garachico, Los Silos (Umgehungsstraße) und Buenavista del Norte zu erreichen. Von

Die bodendeckende Eispflanze *Mesembryanthemum crystallinum* siedelt ebenfalls in Küstennähe.

Eispflanzen gehören nicht zu den Körbchenblütlern, sondern zu den Mittagsblumengewächsen, die hauptsächlich in Südafrika verbreitet sind.

Auch der Zwergstrandflieder *Limonium pectinatum* ist eine Salzpflanze.

Sepiasturmtaucher

Wer sich an einem Früh-
jahrsabend bei tiefer Dämmerung am Fuß einer Fels-
küste einfindet, wird sie
wahrscheinlich zu hören
und im letzten Abendlicht
oder bei künstlicher Be-
leuchtung auch zu sehen
bekommen. Ein guter Platz
ist der meerwärtige Aus-
gang des Barrancos von
Masca auf Teneriffa oder
auch der Hafen von Puerto
Espindola auf La Palma.
Da ertönt zur bezeichneten
Stunde plötzlich ein durch-
dringender nasaler Klang
durch das Rauschen des
Meeres: »äää – äie, äie,
äie; äää – äie äie äie; äää
...«.

Das ist der Gesang der
Sepiasturmtaucher *Puffinus
borealis*. Auf La Palma

Der Sepiasturmtaucher sucht seine Nahrung auf offenem Meer,
doch er brütet in Höhlen an Felsküsten und in Barrancos.

werden sie wohl wegen ihrer Stimme
»Tapagao« genannt.
Tagsüber kann man sie ab März in großer Zahl draußen vor der Küste über
der Meeresoberfläche fliegend auf Nahrungssuche sehen. Sie segeln niedrig
über die Wellen dahin, steilen mit ein
paar Flügelschlägen auf, drehen eine
Kurve und senken ihre Flugbahn wieder
in das nächste Wellental hinein. Manchmal gehen sie zur Nahrungsaufnahme
auf der Wasseroberfläche nieder. Sie
fressen hauptsächlich Tintenfische und
andere wirbellose Tiere, sind aber keine
Taucher.
An Land sind sie nur bei Nacht aktiv.
Sie brüten auf festem Untergrund und
suchen sich dazu im Frühjahr Höhlen in

Steilwänden. Die besetzte Höhle markieren sie durch ihren nächtlichen Gesang.
Die weiblichen Individuen haben eine
sehr tiefe sonore Stimmlage, die Männchen singen eher hoch oder quäkend.
Im Spätherbst verlassen die erbrüteten
Jungvögel ihre Höhlen. Dann werden
viele von der künstlichen Beleuchtung
in den Ortschaften angelockt und gehen
dort zu Boden. Die spanische Natur-
schutzorganisation ICONA fordert die
Bevölkerung mit einer Plakataktion
dazu auf, die verunglückten aber unbe-
schädigten Vögel nicht zu füttern oder
sonstwie zu behandeln, sondern in
einem Karton oder einem anderen
Behältnis an bestimmten Sammelstellen
abzugeben.

Buenavista bis zum Kap sind es etwa 12 km. Oberhalb des kleinen, von Buenavista aus zuerst erreichten Kaps **Punta del Fraile** ① beginnt eine steile, kurvenreiche, aber recht gut ausgebaute und gesicherte Bergstrecke. Sie ist an ihrem Beginn mit mehrsprachigen Verbotsschildern bestückt. Die Durchfahrt wird aber toleriert. Bei Regen und starkem Wind besteht erhebliche Steinschlaggefahr; dann muss man die Straße meiden. Die Strecke führt zunächst im Steilhang bergauf bis zu einem Aussichtspunkt mit einzeln stehender Felsspitze, dann nach weiterem Anstieg durch zwei Tunnel. Danach fällt sie ab bis zur **Punta de Teno**. Ist die Vegetation in den lotrechten Felswänden fast nur mit dem Fernglas zugänglich, so gibt es danach begrenzte Möglichkeiten, näher heranzu-

kommen ②. Nahe dem Kap ③ kann man sich zu Fuß auf verschiedenen Pfaden in der Küstenebene bewegen. Der Zugang zum Leuchtturm ist gesperrt, doch gibt es ringsum Aussichtsplattformen, teils mit komfortablem Steg aus Eisenbahnschwellen erreichbar.

Von der Punta de Teno aus öffnet sich der Blick über den kleinen Hafen hinweg südwärts auf die Felsabstürze von Los Gigantes.

Praktische Tipps

Unterkunft / Verpflegung

Die besten Möglichkeiten bieten Icod de los Vinos und Umgebung; unterhalb liegt an einer schwarzsandigen Bucht San Marcos mit vielen Appartmenthotels und mehreren Fischrestaurants am Strand. Auch Los Silos und Buenavista haben Restaurants und Hotels. Das wilde Campen nahe der Punta de Teno ist aus Schutzgründen untersagt, ebenso das Fahren abseits der Straße mit einem Geländewagen. Bis 2007 gab es dort glücklicherweise noch keine Restaurants o. ä., so dass man Getränke und Verpflegung mitbringen muss. Bitte allen Müll wieder mit zurück nehmen. TIPP: Wegen der starken Sonneneinstrahlung ist Sonnenschutz angeraten. Eine Fußwanderung von Buenavista aus zur Punta de Teno kann man wegen des schnellen Verkehrs auf der Straße kaum empfehlen.

Blick in die Umgebung

In **Icod de los Vinos** kann man den »Drago millenario« (s.S. 24) besichtigen ④. Um ihn herum ist der sehenswerte Parque del Drago entstanden, ein Botanischer Garten mit Tallage und terrassiertem Steilhang, in dem zahlreiche endemische Pflanzen der Kanaren, meist Gehölze und Sträucher, gedeihen. Einen gedruckten Führer gibt es noch nicht (2007). Der Besuch des Parks kostet Eintritt (Rentner und Kinder ermäßigt). Er ist von 9.30 Uhr bis 18.00 Uhr geöffnet und hat zwei Zugänge. Er lohnt sich für jeden, der sich näher mit der Flora Teneriffas und der benachbarten Inseln befassen möchte. Die Pflanzen sind mit wissenschaftlichem Gattungs- und Artnamen, Familiennamen und spanischem Namen beschriftet. Man findet im Tal die Kanarische Weide, an den Hängen die Bäume des Lorbeerwaldes und die Gehöl-

ze des Trockenbuschs. Auf den Terrassen blühen schon im Januar an mehreren Stellen die Kanarischen Glockenblumen (s.S. 142), die vom Kanaren-Zilpzalp bestäubt werden. Im Frühjahr kann man auch sehen, wie die Zilpzalpe eifrig den Kanarischen Fingerhut besuchen, dort Nektar entnehmen und sich mit dem weißlichen Pollen den Scheitel bepudern s.S. 145).

Zu den weiteren Vögeln des Gartens gehören die Mönchsgrasmücke, das Teneriffa-Rotkehlchen, die Teneriffa-Blaumeise, die Amsel und die Samtkopfgrasmücke. Manchmal lässt sich ein Sperber oder ein Turmfalk sehen. Im Garten gibt es auch ein Guanchendorf mit lebensgroßen Puppen und echtem Lagerfeuer, daneben ein Kräutergärtchen.

Zwischen Icod und San Marcos liegt die Cueva de San Marcos, eine riesige unterirdische Vulkanhöhle ⑤. Die Öffnung für das Publikum ist geplant.

Weiter östlich bietet sich ein Besuch des **Botanischen Gartens von Orotava** in Puerto de la Cruz an, der zum Zweck der Akklimatisierung tropischer Pflanzen per königlicher Weisung von Carlos III. vom 17.8. 1788 hier eingerichtet wurde. Er bietet eine reichhaltige Sammlung von Riesenbäumen meist tropischer Herkunft aus Südamerika und Südasien. Beeindruckend ist besonders die von der Lord Howe-Insel in Ozeanien stammende riesige Würgerfeige mit ihren Luftwurzeln. Der ebenso riesige »Ombu«, ein Kermesbeerenbaum aus Südamerika, ist leider etwa 2004 eingegangen. Ein kleineres Exemplar wächst auf einer Verkehrsinsel vor dem Garten. Der Garten enthält nur wenige kanarische Pflanzen, z. B. die Kanarische Dattelpalme und zwei Drachenbäume sowie eine Zuchtform der Kanaren-Glockenblume mit fehlfarbigen Blüten.

Reichhaltiger, gut entwickelter Lorbeerwald in Steilhanglagen mit charakteristischer Pflanzen- und Tierwelt; über eine teilweise schlechte Piste zugänglich, die aber einen guten Wanderweg abgibt; stilles abgelegenes Waldgebiet ohne Nutzung; Kanaren- und Lorbeertaube als Brutvögel.

Nur an wenigen Stellen ist der ehemals breite und durchgängige Lorbeerwaldgürtel der Nordabdachung der Insel erhalten (S. 29). Außer dem Anaga-Gebirge und einigen kleinen Beständen oberhalb Puerto de la Cruz ist nur noch der Monte del Agua im Teno-Gebirge zu nennen. Der Lorbeerwald ist selbst bei sommerlicher Hitze und Trockenheit meist angenehm kühl.

Pflanzen und Tiere

Wenn man von Erjos aus nach etwa 2 km Waldwanderung die erste Wasserstelle erreicht, ist man schon mitten im alten hochgewachsenen Lorbeerwald. Hier kann man tote Bäume sehen, die allseits von jungen Stockausschlägen (S. 28) verschiedener Altersstufen umgeben sind. An den Hängen und am Wegrand findet man eine reiche Vegetation von Kräutern und Sträuchern. Nicht selten sind schlanke, bis 1 m hohe Stauden aus der Familie der Enziangewächse, mit lanzettlichen, immer paar-

Das Tenogebirge beherbergt im Monte del Agua einen der reichsten und am besten erhaltenen Lorbeerwaldbestände.

weise gegenüberstehenden Blättern, die beinahe parallel verlaufende Blattnerven aufweisen. Sie tragen im Sommer in großer Zahl leuchtend gelbe kleine Blüten in einem endständigen Blütenstand. Die Spanier nennen sie »Reina del Monte«, Bergwald-Königin, ein viel schönerer Name als „Kanarenenzian" (*Ixanthus viscosus*), zumal man der Pflanzen kaum ansieht, dass sie zu den Enziangewächsen gehört.

Schwierig ist die Bestimmung der Lorbeerwaldbäume. Es gibt nur wenige leicht auffindbare Baumindividuen. Ein Haltepunkt an der Abzweigung eines blind endenden Seitenweges liegt in einer scharfen Rechtskurve. In der Außenkurve steht im Taleinschnitt zwischen relativ jungen Kanarischen Stechpalmen ein schöner »Palo blanco« *Picconia excelsa* mit hellbrauner rissiger Borke und dunklem glänzenden Laub. Wenige Meter weiter talaufwärts schließt sich ein etwa 25 cm dicker »Viñatigo« *Persea indica* (S. 95) an, ein weiteres Mitglied der Lorbeerfamilie. Hauptsächlich jedoch wird der Wald ringsum von Baumheide mit Nadelblättern und Gagelbäumen mit gezähnten Blättern gebildet. Am Weg wachsen an etwas lichteren Stellen schlanke, mit lanzettlichen glänzenden Blättern versehene Stauden, bis 1,5 m hoch, die an der Spitze eine Kerze von hängenden, weit offenen, orangefarbenen Blüten tragen. Aus ihnen schauen große weißliche Staubgefäße heraus: eine der schönsten kanarischen Blumen, der Kanarische Fingerhut (»Cresta de Gallo« = Hahnenkamm, *Isoplexis* oder *Digitalis canariensis*). Er ist nur in den Lorbeerwäldern Teneriffas verbreitet. Seine Blüten sind

Das Blatt des Kanarischen Lorbeers ist an den Öldrüsen in den Achseln der Seitennerven leicht zu erkennen.

Vogelblumen (s. S. 145) und werden vom Kanaren-Zilpzalp bestäubt.

In der Nähe eines Aussichtsfelsens (»Roque bollii«) ist der Lorbeerwald weniger tief. Hier findet man an felsigem Hang hauptsächlich Baumheide und den Gagelbaum. Doch steht direkt neben dem Weg am Felsblock mit breiter Wurzel angewachsen ein »Mocán« *Visnea mocanera* mit kleinen gezähnten und zugespitzten Blättern. Vom Felsen aus kann man abwärts blickend an mehreren Stellen Kanarische Erdbeerbäume *Arbutus canariensis* mit hellen großen Blattrosetten und orangefarbenem Stamm herausragen sehen. Am Weg gleich beim Felsen gibt es als hüfthohen Strauch die Weidenblättrige Kugelblume *Globularia salicina* mit lanzettlichen Blättern und unscheinbaren weißbläulichen Blüten. Daneben treten hier die Französische Zistrose *Cistus monspeliensis* (S. 90) und der eingeschleppte Klebrige Alant *Inula viscosa* auf, am Hang auch eine strauchige Silberdistel.

Gegen Ende der Strecke passiert man immer wieder einmal offene Felsregionen oberhalb des Weges. Hier findet man das kräftige, bis 1 m hohe, unverzweigte *Aeo-*

Der Lorbeerwald ist ein Kind des Passats – ein wertvolles und gefährdetes Relikt aus dem Alttertiär. Hier Hallenwald an der stillsten Stelle im Monte del Agua.

Die kniehohe *Barlia metlesicsiana* ist ein seltener Lokalendemit an wenigen Stellen im Westen Teneriffas.

Die unscheinbare *Gennaria diphylla* wächst gruppenweise an feuchten Stellen im Lorbeerwald und Kiefernwald.

Der Kanarenstedel *Habenaria tridactylites* wächst als Kanarenendemit auf Felsen und Mauern, braucht aber Feuchtigkeit.

Die Orchidee *Orchis canariensis* ist an feuchte Felsstandorte gebunden und wächst oft neben dem Fettblattgewächs *Greenovia aurea*.

nium urbicum. Daneben taucht in relativ dichtem Bestand das kleinere, bis kniehohe *Aeonium haworthii* auf, das Kugelbüsche bildet. Beim genauen Hinsehen kann man sogar einige Bastarde zwischen den beiden Arten finden (*Aeonium urbicum x haworthii*). Bedingt durch den Reichtum an *Aeonium*-Arten sind Bastarde öfter festgestellt worden.

Der Wald schwirrt an einem warmen Sommertag förmlich von Insekten. Die große Königslibelle *Anax imperator*, auch in Europa die größte Libellenart, kommt häufig vor und fängt in rasanten Flugmanövern fliegende Beutetiere. Ansonsten fallen die zahlreichen Schmetterlinge auf. Man kann manchmal an einer Felswand am Weg oder in der Vegetation ruhende Mittelmeerlaubfrösche finden.

Der Lorbeerwald ist reich an Vogelarten: Amsel, Teneriffa-Rotkehlchen, Mönchsgrasmücke, Kanaren-Zilpzalp, Buchfink, Teneriffa-Goldhähnchen, Teneriffa-Blaumeise, Sperber, Mäusebussard (S. 107). Nur wer in der Morgen- oder Abenddämmerung im Frühjahr im Wald unterwegs ist, bekommt die balzende Waldschnepfe zu sehen und zu hören oder vernimmt den Gesang der Waldohreule.

Schon während einer Fußwanderung durch den Wald kann man immer wieder einmal Tauben mit Geräusch und Flügelklatschen aus einer Baumkrone abfliegen hören. Nimmt man sich Zeit und setzt sich an einem Punkt auf einem Felsen mit guter Aussicht nieder, so wird man zu geeigneter Tageszeit nicht lange warten müssen, bis eine Lorbeer- oder eine Kanarentaube über die Baumkronen fliegt (s.S. 97). Die Kanarentaube ist die häufigere Art. In den Mittagsstunden sind sie allerdings ausgesprochen still.

Der »Roque« ist auch sonst ein beliebter Rastplatz für Ruhesuchende. Das merkt

Die Rotkehlchen von Teneriffa und Gran Canaria singen ganz anders als die europäischen und die westkanarischen Artgenossen.

man an den Eidechsen, die von allen Seiten heran gelaufen kommen, sobald man etwas Essbares auspackt. Es handelt sich um die nördliche Westkanareneidechse Teneriffas.

Im Gebiet unterwegs

Ausgangspunkt ist im Osten das Dorf **Erjos del Tanque**, das man auf der TF-82 von Icod de los Vinos über El Tanque und Ruigómez erreicht. Man kann auch von Süden von Santiago del Teide über einen Pass (Puerto de Erjos) ① anfahren, der die Klimagrenze Süd/Nord auf engem Raum an der Vegetation erkennen lässt. Direkt oberhalb von Erjos zweigt an einer großen *Casuarina* eine steinige und holprige Piste ② ab, die kaum befahrbar ist. Dieser Zustand der Waldpiste ist das Beste, was dem Lorbeerwald von Erjos passieren kann. Der Ausbau zur breiten Teerstraße würde die wertvollsten Teile des Waldes

Der Wurzelnde Kettenfarn *Woodwardia radicans* bringt im feuchten Lorbeerwald riesige Wedel hervor, die die Hänge bedecken.

Wo ein wenig Licht auf den Waldboden gelangt, blühen die zarten Blüten des Kanaren-Storchschnabels *Geranium canariense*.

ruinieren und damit einen der letzten unberührten Standorte der kanarischen Laurisilva zerstören, gleichzeitig einen der wenigen abgelegenen Orte der Insel Teneriffa, an dem man die Stille hören kann. Seit 2007 ist der Weg für Autofahrten gesperrt – außer mit Sondergenehmigung.

Man kann gut von Erjos aus, das man leicht mit dem Bus erreichen kann, zu Fuß gehen. Die Piste verbreitert sich am Ende des Waldgebietes und wird schließlich zur

Asphaltstraße, auf der man Portela Baja und Portela Alta erreicht. Von hier aus gibt es Straßen südwärts über Masca nach Santiago del Teide und nordwärts nach Buenavista del Norte.

Von Erjos aus bewegt man sich zunächst im Kulturland. Nach etwa 500 m erreicht man einen Aussichtspunkt mit großen Antennenanlagen. Ab hier ist der Weg offiziell für Kraftfahrzeuge gesperrt. Kurz danach beginnt der Wald, allerdings zunächst mit Baumheide und Gagelbaum, aber auch schon mit niedrigen Exemplaren des Kanarischen Lorbeers. Sehr bald wird er tiefer und reicher. Nach etwa zwei Kilometern erreicht man einen Taleinschnitt, wo der Weg ein kleines Stück gepflastert ist ③. Hier verläuft ein im Winter und Frühjahr zeitweise Wasser führendes

Bachtal mit großen rundgeschliffenen Steinen. Oft steht auch Wasser in einer Pfütze auf dem Weg, wo sich Vögel zum Trinken und Baden einfinden. Die Stelle ist ein Platz der Stille im Lorbeerwald. Hier kann man die endemischen Tauben singen hören. Hier kann man auch sehr schön alte abgestorbene Bäume mit ihrem Kranz von Stockausschlägen unterschiedlichen Alters sehen.

Der Hauptweg führt weiter. Etwa 5 km nach dem Start erreicht man eine Felsnase, bei der sich der Weg wendet. Von diesem »Roque bollii« ④ aus hat man eine grandiose Aussicht auf die bewaldeten Hänge, nach Norden hin auch auf die Küste. Der Wald wird im Folgenden wieder tiefer, man passiert eine zweite Wasserstelle. Nach etwa einem weiteren Kilometer mit Felspartien und einigen Serpentinen endet der Lorbeerwald. Die Waldwanderung von Erjos aus hat bis zum Ende der Piste eine Länge von ungefähr 8 km.

Von der genannten Felsnase aus kann man auf einem schmalen Wanderweg (nicht für Radfahrer) in 2,5 Stunden nach Los Silos absteigen (Schild Las Moradas, bis dorthin 4,7 km). Busstation direkt am Fußpunkt des Weges. Der Bus verkehrt nach Icod jeweils zur halben Stunde. Man bewegt sich anfänglich in Baumheidebeständen mit Lorbeerbäumen, erreicht dann eine Forststraße (links abzweigen), dann wieder den Wanderweg mit Ausblicken zurück auf den Lorbeerwald. Am später gepflasterten Weg in Ostexposition viele Kanarische Glockenblumen, Affodill und strauchförmige Kugelblumen *Globularia salicina*. Ausblick auf den wild zerklüfteten Barranco de los Cochinos und hinab auf das Meer. Cardón, Agaven und weitere Euphorbien. Im Talboden feuchtigkeitsliebende Vegetation mit Farnen und Zinerarien. An beiden Hangseiten Wasser führende Galerias. In den randlichen Beständen der Baumheide kommt die Lorbeertaube vor.

TIPP: Sie haben mehr vom Erlebnis des Waldes, wenn Sie die Stille achten und einhalten.

Praktische Tipps

Blick in die Umgebung

Von Santiago del Teide führt eine kurvenreiche Passstraße westwärts in das Teno-Gebiet hinein zum Bergdorf **Masca**, einem viel besuchten Ausflugsziel in schöner Lage. Ein Teil des Dorfes ist im Sommer 2007 beim großen Waldbrand in Mitleidenschaft gezogen worden. Schon in der Nähe des Dorfes blüht im frühesten Frühjahr an feuchtem schattigem Hang die Kanarenorchis *Orchis canariensis* (s. S. 72). Vom Dorf aus kann man zu Fuß in mehrstündiger anstrengender Wanderung zwischen himmelhohen Felswänden durch den Barranco ⑤ zum Meer hinunter gehen. Die Region ist sehr reich an pflanzlichen Endemiten, die zum Teil erst in jüngster Vergangenheit entdeckt worden sind, darunter der gelb blühende Hornklee *Lotus mascaensis* und das extrem seltene und gefährdete *Aeonium mascaense*. Der Weg ist nach dem Brand 2007 vorerst gesperrt. Unten am Meer gibt es von Fischern genutzte Höhlen. Will man wieder nach Masca aufsteigen, muss man früh starten und gute Kondition sowie Verpflegung und Getränk mitbringen. Man kann sich auch unten in der Bucht von Masca mit dem Boot abholen lassen.

Feuchter und sehr formenreicher Lorbeerwald in der Gipfelregion des Anaga-Gebirges; auf der Straße TF-123 über El Bailadero leicht erreichbar; nahezu alle typischen Baumarten der Laurisilva sind vorhanden, viele Moose, Farne und Flechten auf Bäumen, viele Farnarten am Boden. Beide endemische Tauben und viele Singvögel kommen vor.

Pijaral (Aussprache »Picharal«, nach dem spanischen Namen Pijaro für den Wurzelnden Kettenfarn) – das ist für den Kenner der Inselnatur ein Wunderwort. Hier ist der Lorbeerwald am besten und reichsten. Moospolster bedecken Bäume und Boden, mannshohe Farndickichte ragen über den Weg. Die Pflanzenwelt im Pijaral ist vielgestaltig. Wer sich näher damit befassen will, benötigt Zeit zum Betrachten und Bestimmen.

Schon vom **Mirador Jardinera**, dann aber auch vom **Pico del Inglés**, der an einer Straßenschleife am Ende einer Stichstraße liegt, bietet sich bei gutem Wetter ein unbeschreiblicher Ausblick über La Laguna hinweg auf die Cumbre bis hin zum Teide, hinunter nach Santa Cruz und im Nordosten über die waldbedeckten Gipfel und Grate des **Anaga-Gebirges**. Es gibt hier viele Vögel zu sehen. Einfarbsegler umrunden die Berggipfel und fliegen oft dicht vorbei. Über den Lorbeerwaldbeständen unterhalb des Pico kann man mit etwas Geduld und zur richtigen Tageszeit sowohl die Kanaren- als auch die seltenere Lorbeertaube (s.S. 96f.) fliegen sehen.

Oberhalb der Nordküste des Anagagebirges liegt das Fischerdorf Taganana.

Der Nebelniederschlag lässt überall auf den Baumstämmen des Lorbeerwaldes Moospolster gedeihen.

Pflanzen und Tiere

Schon beim ersten Anstieg des Weges um den Gipfel Pijaral streift man linker Hand an einer Reihe von Baumheide-Individuen mit dunklen, zu Reihen geordneten Nadelblättern entlang: eine nächstverwandte Art, der »Tejo« *Erica scoparia*. Der zweite Baum auf der rechten Seite ist eine Kanarische Stechpalme *Ilex canariensis*. Riesige, mit bläulicher Wachsschicht bedeckte Blattrosetten gehören zu *Aeonium cuneatum*. Daneben eine hochstielige, etwas kleinere Art: *Ae. ciliatum*.

Mit einzelnen Zähnen versehene, flache größere Blätter gehören zur zweiten Stechpalmenart *Ilex platyphylla*. Am feuchteren Abhang, den man anschließend durchquert, ist der Wald höher. Hier kommen die Lorbeerverwandte »Til« *Ocotea foetens*, der Portugiesische Kirschlorbeer *Prunus lusitanica*, der Kanarenlorbeer *Laurus novocanariensis* (S. 71), vor allem auch die großblättrige *Pleiomeris canariensis* hinzu.

Immer wieder zwischendurch sieht man die Baumheide, teils in mächtigen Exemplaren. Der Abhang ist mit den ausladenden Wedeln des Wurzelnden Kettenfarns *Woodwardia radicans* (S. 74) bedeckt. An trockeneren Stellen im späteren Verlauf des Weges setzt sich mehr der Adlerfarn *Pteridium aquilinum* durch, ein Weltenbürger. Sehr häufig an solchen Stellen, auch als Epiphyt auf den Bäumen, ist der feingliedrige, schwarzstielige Kanarische Krugfarn *Davallia canariensis*. Am feuchten moosbewachsenen Wegrain begegnet man zwei kleinen Farnarten. Die typischen Wedel des Efeublättrigen Streifenfarns

Ist der Wald licht genug, gedeihen
dichte Farnbestände unter den Bäumen.

Die blattartigen Wedel des Nierenblättrigen Milz-
farns oder Talerfarns *Adiantum reniforme* werden
gewöhnlich nicht größer als eine Euromünze.

Asplenium hemionitis werden nur bis 10 cm lang. Ganz runde Blättchen hat der noch kleinere Nierenbättrige Milzfarn *Adiantum reniforme*. Beiden Pflanzen kann man nur ansehen, dass sie Farne sind, wenn man die Sporenhäufchen auf ihrer Unterseite betrachtet.

Die gängigen Vogelarten des Lorbeerwaldes wie Teneriffa-Blaumeise, Teneriffa-Rotkehlchen, Buchfink, Amsel und Tene-

Die Bergzüge des Anagagebirges sind regenreich und bergen ursprünglichen Lorbeerwald.

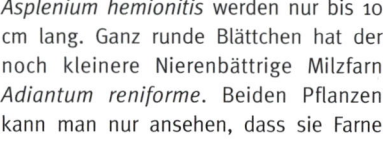

Der Efeublättrige Streifenfarn
Asplenium hemionitis liebt feuchte Hänge
im Wald.

Die Blutrote Zinerarie *Pericallis cruenta* ist im
Anaga-Gebirge häufig.

riffa-Goldhähnchen kann man meist eher hören als sehen. Das gleiche gilt für Lorbeer- und Kanarentaube. In der feuchten Zone fallen auf den Moospolstern Kugelasseln auf, die sich zu einer Kugel zusammenrollen, wenn man sie berührt. Außerdem ist dort die Schnecke *Insulivitrina lamarcki* häufig, die eine Gehäuseschnecke ist, aber ihr Gehäuse unter einem Gewebemantel verbirgt. Die Art ist endemisch und gehört einer auf die Kanaren, Azoren und Madeira beschränkten Gattung an. Daneben sind auch echte Gehäuseschnecken der Art *Hemicycla bidentalis* nicht selten, vorausgesetzt, das Wetter ist nicht zu trocken.

Im Gebiet unterwegs

Ein schmaler Wanderweg umrundet den Gipfel des **Pijaral** (880 m) in mittlerer Höhe. Im Jahre 2007 ist der hintere Teil des Weges durch einen Erdrutsch unterbrochen worden, den man zu Fuß nicht passieren kann. Gegebenenfalls muss man an dieser Stelle umdrehen und zurückgehen.
Man erreicht die Region entweder von La Laguna aus über den Monte de las Mer-

cedes und die Anaga-Höhenstraße oder von San Andrés bzw. Taganana aus, ebenfalls auf dieser Straße.
Von La Laguna kommend führt eine schmale Straße vom **Pico del Inglés** ① aus weiter nach **El Bailadero** (11 km). Man passiert die Casas de la Cumbre, einen Weiler auf dem Grat des Gebirges, und das Forsthaus, bei dem ein Fußweg nach Taganana abzweigt, die **Vueltas de Taganana** ②. Auch dieser Weg führt durch reichen Lorbeerwald.
Knapp 2 km nach der Straßenkreuzung San Andrés erreicht man über El Bailadero den nicht markierten Beginn des Pijaralweges ③, auf einem Felsgrat auf der linken Straßenseite. Ist man mit dem Pkw unterwegs, kann man hier parken (herumliegende Glasstücke deuten auf Einbruch, keine Wertsachen im Wagen lassen).
Der Pijaral soll für allgemeinen Besucherverkehr gesperrt und nur auf Antrag im Centro Medio Ambiente an der Autobahn für eine begrenzte Zahl von Besuchern pro Tag zugänglich sein. Dies ist durch keine Beschilderung im Gelände erkennbar (Frühjahr 2007). Nähere Information im Besu-

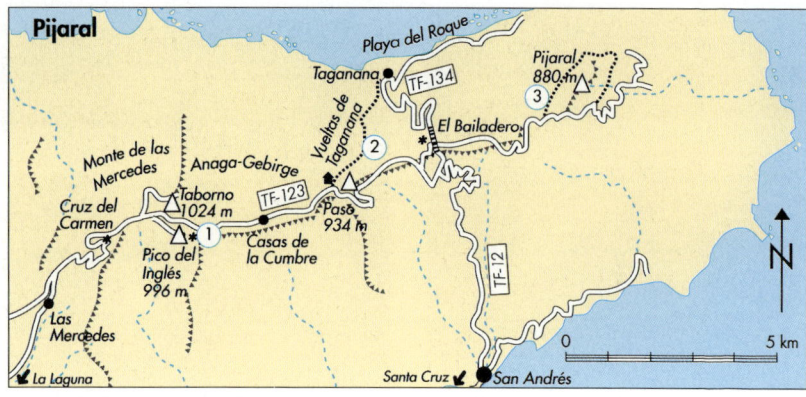

Pijaral

Playa del Roque

Taganana   TF-134   Pijaral 880 m

Vueltas de Taganana   El Bailadero

Monte de las Mercedes   Anaga-Gebirge

Cruz del Carmen   Taborno 1024 m   TF-123   Paso 934 m

Pico del Inglés 996 m   Casas de la Cumbre

Las Mercedes   TF-12

La Laguna   Santa Cruz   San Andrés

N   0   5 km

cherzentrum Centro de Visitantes am Cruz del Carmen (Öffnungszeiten im Sommer 9.30 bis 15.00, im Winter bis 16.00 Uhr). Man kann viele Pflanzen und Tiere des Lorbeerwalds auch von der Straße oder den Parkplätzen aus kennen lernen. Im genannten Besucherzentrum kann man eine beschriftete Karte der Bäume am Parkplatz Cruz del Carmen bekommen.

Der Wanderweg durch den Wald des Pijaral lässt sich im alten Zustand in aller Ruhe in 2 Stunden bewältigen. Anschließend benötigt man weitere 40 Minuten, um mehr als 2 km auf der Autostraße zum Ausgangspunkt zurückzukehren. Da der Weg im Wald an einigen Stellen etwas glitschig ist, sollte man feste Schuhe mit griffiger Sohle haben. Es kann sehr warm und schwül sein, doch bringen die Passatwolken Wind, Kühle und Feuchtigkeit, unter Umständen auch heftigen Regen mit sich. Nach der Exkursion empfiehlt sich ein Besuch der sehenswerten Küste bei Taganana an der Playa del Roque oder der Playa de Benijo. Baden wegen starker Brandung meist nicht möglich, aber gutes Fischessen (Sama, Abadejo) in den Restaurants (täglich zwischen 12 und 17 Uhr, teils donnerstags geschlossen).

Der Kanarische Admiral *Vanessa vulcanica* fliegt auf den Lichtungen im Lorbeerwald.

Der Hakenpflug wird auch auf dem Land kaum noch verwendet.

La Palma

*Wen Gott liebt, dem schenkt er
Wasser und ein Leben auf La Palma.*

Am weitesten nordwestlich gelegen, bekommt La Palma – mit vollständigem Namen San Miguel de la Palma genannt – relativ viel Regen und oftmals raschen Wetterwechsel mit. Sie gilt als »grüne« und »schöne« Insel – als „Isla bonita". Dennoch gibt es auch hier den sonnigen und trockenen Süden und Westen. Im Nordosten und Osten an den Steilhängen der Barrancos bestehen noch reichhaltige und ursprüngliche Lorbeerwälder, in den trockeneren Berglagen ausgedehnter Kiefernwald. Die Gipfel der **Caldera de Taburiente** erreichen 2400 m Meereshöhe. Die Caldera, ein durch Einsturz, großräumige

Erdrutsche und Verwitterung geschaffener Krater von atemberaubender Größe und landschaftlicher Schönheit, ist zum Nationalpark gemacht worden, die ganze Insel ist Biosphärenreservat. La Palma ist zusammen mit El Hierro die jüngste Insel der Kanaren. Nur etwa zwei Millionen Jahre ist sie alt, und ihr Entstehungsprozess ist noch nicht abgeschlossen. In den letzten 500 Jahren hat es im Süden der Insel sieben Vulkanausbrüche gegeben. Es handelt sich um eine der aktivsten Vulkanregionen der Welt.

Die Alpenkrähe (s.S. 89) hat von Afrika her kommend nur auf dieser Insel eine heute noch bestehende Population gebildet, während die ehemaligen Populationen auf Teneriffa und La Gomera ausgestorben sind. Es gibt endemische Unterarten der

La Palma – die Grüne Insel – bietet Wald im Norden und im Zentrum, im Süden offene Landschaft.

Westkanareneidechse und verschiedener Vogelarten. Kanaren- und Lorbeertaube sind lokal häufig. Auch die reichhaltige Pflanzenwelt wartet mit einigen Besonderheiten auf. Die Insel beherbergt insgesamt knapp 800 Pflanzenarten, davon sind 70 Inselendemiten, darunter *Aeonium palmense* und das La Palma-Veilchen *Viola palmensis*. Mehr als 100 Arten sind kanarische Endemiten. Mindestens 90 sind gezielt vom Menschen eingeführt, 465 von sich aus eingewandert. In den Tieflagen sind ausgedehnte Flächen von Bananenplantagen bedeckt, die riesige Mengen Wasser verbrauchen: pro Kilogramm erntereifer Früchte 1000 l Wasser.

La Palma

Praktische Tipps

Anreise

Der Flughafen von La Palma liegt an der Ostküste etwa 10 Autominuten südlich der Hauptstadt Santa Cruz. Er wird vom europäischen Festland her angeflogen. Auch von Teneriffa und Gran Canaria aus gibt es mehrere Flüge pro Tag, von El Hierro aus zweimal wöchentlich (www.binternet.com). Einmal täglich kann man Santa Cruz de La Palma in zwei Stunden von Los Cristianos auf Teneriffa aus mit dem Fred Olsen Express (Autofähre) erreichen (Tel. +34 902 100 107 oder www.fredolsen.es). Die Fähren der Firma Armas verkehren mehrmals wöchentlich zwischen San Sebastian, La Gomera, und Santa Cruz de La Palma, allerdings meist zu nächtlicher Stunde (www. navieraarmas.com oder Tel. +34 902 456 500). Flugtickets kosten etwa drei- bis viermal soviel wie Schiffstickets.

Verkehr

Das **Straßennetz** ist gut ausgebaut, im Norden und Nordosten ist die Hauptverbindung völlig neu. Die Insel ist bergig, die kurvenreichen Straßen verlangen Umsicht und Erfahrung. Leihwagen bekommt man am Flughafen, in Santa Cruz und den Fremdenverkehrszentren. Das **Bussystem** ist auf Santa Cruz und Los Llanos de Aridane zentriert, die heimliche zweite Hauptstadt. Eine Linie (L2) verbindet die beiden Städte 6- bis 10-mal am Tag rund um den Norden der Insel über Barlovento und Garafia, die andere (L3) umrundet alle zwei Stunden den Südteil der Insel über Los Canarios, das ehemalige

Fuencaliente. Beide verkehren in beiden Richtungen. Weitere Verbindungen gibt es von Santa Cruz über die Cumbre nach Los Llanos und von Los Llanos nach El Paso, Tazacorte und über Puerto Naos bis Charco Verde. Von Santa Cruz bestehen einige zusätzliche Verbindungen im Nahbereich nach Norden und Süden und zum Flughafen (L8, alle halben Stunden). Die Busse verkehren teils halbstündlich, aber meist stündlich, ebenfalls in beiden Richtungen. An Samstagen, Sonn- und Feiertagen kommt der Busverkehr fast vollständig zum Erliegen. Information über die aktuellen Fahrpläne unter Tel. 922 414441 (Santa Cruz) oder 922 460241 (Los Llanos) oder unter www.transporteslapalma.com.

Unterkunft

Private Unterkunft in Appartements und Zimmern ist zu vernünftigen Preisen relativ leicht zu finden, z. B. in Santa Cruz, Los Llanos, Tazacorte, Puerto Naos, im Norden in Los Sauces und Umgebung und in Barlovento. Über die Association Tourismo Rural Isla Bonita (www.islabonita.com und www.ecotourismolapalma.com) kann man für etwa 50 € pro Person und Nacht (Stand 2007) Landhäuser buchen. Mehrere Angebote gibt es in Garafia, Villa de Mazo, El Paso, Puntallana und Barlovento. Campingmöglichkeiten bestehen in der Caldera de Taburiente (s.dort, S. 93), am Stausee Laguna de Barlovento (Reservierung: Tel. 922 696023, 4,50 bis 9 €) und bei El Pilar an der Cumbre Nueva, wo es auch eine Berghütte gibt. Freies Zelten ist nicht gestattet.

Wandern

Im Fremdenverkehrsamt, Avenida Maritima 34 in Santa Cruz (Tel. +43 922 41 21 06 und www.lapalmaturismo.com) erhält man einen 30-seitigen deutschen Wanderführer und eine Übersichtskarte der Wege. Es gibt zwei Fernwanderwege (Sendero Gran Recorrido GR), einer führt in Küstennähe rund um die Insel, der andere von Tazacorte um den Kraterrand der Caldera herum über die Cumbre Vieja (Ruta de los Volcanes) bis nach Los Canarios (Fuencaliente) an die Südspitze der Insel. 19 alte Orts-Verbindungswege (Sendero Pequeño Recorrido PR) sind ideal für Tagesausflüge und verbinden sich mit knapp 40 lokalen Wegen (Sendero local SL) zu einem umfassenden, gut ausgebauten Wanderwegenetz. Eine Karte und ein Wanderführer in deutscher Sprache sind im Patronato de Turismo, Avenida Maritima 34 in Santa Cruz de la Palma erhältlich. In manchen Ortschaften sind im Infobüro Prospekte mit lokalen Wegbeschreibungen vorrätig. Eine sehr detaillierte Wanderkarte des Nationalparks mit Umgebung im Maßstab 1:25 000 ist vom Ministerio de Medio Ambiente (2004) in deutscher Version herausgegeben worden (ISBN 9788496340565).

Nationalpark mit riesigem, nach Südwesten offenem Zentralkrater, fast allseits mit Steilwänden umgeben; höchste Erhebung Roques de los Muchachos mit subalpiner Vegetation; Kolkraben, Alpenkrähen und Vögel des Kiefernwaldes; bei La Cumbrecita großartige Ausblicke auf Kiefernwälder im Kraterinneren, Wolkenmeer und Nachbarinseln.

Der palmensische Nationalpark Caldera de Taburiente wurde 1954 gegründet und durch Gesetz von 1981 auf die gegenwärtige Fläche von 4690 ha ausgedehnt. Ein Reservat mit 1071 ha steht unter strengem Schutz, in der 5956 ha großen umgebenden Pufferzone, dem sogenannten Präpark, sind Baumaßnahmen aller Art untersagt. Die Caldera ist eine 8 km breite hufeisenförmige Senke mit über 1000 m hohen, an vielen Stellen geradezu atemberaubend schroffen Wänden. Sie ist von tiefen Schluchten durchzogen, die sich von den Gipfeln ausgehend im **Barranco de las Angustias** im Südwesten vereinen. Die Insel La Palma entstand aus zahllosen Schichten von Lava und Pyroklasten, die im Laufe von zwei bis drei Millionen Jahren vulkanischer Aktivität in mehreren Phasen aufgelagert wurden, wobei sich das Zentrum des Vulkans mehr und mehr nach Süden verschob. Vor 700 000 Jahren wurde das angehäufte vulkanische Material durch die zunehmende Masse und Höhe über dem entstandenen Hohlraum instabil und es kam zu einem massiven Einbruch. Riesige Massen an Material rutschten auch seitwärts ab und glitten ins Meer, wodurch der hufeisenförmige Einschnitt entstand.

Am Grund der Caldera de Taburiente strömt ein Bach, der von Kanarischen Weiden begleitet wird.

Die nachfolgende Erosion, deren Spuren man überall erkennen kann, formte den Krater in seiner heutigen Gestalt.

Die Caldera war schon für die Ureinwohner ein zentraler Kultort. Der **Idafe**, eine Felsnadel inmitten des Kraterkessels, stellte ein Zentrum der damaligen religiösen Verehrung dar. Zur Zeit der Eroberung der Insel zogen sich die bedrängten Ureinwohner in das unwegsame Calderainnere zurück, wo sie nur durch Verrat und Täuschung schließlich unterworfen wurden. Wegen ihrer Wasser führenden Horizonte, die über zahlreiche Galerias angezapft wurden, hatte die Caldera von jeher eine große Bedeutung für die Bevölkerung. Im Tal gibt es parallel zum Bach Flussterrassen aus Schotter auf unterschiedlicher Höhe über dem Talgrund, die durch Erosion bloßgelegt sind. Einige Feigen- und Kastanienbäume erinnern an frühere Besiedlung bzw. Nutzung durch den Menschen. Heute ist solcher Einfluss auf ein Minimum beschränkt. Der größte Teil des Kraterinneren und die äußeren Flanken sind mit Kanarischem Kiefernwald bedeckt, der immer durch Feuer, manchmal auch durch Sturm gefährdet ist.

Roques de los Muchachos

Auf der Straße durch den Kiefernwald aufwärts fahrend gelangt man meist früher oder später in die feuchte »Wattepackung« der Passatwolken. Im Bereich der oberen Kiefernwaldgrenze endet die Wolkenzone ziemlich unvermittelt. Oberhalb dieser Grenze gibt es eine immer noch gut entwickelte Pflanzendecke, die fast ausschließlich von der subalpinen Ginsterart Klebriger »Codeso« *Adenocarpus viscosus* gebildet wird.

Der Hauptgipfel der Roques de los Muchachos (»Knabenfelsen«) ist mit 2426 m die höchste Erhebung von La Palma. Die

Echium webbii, einer der zahlreichen Vertreter der Gattung Natternkopf, kommt nur auf La Palma vor.

denster Färbung eine **vulkanische Bombe** (s. S. 15), ein mehrfach geschichtetes Stück Lava, das vom Vulkan ein paar Mal hochgeworfen und schließlich ausgespieen wurde. Während des Fluges hat die zähflüssige glühende Lava Tropfenform angenommen, ehe sie dann als erkaltendes Wurfgeschoss außerhalb des Kraters aufschlug.

La Cumbrecita

Die Caldera de Taburiente ist wegen der Steilheit ihrer Felswände nur von wenigen Punkten aus begehbar. La Cumbrecita bietet aber die Möglichkeit, von einem Punkt aus in mehreren Richtungen in den riesigen Krater hineinzublicken. Über fast senkrecht abbrechenden Felswänden eröffnet sich dem Besucher das grandiose mit Kiefern bestandene Panorama des Kraters. Auf bequemen Wanderwegen kann man benachbarte Aussichtspunkte erreichen. Ein mehrstündiger, schwieriger Steig führt in das Kraterinnere. Bereits während der Anfahrt bieten sich Möglichkeiten, in schöner Landschaft anzuhalten.

Pflanzen und Tiere

Die Vegetation an den **Hängen der Caldera** unterhalb der Steilabstürze besteht fast durchweg aus lichten Wäldern der Kanarischen Kiefer. Fast alle Bäume zeigen Spuren vergangener Brände an ihrer Borke. 1981 soll sich hier der jüngste Brand ereignet haben, frühere in den 1960er Jahren. Die Bodenvegetation im Kiefernwald ist dementsprechend verarmt. Hier wachsen vorwiegend bodendeckende Schmetterlingsblütler, z. B. gelb blühender Hornklee *Lotus hillebrandii* (S. 88), ein La Palma-

Nachbargipfel stehen ihm nicht um vieles nach. Von den Gipfeln hat man bei guter Sicht überragende Ausblicke auf die Caldera, die ganze Insel und auf die Nachbarinseln La Gomera und Teneriffa mit dem Teide. Nicht weit entfernt liegen astrophysische Observatorien (nicht für die Öffentlichkeit zugänglich). Auf schmalen steinigen Wanderpfaden kann man in die Caldera hinuntergelangen. Man bewegt sich hier im Nationalpark. Immer wieder eröffnen sich überraschende Ausblicke. Allerdings kann die Wolkendecke im Krater höher reichen als außerhalb und den Blick behindern. Der steinige Weg führt durch Denkmale des Vulkanismus, ein Paradies für geologisch Interessierte. Nicht selten findet sich im Verwitterungsschutt verschie-

Von der Cumbrecita aus hat man weite Ausblicke in die von Kiefern bewachsene Caldera de Taburiente.

Der Hornklee *Lotus hillebrandii* belebt den mageren Boden des Kiefernwaldes.

Felsentauben – die Vorfahren unserer Haus- und Brieftauben – leben auch im Kiefernwald.

Endemit. Mit Bakterienknöllchen an den Wurzeln wie alle Schmetterlingsblütler können diese Pflanzen den Stickstoff der Luft binden und daher auch auf nährstoffarmen Böden existieren. Aus der Gattung *Lotus* sind kürzlich auf La Palma auch noch zwei Arten *L. eremiticus* und *L. pyranthus* entdeckt worden, die mit dem vogelblüti-

gen *L. berthelotii* von Teneriffa nächstverwandt sind und beide nur in wenigen Exemplaren überlebt haben (s. S. 152). In den kleinen Wasser führenden Barrancos kommen andere Vegetationselemente hinzu: Baumheide, Gagelbaum, manchmal eine Kanarische Weide.

Die Vogelarten im Wald sind die typischen des Kanarischen Kiefernwalds: Kanarengirlitz (S. 35), Teneriffa-Goldhähnchen, Buchfink, Kanarenzilpzalp; Rotkehlchen und Mönchsgrasmücke an den feuchteren Stellen, selten einmal ein Kanarenpieper, gelegentlich Kolkraben und Felsentauben. Auch Alpenkrähen sind paarweise oder in Trupps überall in der Caldera anzutreffen. Der Buchfink (S. 101) gehört einer eigenen inseltypischen Unterart *Fringilla coelebs palmae* an. Die Rufe und Gesänge unterscheiden sich von den Lautäußerungen der mitteleuropäischen Artgenossen. Auch die Färbung der alten Buchfinkenmännchen ist ganz anders (S. 101): Sie haben einen leuchtend blauen Rücken. An offenem Wasser in Taleinschnitten ruft der Iberische Seefrosch *Rana perezi* (S. 144).

Der **Talgrund**, der Boden der Caldera, wird von einem rauschenden Bach durchflossen. Nach starken Regenfällen führt er soviel Wasser, dass man ihn nicht überqueren kann. Auch der Barranco de las Angustias kann dann unpassierbar werden. Hier sind im Herbst 2001 bei plötzlichem Starkregen Menschen ertrunken. Am Bach gibt es überall Bestände von Kanarischen Weiden. Immer wieder wird ihr Laub durch Raupen der endemischen Gespinstmotte *Yponomeuta gigas* abgefressen, die überall im Baum gemeinschaftlich große Gespinste anlegen und die Blätter, ungestört von tierlichen Feinden, systematisch abernten. Einzeln stehende Weiden abseits vom dichten Bestand bleiben ungeschädigt.

»La Graja« – der Vogel von La Palma

Ein rauhes »kijarr« oder »tschiaff« tönt vom Himmel, wiederholt sich mehrfach. Zwei schwarze, krähengroße Vögel segeln in eleganten Kreisen in der Thermik. Es sind Alpenkrähen, zu erkennen am glänzend schwarzen Gefieder, dem leuchtend roten gebogenen Schnabel und den rötlichen Beinen. Bei großer Hitze kühlen sich die Vögel im Flug, indem sie die Beine aus dem Bauchgefieder heraushängen lassen. Die breiten, abgerundeten Flügel gestatten ihnen elegante Flugspiele. Mit angelegten Flügeln können sie rasend schnell abwärts stoßen. Gemeinschaftliche Flugspiele unter vielem Rufen zeigen sie oft auch in größeren Trupps. Sie sind Vögel des Westens der Insel und werden vorwiegend in den Barrancos und ihrer Nachbarschaft beobachtet. Die Nester sind in den Barrancos verteilt, in Spalten und Löchern angelegt. Im Osten und Süden der Insel tauchen sie seltener auf, über den Lorbeerwaldbeständen sieht man nur gelegentlich Paare kreisen. Sie sind Charaktervögel der Insel La Palma. Auf den anderen Kanaren fehlen sie, obwohl sie die Entfernungen mit ihrer Flugleis-

Die rotschnäbligen Alpenkrähen haben sich nur auf La Palma als Population erhalten – sonst gibt es sie in den Gebirgen und an Felsküsten Europas.

tung leicht überwinden könnten und dies auch schon gelegentlich getan haben sollen. Doch hat man in jüngerer Zeit fossile Reste auf den Inseln La Gomera, Teneriffa und El Hierro gefunden, die zeigen, dass die Vögel früher weiter verbreitet waren.

Die Einheimischen nennen sie mit einem lautmalerischen Namen nach ihren Rufen »la graja« (Aussprache »la gracha«). In den Reiseführern werden sie zuweilen als Dohlen bezeichnet.

Ebenso wie die Kanarischen Kiefern können die Weiden einen derartigen Massenbefall lebend überstehen.

Am Bach halten sich Gebirgsstelzen auf, deren spitze Rufe das allgegenwärtige Rauschen des Wassers durchdringen. Es ist die für die Kanarischen Inseln typische Unterart (*canariensis*), die sich von den mitteleuropäischen Artgenossen durch kräftigere Farben unterscheidet.

Die **Felshänge** nordwestlich des Campingplatzes sind locker mit typischen fels-

bewohnenden Pflanzen bedeckt. Unter ihnen herrschen die für Felsstandorte charakteristischen Dickblattgewächse vor, hauptsächlich Angehörige der Gattung *Aeonium* (S. 22f.; im Barranco de las Angustias die spektakuläre inselendemische Art *Ae. nobile* mit rötlichen Blüten und fast runden Blättern), *Aichryson bollei* und *Greenovia aurea* (S. 118).

Die Pflanzenwelt am Fuß der Steilhänge ist besonders reich. Hier findet man oft einen dichten Pflanzenwall.

Die Französische Zistrose
Cistus monspeliensis bewohnt
offenes Gelände.

Die zerknitterten Blüten der Scheidenblättrigen
Zistrose *Cistus symphytifolius* entfalten ihre zarte
Schönheit jeweils nur einen Tag lang.

Die **Roques de los Muchachos** liegen oberhalb der Kiefernwaldgrenze in der subalpinen Zone, die eigene Lebensbedingungen bietet. Sie ist mit den Cañadas auf Teneriffa zu vergleichen. Die Vegetationsdecke aus dem Klebrigen »Codeso« reicht teilweise von außen her bis an den Kraterrand heran. Die bis zu 1 m hohen Sträucher sind dicht mit kleinen Blättchen besetzt. Es gibt hier nur wenige andere Pflanzen (wie auch in den subalpinen Zonen der Cañadas auf Teneriffa), z. B. eine Thymianverwandte *Micromeria* spec., oder den violett blühenden Teidelack-Verwandten *Erysimum bicolor* (S. 106). Die dem Teideveilchen entsprechende *Viola palmensis* ist schwer zu finden. Auch den Teideginster *Spartocytisus nubigenus* (S. 46) entdeckt man lediglich in den von Botanikern betreuten und gegen Weidetiere geschützten Einzäunungen.

In den Ginsterbeständen siedelt eine Population von Brillengrasmücken. Auf offenen steinigen Flächen findet man den Kanarenpieper (S. 48). Der universelle Kanaren-Zilpzalp singt nur gelegentlich hier oben. Dagegen jagen Einfarbsegler fast das ganze Jahr über um die Gipfel. Alpenkrähen fliegen allein oder zu zweit über die Sättel der Caldera ein und aus. Unter den Greifvögeln sind Turmfalken häufig. Eidechsen *Gallotia galloti* als ihre Hauptbeute sind ebenfalls nicht selten. Auch die eingebürgerten Wildkaninchen haben sich bis hier oben ausgebreitet.

Fährt man von El Paso zur **Cumbrecita** hinauf, so findet man nur am Grund des Tales reichlichen Unterwuchs aus der Scheidenblättrigen Zistrose *Cistus symphytifolius* und jungen Kiefern. Weiter oben bis zum Parkplatz an der Cumbrecita ist die Kraut- und Strauchschicht des Waldes durch frühere Brände geschädigt. Auch die Kiefern sind teilweise sehr licht, selbst wenn die Feuer nicht immer die Baumkronen erreicht haben.

In halber Höhe gibt es eine Lichtung mit einer alten Anpflanzung von Feigenbäumen, die im April ausschlagen. Die Feige *Ficus carica* ist schon im Mittelalter aus dem Mittelmeergebiet hier eingeführt worden. Sie hat ihren Jahresrhythmus mit alljährlichem Laubabwurf beibehalten. Auf dieser Lichtung blüht im April ein schöner Bestand des Natternkopfs *Echium webbii* (S. 86). Die lichtblauen Blütenkerzen sind von Bienen und anderen Insekten umschwärmt. Auf der Lichtung lassen sich oft auch Kanarengirlitze (S. 35) beobachten.

An den Hängen ostwärts von La Cumbrecita unterhalb der Steilwände gibt es Orchideenwiesen. Hier gedeiht als einziger Bestand auf den Kanaren das Kuckucksknabenkraut *Orchis mascula*.

Im Gebiet unterwegs

Zu den **Roques de los Muchachos** ① führt von Santa Cruz aus eine gut ausgebaute kurvenreiche Straße (LP-1032) aufwärts und an zahlreichen Aussichtspunkten des Calderarandes vorbei zum Gipfel. Von dort aus gibt es Fußwege entlang des Kraterrandes.

Um in die **Caldera** zu gelangen, kann man von Los Llanos aus zunächst auf einer Teerstraße, dann aber sehr bald auf schmaler Piste in etwa einer halben Stunde in den **Barranco de las Angustias** hinabfahren. Zu Fuß ist man entsprechend länger unterwegs. Im Talgrund kann man den Wagen abstellen ②. Von hier führt ein Fußweg in 4–5 Stunden immer dem meist trockenen Bachbett

folgend in die Caldera hinein. Plötzlicher Starkregen kann ihn unpassierbar machen. Der Marsch sollte mit geeigneter Ausrüstung morgens begonnen werden. Er führt durch ein botanisch besonders interessantes Gebiet.

Ein zweiter Zugang in den Krater besteht über **Los Brecitos** ③. Eine Piste führt über den Lomo de los Caballos (NW von Los Llanos) und die Hacienda del Cura, bereits hoch an der Talflanke direkt unterhalb der Steilwände gelegen. Man kann von Los Llanos kommend mit dem Wagen über die jetzt geteerte aber schmale Haarnadelpiste die Talflanke hinauf fahren oder zu Fuß gehen (2 Stunden). Vom Nationalpark-Infozentrum fahren vormittags auch Sammeltaxis bis Los Brecitos (etwa 12 €). Mit dem Auto erreicht man über den Weiler La Cura nach etwa 30 Minuten Fahrt das Ende der Straße, den Aussichtspunkt bei Los Brecitos mit Parkplatz für etwa 15

Die fleischige *Greenovia diplocycla* ist ein Dickblattgewächs aus der Verwandtschaft der Aeonien. Man findet sie nur an Felsstandorten auf La Palma, La Gomera und El Hierro.

Pkws. Hier an der Grenze des Nationalparks beginnt ein gut ausgebauter Fußweg mit nur wenigen Steilstrecken. Bei zügigem Wandern führt er den Besucher in 2–3 Stunden in den Kratergrund hinab (Rückweg 3–4 Stunden). Er ist an Steilhängen durch Geländer gesichert und so gepflegt, dass man ihn auch mit festen Halbschuhen gehen kann. Man passiert mehrere in den Hang eingeschnittene Quelltäler, wo man frisches Wasser findet. Nach starkem Regen muss der Weg manchmal für 10 Tage gesperrt werden. Am Kratergrund gibt es kundige und aufmerksame Nationalparkranger und einen romantischen Campingplatz. Um diesen nutzen zu dürfen, benötigt man eine Genehmigung aus dem Nationalparkzentrum und einen Ausweis. Im Sommer darf man zwei Nächte bleiben,

Ostern, Weihnachten und in der Nebensaison sechs Nächte. WCs und Fließwasser, Tische und Bänke stehen zur Verfügung, ansonsten befindet man sich hier »in der Wildnis«.

Zur **Cumbrecita** ⑥ (1300 m) gelangt man über die Hauptstraße LP-2, die Santa Cruz de la Palma mit Los Llanos verbindet. Kommt man von Santa Cruz, fährt man durch Kastanienwälder über die Cumbre Nueva. Noch vor El Paso zweigt man nach rechts auf die LP-202 ab. Hier befindet sich das sehr reichhaltige Informationszentrum des Nationalparks. Die Straße führt zunächst fast eben durch ein Weidegebiet mit Schafen und einigen Rindern. Dann beginnt nach einer Kreuzung der Kiefernwald. Auf halber Höhe passiert man eine Lichtung ⑤ mit interessanten Pflanzen. Oben am Parkplatz beginnen verschiedene Wanderwege in die Caldera hinein. Ein gut ausgebauter Rundweg führt nach Westen zu einer mit Geländer gesicherten Aussichtsplattform über senkrechten Wänden, genannt **Mirador de Las Chozas** ⑥, wendet sich von dort wieder nach Osten und führt etwas tiefer erst zum **Mirador de los Roques** und dann zurück zum Ausgangspunkt. Ein weiterer Aussichtspunkt, der **Mirador de la Cancelita**, liegt in der Nähe.

Vom Infocenter aus kann man auch zum Campingplatz »Campamento El Riachuelo« wandern, oder entlang der Cumbre zur Eremita de la Virgen del Pino. Von der Cumbrecita aus führt ein schlechter Fußweg am steilen Kraterrand entlang in das Innere der Caldera ④. 2007 war dieser Weg im mittleren Teil durch Erdrutsche teilweise zerstört, man sollte sich daher genau erkundigen, in welchem Zustand er ist. Als Gehzeit werden 7 Stunden veranschlagt. Die Wege durch den Nationalpark sind aus den am Parkplatz aufgestellten Tafeln ersichtlich.

Praktische Tipps

Anreise

Ausgangspunkt für Exkursionen in die Caldera de Taburiente ist im Allgemeinen Los Llanos. Eine Busverbindung besteht zwischen Santa Cruz de la Palma und Los Llanos im 2-Stunden-Rhythmus, an Samstagen, Sonn- und Feiertagen nur alle 4 Stunden. Zur Cumbrecita fahren nur private Reisebusse und Taxis.

Information und Lektüre

In der Infostelle des Nationalparks bei El Paso erhält man den »Führer zum Nationalpark von La Caldera de Taburiente« (70 S.) in mehreren Sprachen, der Wegbeschreibungen und eine detaillierte Wanderkarte (1:25 000) beinhaltet. Der umfangreichere »Führer für den Besuch des Nationalparks der Caldera de Taburiente« (200 S.) enthält auch viel Information zu Geologie, Flora und Fauna.

Unterkunft / Verpflegung

Hotels, Pensionen und Gaststätten gibt es in Los Llanos und Umgebung. Im ganzen Gebiet des Nationalparks dagegen existieren weder Hotels noch Restaurants. Ein terrassierter Campingplatz liegt am Grunde des Kraters. Er darf nur mit Genehmigung benutzt werden. In der Raststätte in der Nähe gibt es Waschräume und eine Infostelle, eine Erste-Hilfe-Station und Übernachtungsräume für die Nationalparkwächter und für Notfälle. ACHTUNG: Für alle Wanderungen im Bereich des Nationalparks sind feste Schuhe vonnöten. Sämtliche Verpflegung muss mitgebracht, der eigene Müll selbst wieder mit zurückgenommen werden. Für Wege im Krater muss man schwindelfrei sein. Der Weg durch den Barranco de las Angustias kann bei plötzlichen Regenfällen überschwemmt werden. Hier hat es schon Unfälle gegeben. Es lohnt sich, die aktuellen Bedingungen vorher im Infozentrum des Nationalparks zu erkunden, da die Schilder bei Sperrung erst am Beginn des Nationalparks aufgestellt werden.

Blick in die Umgebung

Wenn man auf der Straße von Santa Cruz nach Los Llanos nach dem Tunnel in der ersten Haarnadelkurve nach links abbiegt ⑦, ist man auf der Straße, die zur **Cumbre Nueva** führt. Hier kann man neben der seltenen Baumförmigen Wolfsmilch *Euphorbia mellifera* auch andere Arten des Lorbeerwaldes sehen. Weiter oben erkämpfen sich Kiefern als Pioniere die kahlen Lapillihügel.

Am Südende der Insel liegt ein Städtchen, ehemals Fuencaliente, heute **Los Canarios** genannt, das Zentrum des Weinanbaus auf La Palma. Der Vulkan **San Antonio** gilt wegen seines gleichmäßigen Kraters als einer der sehenswertesten der Insel. Der Vulkan **San Juan** brach 1949 aus, und man kann in seinen Lavaströmen sowohl einige eindrucksvolle vulkanische Tunnel wie den Tubo Volcánico Todoque als auch die am besten ausgeprägte Stricklava (S. 130) finden. Der **Teneguía**, der zuletzt aktive Vulkan, brach 1971 aus, verursachte aber in der relativ menschenleeren Gegend nur wenig Schaden. Die Oberfläche ist an manchen Stellen immer noch sehr heiß. Die Route der Vulkane ist ein geologisch interessantes Gebiet, das aber durch sein junges Alter nur wenig an Pflanzenwuchs und Fauna bietet. Nur ein Trupp Kanariengirlitze kann einem hier begegnen. An den Leuchttürmen an der Südspitze der Insel, der **Punta Fuencaliente**, drückt sich die Nymphendolde *Astydamia latifolia* (S. 63) im Wind. In den windgeschützteren Taleinschnitten wächst flächendeckend die Balsamwolfsmilch *Euphorbia balsamifera* (S. 153).

Biosphärenreservat mit gut erreichbarem Besucherzentrum; großes zusammenhängendes Gebiet ursprünglichen Lorbeerwaldes mit typischer Vegetation im Talgrund und in Steilhanglagen, durch Forstwege erschlossen; reiche Bodenvegetation; Kanaren- und Lorbeertaube sowie Buchfink der Unterart *palmae* häufig.

Der Nordteil der Insel La Palma ist ehemals von einem Lorbeerwaldgürtel ungeahnten Ausmaßes bedeckt gewesen, der an einigen Stellen noch heute in bewundernswerter Ursprünglichkeit erhalten ist. Das hat seine Ursache u. a. darin, dass die Barrancos mit ihren steil abstürzenden Wänden für eine Nutzung völlig unzugänglich sind und dass der Nordostpassat dem Wald die Möglichkeit schuf, diese Steilhänge von ihrer höchsten Höhe bis in die Tiefe zu besiedeln. Die Wälder sind nur an wenigen Stellen durch Straßen, Wanderpfade und Forstwege erschlossen. Dennoch sind sie durch Brand und Erschließung gefährdet. Es handelt sich um echte Urwälder, aus pflanzengeographischer Sicht um tertiäre Reliktwälder von größtem wissenschaftlichen und naturgeschichtlichen Interesse.

Das Gebiet **Los Tiles** hat internationalen Rang. Es ist noch vor den übrigen Teilen der Insel zum Biosphärenreservat erklärt worden und geschützt. Es gilt als strenges

Die Lorbeerwälder im Nordosten von La Palma sind zum Biosphärenreservat erklärt worden.

Der »Viñatigo« *Persea indica*, eine Baumart des Lorbeerwaldes, trägt viel kleinere Früchte als der verwandte Avocadobaum.

Der La Palma-Zitronenfalter *Gonepteryx palmae*, auf dem Zitronenstrauch *Cedronella* sitzend, verbirgt seine orangefarbenen Vorderflügel.

Naturschutzgebiet und wird allein für Forschungszwecke auf speziellen Antrag zugänglich gemacht. Nur einige Wege dürfen auch von der Öffentlichkeit benutzt werden. Übrigens lautet der richtige Name des Gebiets wirklich Los Tiles. Das ist die Mehrzahl von »til«, dem Stinklorbeer (*Ocotea foetens*). Das Wort tilo (Mehrzahl tilos) bezieht sich auf die Linde (Gattung *Tilia*), die es auf den atlantischen Inseln nicht gibt. Die Wortform »Tilos« auf vielen Straßenschildern und in Landkarten ist also falsch.

Weitere Lorbeerwaldreste gibt es in südlich benachbarten Barrancos um **La Galga**, z. B. **Cubo de la Galga** und **Galguitos**. Durch landwirtschaftliche Nutzung ist dagegen die im Nordwesten der Insel gelegene Region um **La Zarza** stark verändert. Eigentlicher Lorbeerwald ist nicht mehr vorhanden, aber viele Begleitelemente. La Zarza ist darüber hinaus Angelpunkt der Vorgeschichte mit gut erhaltenen Felszeichnungen.

Pflanzen und Tiere

Die hauptsächlichen Baumarten des Waldes von **Los Tiles** sind der Lorbeerverwandte »Til« *Ocotea foetens* und der Kanarische Lorbeer *Laurus novocanarien-*

sis (S. 71). Sie bilden im feuchten Talgrund dichte und dunkle Bestände, den voll entwickelten, erwachsenen Zustand des Waldes, der sich vor allem über Stockausschläge erneuert. Alte Bäume werden bis

Die »Gibalbera« *Semele androgyna* ist eine typische Kletterpflanze des Lorbeerwalds aus der Familie der Liliengewächse.

zu 30 m hoch. Hinzu kommt der ebenfalls zu den Lorbeergewächsen gehörende »Viñatigo« *Persea indica* mit großen, beim Altern gelb oder sogar leuchtend rot werdenden Blättern. Dazu gesellen sich weitere Baumarten wie die Kanarische Stechpalme *Ilex canariensis* und der mit der Traubenkirsche verwandte Portugiesische Kirschlorbeer *Prunus lusitanica*. Im tief eingeschnittenen Barranco del Agua hängen die prachtvollen Wedel des Wurzelnden Kettenfarns *Woodwardia radicans* (S. 74) von den Wänden.

An Wegrändern im Lorbeerwald gedeiht häufig die von den Spaniern »Capitana« (*Phyllis nobla*) genannte Staude, ein Rötegewächs.

Tauben, Tauben ...

Zu den wertvollsten und besonders schützenswerten Erscheinungen auf den Kanaren rechnen zwei endemische Taubenarten, die Kanarentaube (*Columba bollii,* »paloma turqué«) und die Lorbeertaube (*Columba junoniae,* »paloma rabiche«). Sie führen ein zurückgezogenes Leben in den gefährdeten Lorbeerwaldresten der Inseln Teneriffa, La Gomera und La Palma (wenige auf El Hierro). Auf Gran Canaria sind sie mit dem Lorbeerwald ausgestorben. Über ihre Biologie ist in jüngerer Zeit durch kanarische Forscher einiges herausgefunden worden. Der flüchtige Besucher des Lorbeerwaldes bekommt von den Vögeln nicht viel zu sehen. Auf einem Aussichtsplatz, von wo aus man einen bewaldeten Barranco möglichst frei überblickt, kann man jedoch abwarten, bis die Vögel von selbst über die Baumkronen dahinfliegen. Auch in der Nähe hoher fruchtender Bäume kommen nicht selten Vertreter beider Arten zusammen, um die noch grünen Früchte zu ernten. Am besten beobachtet man sie morgens oder gegen Abend.

Die Kanarentaube ist die kleinere Art. Sie wirkt dunkel blaugrau, die Brust ist rötlich überhaucht. Die Lorbeertaube ist größer und plumper. Sie hat eine dunkelbraune bis dunkel kupferfarbene Grundfärbung. Während die Kanarentaube eine weiße Binde im letzten Viertel des Schwanzes hat, woran sich ein dunkler Saum anschließt, ist bei der Lorbeertaube das gesamte äußere Viertel des Schwanzes weiß. Darauf verweist auch ihr spanischer Name »rabiche«.

Die kleine Kanarentaube fliegt rasant, oft mit ruckartigen unrhythmischen Flügelschlägen, wobei hoch pfeifender Flugschall entsteht. Man sieht nicht selten kleine Trupps. Aus fruchtenden Bäumen fliegen manchmal 10 oder 20 Tiere gleichzeitig ab und im Verband davon. Die Lorbeertaube fliegt meist einzeln, bestenfalls zu zweit. Aus guten Nahrungsbäumen fliegen die Vögel nacheinander ab, seltener gleichzeitig. Ebenso wie die Kanarentauben erzeugen sie dabei klatschenden Flugschall. Die Flügelschlagfolge ist langsam, gleichmäßig und erzeugt ein metallisch wischendes Geräusch. Im Frühjahr zeigen die Vögel kreisförmige horizontale Schauflüge mit ausholenden langsamen Flügelschlägen und gespreiztem Schwanz.

Die Kanarentaube ist ein Juwel des Lorbeerwalds, aber scheu, und selten gut zu beobachten, extrem schwer zu fotografieren.

Auch die Lautäußerungen der beiden Taubenarten sind unterschiedlich. Die Kanarentaube singt sich wiederholende verhalten klingende dumpf gurrende viersilbige Motive: »gurr-gúrr-gru-gú«. Der Gesang erinnert im Klang an den der Ringeltaube. Ganz anders bei der Lorbeertaube. Die Strophe beginnt mit einem stöhnenden gedehnten Element, daran schließen sich in Abständen einige tief flötende Elemente an: »uuurrr... glu... glu... glu...«.

Die Kanarentaube brütet von November bis Juli mit einem Höhepunkt zwischen März und Mai. Das Nest steht meist in Baumheide oder dem Gagelbaum. Das Gelege besteht nur aus einem einzigen Ei. Für die Fortpflanzung spielt das Fruchten der Lorbeerwaldbäume eine wichtige Rolle. Während diese Art streng an den hoch entwickelten reifen Lorbeerwald gebunden ist, kommt die Lorbeertaube auch in niedrigeren Randzonen des Waldes vor, solange fruchtende Bäume erreichbar sind. Die Vögel brüten am Boden, was sie mehr noch als die Kanarentaube empfindlich gegen Nesträuber wie die eingeschleppten Ratten macht. Sie suchen auch Kulturen auf, z. B. Anpflanzungen von Avocados und Gärten im Waldrandbereich. Man rechnet mit einem Bestand von insgesamt etwa 1300 Kanarentauben und 1500 Lorbeertauben, die meisten auf La Palma.

Der Unterwuchs ist in den lichteren Hanglagen meist reichhaltig entwickelt. Häufig ist das strauchartige Brennnesselgewächs *Gesnouinia arborea*, auch Baumnessel genannt. Der strauchige immergrüne Kanaren-Schneeball *Viburnum tinus* streckt sich manchmal bis in die Baumschicht hinauf. An den Baumstämmen klettert die Mäusedornverwandte »Gilbalbera« *Semele androgyna* (S. 95), bei der Blüten und rote Beeren an zweireihig angeordneten blattartigen Flachsprossen sitzen. Auf dem Waldboden wächst die »Reina del Monte« *Ixanthus viscosus*, ein Enziangewächs mit gelbem Blütenflor. Auf den Bäumen gedeihen viele Flechten und andere Epiphyten. Der Reichtum an weiteren Endemiten ist groß. Leider haben sich auch schon hier, besonders im Tal und an den Wegen, eingeschleppte Elemente wie die beiden *Eupatorium*-Arten breitgemacht.

Der Wald ist reich an Vogelarten. Wer Lorbeer- und Kanarentaube kennen lernen will, findet hier überraschend gute Bestände. Man kann auch ihre Stimmen ständig im Wald hören. Charaktervögel des Lorbeerwaldes sind der Buchfink (s.S. 101), die Amsel und die Teneriffa-Blaumeise (S. 106). Der Kanaren-Zilpzalp und das Rotkehlchen sind überall häufig, und die geflöteten Überschläge der Mönchsgrasmücke hallen durch den Wald. Im Tal kann man an offenen Stellen dem Kanarengirlitz (S. 35) begegnen. In der Baumheide singt das Teneriffa-Goldhähnchen seinen feinen hohen Gesang. Die kanarischen Goldhähnchen stehen dem europäischen Wintergold-

Das Besucherzentrum von Los Tiles liegt mitten im schönsten Lorbeerwald.

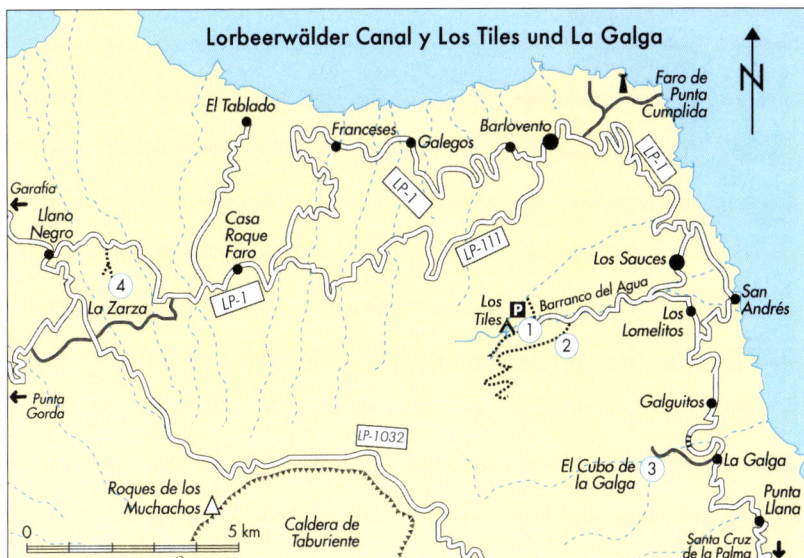

hähnchen nahe, dürfen aber als eigene Art gelten.

Im Gebiet unterwegs

Die Straße nach **Los Tiles** ① zweigt von der Verbindung Sta. Cruz – Los Sauces (LP-1) etwa 3 km nördlich Los Lomelitos bei einer neuen Hochbrücke als Einbahnstraße mit Fußgängerspur ab und begleitet danach den Grund des Barrancos etwa 1,5 km weit aufwärts, bis sie am Besucherzentrum mit Parkplatz und Restaurant inmitten des Lorbeerwaldes endet. Außerdem findet sich hier ein ausgedehntes Picknickgelände mit Campingmöglichkeiten. Von diesem Platz und seiner Nachbarschaft starten mehrere Wanderwege oder Pfade durch den Wald. Ein interessanter und über einige 100 m begehbarer Weg führt im Talgrund des **Barranco del Agua** entlang (Frühjahr 2007 im Ausbau). Es genügt aber auch für einen ersten Eindruck von der Tiefe und vom Reichtum des Waldes mit seinen typischen Baumarten, sich nur bei Los Tiles direkt aufzuhalten.

Einige 100 m vor Erreichen des Informationszentrums zweigt bei einem kleinen Wärterhäuschen von der Straße links bergwärts ein Forstweg ab ②, der für den Autoverkehr gesperrt ist, den man aber zu Fuß bequem begehen kann. Er führt kilometerweit durch stille, hohe Waldbestände und quert schließlich zum Tal von La Galga hinüber. Diesen Weg zu gehen ist ein besonderes Erlebnis.

Die Baumnessel *Gesnouinia arborea* blüht am Wegesrand im Wald.

Praktische Tipps

Anfahrt

Die Nordverbindung (LP-1) von Santa
Cruz de la Palma nach Los Sauces (etwa
20 km) wurde vor kurzem neu ausgebaut. Wegen des Kurvenreichtums benötigt man für diese Strecke aber noch
immer eine halbe Stunde.

Unterkunft

Hotels und Appartements findet man in
Los Sauces oder in den kleineren Orten
San Andrés und Barlovento.

Information

Das Besucher- und Forschungszentrum
in Los Tiles wurde im Mai 1991 eröffnet
(täglich 8.55 bis 17.30 Uhr, Mittagspause
14.00 bis 14.30 Uhr). Faltblätter mit
Informationen über Los Tiles und andere
Schutzgebiete erhältlich. Ausstellung
und Filme in spanischer Sprache. Cafeteria im Wald mit halbzahmen Buchfinken.
Die alten Männchen haben einen blauen
Rücken, die vorjährigen sind noch mehr
bräunlich.

Blick in die Umgebung

In der Gegend von Galguitos, **El Cubo de
la Galga** ③ und **Los Lomelitos** gibt es
Barrancos mit ebenfalls gut erhaltenen
Lorbeerwaldbeständen. Sie sind teilweise auf ausgebauten Waldwegen begehbar oder befahrbar. Lohnend ist ein
Besuch des Barrancos direkt zwischen
zwei großen Straßentunneln im Westen
von **La Galga**. Hier steht seit Januar
2007 ein kleines Infozentrum (10–14 Uhr
geöffnet). Ein geteerter schmaler Weg
führt kilometerweit den Talgrund aufwärts, später wird er zum Wanderweg.
Um **La Zarza** ④ zu erreichen, hat man
von Barlovento her die Auswahl zwischen zwei bergigen Strecken, die sich

bei Casa Roque Faro wieder vereinigen.
Die untere ist die breite Hauptstrecke,
die obere ist zwar gut ausgebaut, aber
schmal, kurvenreich und etwas abenteu-
erlich. Weiter westlich erreicht man das
Infozentrum zur prähistorischen **Fund-
stelle La Zarza**, der Brombeerquelle. Hier
gibt es mehrere Parkmöglichkeiten, eine
Ausstellung mit Film (mehrsprachig),
einen Shop mit Souvenirs und Literatur.
Von hier aus führt ein idyllischer Fußweg
im Tälchen entlang in gut 10 Minuten
durch dichte Baumheidebestände zur
Quelle. Vom Westen her kann man das
Gebiet über die Straße von Garafía in
Richtung Barlovento über Llano Negro
erreichen. Nach etwa 2 km weist in
einem Taleinschnitt ein Schild auf La Zarza hin. Beim Parkplatz am Zentrum ist
eine Reihe ausgewählter Lorbeerwaldbäume gepflanzt worden, die demnächst
beschriftet werden sollen. Das Gebiet ist
reich an Vogelarten, wie Rotkehlchen,
Amsel, Mönchsgrasmücke, Kanaren-Zilpzalp. Kanarentauben streichen in rasan-
tem Flug vorbei, um talwärts im Barranco del Agua Nahrung zu suchen. Auch
Lorbeertauben sind häufig in der Region. An der Umfassungsmauer des Parkplatzes beobachtet man die palmensi-
schen Eidechsen *Gallotia galloti palmae*.
Am Ende des Fußwegs liegt im Talkessel
die Quelle, ein von den Ureinwohnern
verehrtes Heiligtum. Die etwa 10 m
hohen Felswände ringsum sind über
einen Fußweg erreichbar und durch ein
Geländer abgegrenzt. Die Felsoberflä-
chen sind mit konzentrischen oder wel-
lenförmigen Gravurmustern bedeckt. Es
handelt sich um eine der wichtigsten
Fundstellen vorgeschichtlicher Felsritzun-
gen auf den Kanaren – leider durch Touristen gefährdet.

Die Finken oder Pinzónes

Keine Frage, der Buchfink ist die häufigste
Vogelart in Mitteleuropa. Dass dieser Mas-
senvogel auf den Kanarischen Inseln besondere Aufmerksamkeit verdient, bedarf
einer Begründung. Die bekommt man,
wenn man sich auf La Palma beim Besucherzentrum von Los Tiles in der Cafeteria
aufhält oder in der Nähe mit ein paar
Stückchen trockenen Brotes hantiert.
Dann kann es geschehen, dass plötzlich
der Wald von futterzahmen Buchfinken
wimmelt. Sie kommen bis auf Armlänge
heran, um sich der Brotstückchen zu be-
mächtigen. Sie sehen anders aus als un-
sere mitteleuropäischen Buchfinken. Die
Männchen haben einen leuchtend blauen
Rücken, die Brust ist pfirsichfarben. Es
gibt einige wenige unter den Männchen,
deren Rücken mehr bräunlich ist – wahrscheinlich sind es die Jungen vom vorigen
Jahr. Die Weibchen sehen ungefähr aus
wie die unsrigen. Manchmal fängt einer
der Vögel an zu rufen: ein zwei- oder
dreisilbiges »tschi-tschi« oder »tschivi-
tschi«. Deswegen nennen die Kanarier
den Vogel auch »chivichi«. Der Ruf klingt
ganz anders als unser »pink-pink«, man
kann ihn gerade noch als den Alarmruf
der Vögel erkennen. Der Gesang klingt

Die schönsten blaurückigen Buchfinken-
Männchen gibt es im Lorbeerwald von La Palma:
eine eigene Unterart *Fringilla coelebs palmae*.

Die Buchfinken-Weibchen sind schlicht gefärbt
und unterscheiden sich kaum von den Vögeln des
europäischen Kontinents.

ebenfalls viel weicher als derjenige der
mitteleuropäischen Verwandten, ist aber
immer noch ein unverkennbarer Buchfin-
kenschlag. Wegen der Unterschiede sind
die Buchfinken auf La Palma als Unterart
Fringilla coelebs palmae abgetrennt worden. Die Vögel der anderen Inseln haben
je nachdem einen eigenen Status. Sie sind
nicht ganz so schön blau wie die von La
Palma. Auf Teneriffa, Gran Canaria und La
Gomera gibt es die Unterart *tintillon*, auf
El Hierro *ombriosa,* und auch auf Madeira
und den Azoren gibt es weitere Varianten.
Das Tollste aber ist der Superfink auf Teneriffa und Gran Canaria, dessen Vorfahren
schon früher als die Buchfinken auf den
Inseln eingewandert sind und die sich inzwischen zu einer eigenen Finkenart entwickelt haben, dem Teidefinken *Fringilla teydea* (S. 1; 48). Die Vögel sind viel größer
als jeder Buchfink, die Männchen pastell-
blau, die Weibchen unscheinbar grauoliv.
Die Vögel bewohnen nicht den Lorbeerwald, sondern die Kiefernwälder – nur auf
Teneriffa und Gran Canaria und in zwei
Unterarten. Auch sie haben Lautäußerungen entwickelt, die von denen der Buchfinken abweichen. Nach den ausgedehnten
Waldbränden im Sommer 2007 darf man
gespannt sein, ob die Finken überlebt und
wo sie sich niedergelassen haben.

La Gomera

Die zweitkleinste der sieben Kanareninseln liegt nur etwa 35 km Luftlinie westwärts von Teneriffa entfernt. Die Inseloberfläche ist alt. Zeichen jüngeren Vulkanismus wie nackte Lavaströme und Malpaís fehlen. Vom ehemaligen Zentralvulkan, dem Garajonay (1486 m), senkt sich ein ebenmäßiger Schild allseits zum Meer, wo er in einer Steilküste abbricht. Dieser Schild ist durch knapp 40 radiäre Barrancos zerteilt. Die Höhen und die nordexponierten Steilhänge sind von Wald bedeckt.

La Gomera ist allerdings mit einer Distanz von 333 km schon recht weit vom afrikanischen Kontinent entfernt. Die Insel hat ein Alter von etwa 12 Millionen Jahren. Sie war der letzte Aufenthaltsort von Christoph Columbus, ehe er 1492 aufbrach, um Indien zu erreichen, und dabei Amerika entdeck-te. Vor Jahren noch war La Gomera ein gern besuchtes Ziel von Individualisten. Heute ist besonders der Inselsüden als Urlaubsziel in weiten Kreisen bekannt.

Die Küstenregion ist Trockenzone. Landeinwärts geht sie über verschiedene Zwischenzonen allmählich in Wald über. Das hochgelegene Inselzentrum ist von ausgedehntem Lorbeerwald bedeckt, der oft von Wolken eingehüllt wird: ein ursprünglicher Lebensraum mit eigentümlicher Landschaft sowie reicher Pflanzen- und Tierwelt. Dieses Gebiet ist mit einer Fläche von knapp 3500 ha zum Nationalpark und von der UNESCO zum Weltnaturerbe der Menschheit erklärt worden. Bei einem großen Waldbrand im April 2008 sind vor allem die Waldbestände des Inselnordens betroffen worden, der Nationalparkwald ist anscheinend verschont geblieben.

Die Landschaft La Gomeras kann ziemlich karg wirken.

La Gomera

Vallehermoso · TF-711 · Agulo
Hermigua
TF-713
Nationalpark
Garajonay
Valle
Gran Rey
El Cercado · TF-713 · ⑧ El Cedro
Chipude
⑨ Garajonay
La Fortaleza
TF-711
TF-713
San Sebastián
de La Gomera
Alajeró
N
La Dama
2 km
Aeropuerto de
La Gomera
Playa de Santiago

Anreise

Von Los Cristianos im Süden Teneriffas aus verkehren die Boote mehrerer Fährunternehmen (Olsen, Armas, Garajonay Express) nach Gomera. Die Tragflügelboote brauchen je nach Seegang etwa 45 Minuten, während man mit den größeren Autofähren teils nur 30 Minuten unterwegs ist. Die Boote des zuletzt genannten Unternehmens laufen außer der Hauptstadt San Sebastián auch Playa Santiago und Valle Gran Rey an. Der Flughafen ist nur für kleinere Flugzeuge geeignet, die von den Fluggesellschaften Binter und Islas für Verbindungen zwischen den Inseln sorgen.

Verkehr

Es gibt 7 Buslinien. 4 Busse täglich verbinden den Flughafen mit der Hauptstadt San Sebastián und 2 mit dem Valle Gran Rey. Von San Sebastián verkehren jeweils 4 Busse pro Tag nach Valle Gran Rey und nach Santiago bzw. zum Flughafen, weitere fahren je 2- bis 5-mal täglich zwischen den größeren Ortschaften. Die Busse verkehren jeweils auch in derselben Anzahl in der Gegenrichtung. Bei einigen Linien findet die letzte Fahrt bereits am frühen Nachmittag statt; man sollte sich daher den aktuellen Fahrplan besorgen (in den Touristeninformationen und am Flughafen, siehe auch www.la-gomera.com/autobus.htm). An Sonn- und Feiertagen ist der Busverkehr einge-schränkt. Preise für Taxifahrten müssen mit dem Fahrer vereinbart werden. Leihwagen findet man am Hafen und in der Hauptstadt sowie in den Touristenzentren. Es lohnt sich, die Angebote im Internet und über diverse Reiseveranstalter zu prüfen, da man dabei oft günstigere Preise erzielen kann. Auf La Gomera sind 20 Wanderwege eingerichtet worden. Mehrsprachige Karte in den Informationsbüros.

Unterkunft

In San Sebastián gibt es einige Hotels, eines davon ist der staatlich geführte Parador de La Gomera in idyllischer Lage über der Stadt. Weitere Hotels, Pensionen oder Appartements findet man vor allem in Valle Gran Rey, aber auch in Hermigua, Vallehermoso und Santiago. Hermigua liegt den interessanten Teilen des Nationalparks am nächsten. Viele Unterkünfte sind an den Straßen angezeigt, man kann aber auch bei Passanten oder im Supermercado nachfragen.

Im Inselzentrum gelegener ursprünglicher und artenreicher Lorbeerwald, meist in Steilhanglagen, teilweise durch Forstwege erschlossen, oft in Wolken; besonders im Winter niederschlagsreich; in den Randzonen Bereiche nur mit Gagelbaum und Baumheide; beide Taubenarten des Lorbeerwalds; reiche Insektenvorkommen.

Eine physische Landkarte von La Gomera zeigt in der Mitte der annähernd runden Insel eine große waldbedeckte Fläche. Fast die ganze Waldfläche ist seit 1981 in den Nationalpark Garajonay einbezogen, die UNESCO hat das Gebiet zum Weltnaturerbe der Menschheit (»World Heritage«), die EU zum Speziellen Schutzgebiet (SPA)

Der Roque Agando: Neck heißt ein solcher Felsendom, die ehemalige Füllung eines Vulkanschlots, von der Erosion freigelegt.
Im Zentrum La Gomeras gibt es mehrere davon.

erklärt. Der Nationalpark beherbergt die wohl reichsten und größten Lorbeerwaldbestände der Kanarischen Inseln (s.S. 28f.). Am besten entwickelt und erhalten sind sie in den Steilhängen, besonders im Nordosten oberhalb von Hermigua. Die Erhaltung dieses einzigartigen Lebensraumes wurde auch dadurch ermöglicht, dass die Wasservorräte der Insel sparsam genutzt wurden. Die flache Zentralkuppe ist häufig durch Passatwolken gegen die Sonneneinstrahlung geschützt und profitiert von ihren Niederschlägen. Hier stehen die mit 30 Metern Höhe größten und ältesten Viñatigos *Persea indica* des Archipels.

Größere Flächen des Parks sind allerdings nicht mit eigentlichem Lorbeerwald, sondern mit Fayal-Brezal mit den Charakterarten Baumheide *Erica arborea* und Gagelbaum *Myrica faya* bewachsen. Diese Pflanzengemeinschaft stellt eigentlich eine Rand- und Degenerationsform des Lorbeerwalds dar. Die Umgebung von **Las Hayas** im Südwesten des Nationalparks (»haya« oder »faya« = Gagelbaum) wird von solchen Beständen beherrscht.

Am Südrand des Nationalparks hat man von zwei Miradores Ausblicke auf das eindrucksvolle Landschaftsbild der **Roques** (Felsendom, Neck), ehemalige Vulkanschlote, die am Schluss ihrer Tätigkeit bzw. nach Verminderung des Drucks durch flüssige Lava von unten aufgefüllt wurden. Die ringsum anstehenden weicheren Schichten wurden im Laufe der Erdgeschichte durch Erosion abgetragen, so dass steil aufragende Monolithe stehen blieben. Die vier größten heißen **Roque Agando** (1250 m), **Roque Zarzita** (1234 m), **Roque Ojila** (1170 m) und **Roque Carmona**. Ein weiterer Aussichtspunkt, in Richtung El Rejo gelegen, heißt **Mirador Bailadero**. Von hier hat man bei klarem Wetter einen Blick über weite, mit Lorbeerwald bewachsene Hänge und bis hinab nach San Sebastián. Der höchste Gipfel der Insel, der **Garajonay**, hebt sich nur wenig aus seiner Umgebung heraus. Infolge früherer Beweidung, durch häufige Brände und durch fremde Kiefern, die hier angepflanzt worden sind, ist die heimische Vegetation nicht voll entwickelt. Die guten Lorbeerwaldbestände liegen abseits davon.

Pflanzen und Tiere

Der Nationalpark Garajonay ist ein Zentrum der Biodiversität. Hier sind mehr als 400 Blütenpflanzen, mehr als 160 Moose und Farne sowie 1600 Tierarten nachgewiesen worden.

Will man auf bequemen Wegen im Lorbeerwald wandern, um Pflanzen und Tiere zu sehen, lohnt es sich, die Region um **El Cedro** aufzusuchen. Hier gibt es auf feuchtem Untergrund, von kleinen Bachtälern durchzogen, typische hallenwaldartige Lorbeerwaldbestände mit dicht geschlossenem Kronendach. Man wird nebeneinander verschiedene Baumarten antreffen. An den Wegen, wo mehr Licht einfällt, gedeiht eine Vielzahl von Sträuchern und Kräutern. Sehr häufig ist der strauchige Lippenblütler *Cedronella canariensis* (S. 95) mit dreiteiligen, stark nach Zitrone duftenden Blättern und schmalen Blattfiedern. Die blassvioletten Blüten werden von Hummeln und Schmetterlingen angeflogen. Seltener ist die »Reina del Monte« *Ixanthus viscosus,* ein Enziangewächs mit zahlreichen kleinen gelben Blüten. Beide Gattungen sind ausschließlich auf den Kanaren zu Hause. Nur an sehr feuchten Stellen gedeihen die riesigen Wedel des Wurzelnden Kettenfarns *Woodwardia radicans* (S. 74), der im Tertiär auch in Mitteleuropa verbreitet war; den mehr Trockenheit vertragenden Adlerfarn *Pteridium aquilinum* findet man teils in dichten Beständen. Diese Art ist weltweit

Vielerorts besteht der Lorbeerwald La Gomeras nur aus »brezo« (Baumheide) und »faya« (Gagelbaum).

verbreitet, sie kommt auch in Mitteleuropa vor. An Felshängen, manchmal auch auf Bäumen, gedeiht bis 40 cm hoch der filigrane, schwarzstielige Kanarische Krugfarn *Davallia canariensis.* Er wächst mit kriechenden Wurzelstöcken, die Trockenperioden überdauern können.

Am Weg gibt es Felshänge, die ganz andersartige Vegetation bieten. Hier gedeihen die fleischigen hellgrünen Rosetten von *Aeonium subplanum,* oft in kleinen Kolonien. Jede Rosette bildet eine flache Schale. Daneben wächst eine zweite, diesmal strauchige Art namens *Aeonium gomerense.* Beide sind Endemiten der Insel. Als drittes Dickblattgewächs ist das stark behaarte *Aichryson laxum* häufig auch auf bemoosten Baumstämmen zu finden. An feuchten Stellen wächst am Hangfuß *Aichryson punctatum* ohne alle Behaarung und mit kleinen Blattrosetten, besetzt mit zahllosen leuchtend gelben Blüten-

Aichryson laxum, ein trockenangepasstes Dickblattgewächs.

Diese Teneriffa-Blaumeise von La Gomera gehört der Unterart *Parus ultramarinus teneriffae* an.

sternen. Neuerdings sind weitere Arten beschrieben worden.

Erstaunlich ist, in welchem Ausmaß die unverwüstliche Baumheide *Erica arborea* als Pionier selbst mit kleinsten Keimpflänzchen die felsigen Hänge besiedelt. An offenen Stellen fällt eine kniehohe Staude mit großen, glänzenden, lanzettförmigen Blättern auf, deren Blütenstände unscheinbar wirken: ein Rötegewächs *Phyllis nobla*, von

Erysimum bicolor ist ein Kreuzblütler aus der nächsten Verwandtschaft des Teidelacks.

den Einheimischen »Capitana« genannt und gern als Viehfutter gesammelt (S. 96). Überall am Weg begegnet man dem eingeschleppten Weißen Eupatorium. In einem Baumheidebestand kann man die kniehohe Zinerarie *Senecio (Pericallis) steetzii* mit bis zu 25 weißlichen, manchmal blassvioletten Körbchenblüten pro Blütenstand entdecken. Die Art ist ein Gomera-Endemit. Der Wald ist reich an Vögeln. Wie im Lorbeerwald auf Teneriffa und auf La Palma gibt es hier die scheuen endemischen Kanaren- und Lorbeertauben (s. S. 96). Auf dem beschriebenen Weg nach Los Aceviños stehen zuweilen Pfützen, wohin an heißen Tagen Kanarentauben zum Trinken kommen, was man auch an den herumliegenden Mauserfedern erkennt. Die hohen Waldbestände werden vorzugsweise von dieser Art bewohnt. Die größere Lorbeertaube dagegen sieht man häufiger in den Randzonen, z. B. vom Mirador Bailadero aus.

Die Amsel baut ihr Nest manchmal in Ästen direkt über dem Weg. Rotkehlchen singen hier wie die europäischen Artgenossen. Teneriffa-Goldhähnchen und Teneriffa-Blaumeisen sind nicht selten, in den Randzonen trillert der Kanarengirlitz. Auch Buchfinken – in der Unterart *Fringilla coelebs tintillon*, die auch auf Teneriffa und Gran Canaria lebt – gibt es häufig. Zuweilen kreist der Mäusebussard über den Baumwipfeln oder der Sperber huscht über den Weg.

In den Waldschneisen fliegen bei sonnigem Wetter zahlreiche Insekten. Unter den Schmetterlingen fallen der Zitronenfalterverwandte *Gonepteryx eversi*, jüngst als eigene Art erkannt, und der Kanarische Admiral *Vanessa vulcanica* auf. Beim Zitronenfalter sind die Weibchen blassgelb, die Vorderflügel der Männchen leuchten hell orangefarben. Auch ein Distelfalter segelt gelegentlich vorbei.

Die Strauchvegetation unterhalb der kahlen Felswände des Roque Agando und Zarzita erinnert etwas an die südfranzösische Garrigue. Dazu trägt vor allem die knie- bis hüfthohe, teils flächendeckende Französische Zistrose *Cistus monspeliensis* (S. 90) bei. Sie hat weiße Blüten und längliche kleine Blätter. Die Bestände verbreiten im Hangaufwind bei Sonnenschein einen süßlich-harzigen Duft aus den Fruchtkapseln. Daneben stehen mehr als meterhohe Ginster: der »Escobón« *Chamaecytisus proliferus* mit seinen blaugrauen Blättern und der grüne, mit sehr kleinen dreiteiligen Blättchen dicht bewachsene »Codeso« *Adenocarpus foliolosus*, der im Sommer leuchtend gelbe Blütenstände erzeugt. An etwas feuchteren Stellen gedeihen auch niedrige Baumheide und der Gagelbaum. Auf felsigem Untergrund wachsen seltene Endemiten wie der Strandflieder *Limonium redivivum* und der Natternkopf *Echium acanthocarpum*.

Talwärts schließen sich an den trockeneren Hängen ausgedehnte Bestände der Kanarischen Kiefer an, die auf der Insel ursprünglich nicht vorgekommen sein soll. Auf benachbarten Höhen finden sich dunkelnadelige kalifornische Montereykiefern *Pinus radiata*. Lokal sind auch die duftenden mediterranen Aleppokiefern *Pinus halepen-*

Ein häufiger Greifvogel der Kanaren ist der Mäusebussard in seiner Unterart *Buteo buteo insularum*.

sis mit hellem Nadelkleid und grauen Stämmen angesiedelt worden. Im Nationalpark versucht man sich der Fremdformen zu erwehren. An der Straße in der Nähe von **El Bailadero** sind einzelne Zedernwacholder *Juniperus cedrus* gepflanzt, die man an ihren hängenden Zweigen erkennt. Die Art kommt in dieser Region auch wild vor. Überall an Straßen und Wegen steht der schmächtige Asphaltklee *Psoralea bituminosa*.

Der »Codeso« *Adenocarpus foliolosus*, ein Ginster der Westinseln.

Die Ahornblättrige Strauchpappel *Lavatera acerifolia* aus der Familie der Malvengewächse gibt es nur auf den Kanaren. Wegen ihrer schönen Blüten wird sie auch in Gärten gepflanzt.

Die Felsen sind oft von Einfarbseglern umschwärmt. Im Gesträuch halten sich Samtkopfgrasmücken und Kanaren-Zilpzalpe mit eigenen Rufdialekten auf. Mäusebussard und Turmfalke sind nicht selten.

Im Gebiet unterwegs

Von San Sebastián aus erreicht man den Nationalpark entweder über die neu ausgebaute Carretera del Norte oder über die weiter südlich verlaufende Carretera del Sur. Die Verbindung dieser beiden Hauptstraßen führt als Höhenstraße (TF-711) weiter nach Nordwesten. Zwischen dem Mirador **El Bailadero** und der Kreuzung **Cruz de la Zarzita** biegt auf einer Passhöhe in der Nähe von El Reventón eine mit Steinen gepflasterte Piste nach **El Cedro** ① ab. Obwohl der Weg befahrbar ist, sollte man ihn besser zu Fuß gehen. Nach 1,5 km zweigt nach links eine unbefestigte Fahrstraße Richtung Arroyo ab, auf der man nach weiteren 1,7 km in eine bachdurchflossene Senke (Las Mimbreras) gelangt. Die Piste führt von dort aus weiter Richtung **Aceviños** ②. Ebenso beginnt hier ein Fußweg durch den Lorbeerwald in Richtung der Kapelle **Eremita N. S. de Lourdes** ③, ein anderer Weg führt auf den Garajonay. Von der am Bach »Cedro«

gelegenen Eremita gibt es einen Fußweg zurück zur gepflasterten Straße. In der Region des Nationalparks und seiner Umgebung besteht eine Reihe weiterer Wanderrouten, deren Verlauf man den Wanderführern und -karten entnehmen kann.

Fährt man vom Cruz de la Zarzita in Richtung San Sebastián, passiert man mehrere Miradores ④ ⑤ mit Aussicht auf die Roques (Felsendome). Zwischen dem Cruz de la Zarzita und der Kreuzung La Laguna Grande liegt der **Garajonay** ⑥, der an nebelfreien Tagen eine 360°-Rundumaussicht über die ganze Insel bietet. Vier verschiedene Fußwege führen auf den höchsten Gipfel La Gomeras. Der Nationalpark ist auch von Valle Gran Rey im Südwesten aus über Las Hayas sowie von Santiago im Süden über Alajero und von Vallehermoso im Norden her erreichbar.

Information

Das Informationszentrum an der Nord-
einfahrt des Nationalparks bei **Juego
de Bolas** ⑦ in der Nähe von Las
Rosas enthält eine Ausstellung mit
wichtigen Nationalparkinformationen.
In einem spanischen Lehrfilm wird die
Ökologie des Lorbeerwaldes vorgestellt. Man kann Literatur und Informa-
tionsmaterial kaufen und sich für
geführte Wandertouren anmelden. In
mehreren Nebengebäuden werden
zahlreiche Gebrauchsgegenstände aus
dem täglichen Leben der vorspanischen Bevölkerung ausgestellt. Das
Wertvollste für den naturkundlich interessierten Besucher dürften aber die
hier gezeigten Pflanzen sein. Eine
Sammlung von Farnen und Euphorbien im Innenhof wird durch einen
ringsum liegenden Botanischen Garten
mit vielen endemischen Arten aus den
verschiedensten Lebensräumen der
Insel ergänzt. Auch neu beschriebene
Arten werden hier gezeigt, die in der
älteren Literatur noch nicht genannt
sind. Allein sieben *Aeonium*-Arten gibt
es jetzt auf La Gomera. Die Beschrif-
tungen nennen die Familie, den spanischen und wissenschaftlichen Artnamen, die Verbreitung innerhalb der
Kanaren, die Standorte auf La Gomera
und die Region des Vorkommens.
Hinzu kommt im Garten vor dem
Haus eine umgrenzte Fläche mit auffälligen Exoten wie Proteaceen aus
Südafrika und *Strelitzia reginae*, die
die meisten Blicke und Fotolinsen auf
sich ziehen.

Bei Vallehermoso gewinnt man den Saft
der Kanarischen Dattelpalmen, um daraus
Palmenhonig herzustellen.

Blick in die Umgebung
Vallehermoso

Von Hermigua her kommend erreicht
man Vallehermoso auf einer gewunde-
nen Bergstraße. An den Nordhängen
wächst hier noch Fayal-Brezal, an den
Südhängen ein sehr lichter Bestand
des Kanaren-Wacholders *Juniperus turbinata* (S. 126), der mit dem Phönizi-
schen Wacholder *J. phoenicea* des Mit-
telmeergebiets nahe verwandt ist. In
der Nachbarschaft des wunderschön
gelegenen Ortes sieht man hier und
da eine Leiter an einer Palme lehnen.
Hier wird »miel de palma« gewonnen,
der Palmenhonig. Der Vegetationske-
gel der Palme wird vorsichtig ange-
schnitten und der austretende zucker-
süße Saft täglich abgeschöpft. Die
Kanarischen Dattelpalmen ertragen
diese Behandlung viele Jahre lang.

> Leicht zu ersteigender Tafelberg mit prächtiger Aussicht im trocken-heißen Südwesten der Insel; reichhaltige Trockenvegetation mit vielen Endemiten; Spuren der Kultur der vorspanischen Bevölkerung.

An den feuchten und grünen Norden und das waldbestandene Zentrum der Insel schließt sich südwärts eine trockene Zone an. An die ehemals intensive landwirtschaftliche Nutzung erinnern Terrassen, die ganze Hänge vom Tal bis zum Gipfel bedecken. Die Fortaleza (= Festung) und ihre

Ein Esel bewacht die Fortaleza bei Chipude.

Umgebung bis hinunter nach La Dama im Südwesten werden zu den abgelegensten Regionen der Kanaren gerechnet. Vom großflächigen Gipfelplateau aus schweift der Blick frei über die weiten rundum liegenden Hänge und Täler mit ihren Terrassen bis zum Meer. An ihrem Rande brechen die Felsen lotrecht ab. Das anstehende Ergussgestein ist sehr hart, weshalb der Berg aus der Umgebung herausragt. In den wegbegleitenden Lesesteinmauern und auch sonst im Bereich der Fortaleza findet man häufig schalenförmig verwitternde vulkanische Bomben (S. 15). Die Fläche und der von Gebüsch bestandene Abhang sind feuergefährdet, und Teile der Vegetation sind im Juni 1991 abgebrannt.

Auf der Hochfläche findet man quadratische oder rund-ovale Steinsetzungen aus Zeiten der vorspanischen Ureinwohner, außerdem Tierknochen und Abschläge als Reste der Herstellung von Steinwerkzeugen aus Basalt. Es ist unklar, ob es sich um eine Wohn- oder ausschließlich um eine Kultstätte gehandelt hat.

Pflanzen und Tiere

Im Abhang unterhalb der Steilstufe herrschen Kulturpflanzen vor: Agaven, Opuntien, Mandel- und Feigenbäume, sogar einige hohe Eukalyptusbäume. Von den wild wachsenden Arten setzt sich die kniehohe Französische Zistrose *Cistus monspeliensis* überall durch (S. 90). Ihre weißen Blüten sind mit einem Durchmesser von etwa 1,2 cm kleiner, als man es von anderen Inseln oder aus Südfrankreich kennt. Jede Blüte hält sich jeweils nur einen Tag lang, abends fallen die Blütenblätter ab. Eine strauchförmige Wolfsmilch ist häufig. Auf La Gomera kommen sowohl die König-Juba-Wolfsmilch *Euphorbia regis-jubae* als auch die Stumpfblättrige Wolfsmilch *Eu. obtusifolia* (S. 153) und

Auf der steinigen Hochfläche und am felsigen Abbruch der Fortaleza finden sich viele interessante Pflanzen.

als Inselendemit die Berthelot-Wolfsmilch *Eu. berthelotii* vor. Im Abhang gedeihen auch die häufigen Ginsterarten »Escobón« und »Codeso«, daneben der Wilde Ölbaum *Olea europaea* ssp. *guanchica.* An offenen felsigen Stellen treten das schalenförmige *Aeonium subplanum* und das große *Ae. urbicum* auf. Die Oberfläche der Felsen bedecken bunte Flechten. Neben anderen Endemiten lugt eine endemische Pimpinelle aus den Felsspalten hervor: *Pimpinella junoniae.* Ihre Blätter sind in rautenförmige Fiedern aufgeteilt. Noch unterhalb des Steilhanges blüht im Frühjahr, oft mit *Greenovia diplocycla* vergesellschaftet, die rosafarbige Kanarenorchis *Orchis canariensis* (S. 72). Die Hochfläche ist mit Gebüsch bedeckt. Überall zwischen den Büschen gedeiht der Kleinfrüchtige

Affodill (*Asphodelus microcarpus*, S. 149), der im Sommer nur am vertrockneten Stängel und den Blattrosetten kenntlich ist. Ein kleiner »Poleo« (*Bystropogon plumosus*) mit wollig-dichten Blütenständen zeichnet sich durch außerordentlich starken Duft aus. Eine Wegerichart (*Plantago webbii*) bildet niedrige Kugelbüsche. In den Felsen gedeihen das Gliedkraut *Sideritis lotsyi* und der Gomera-Endemit *Paronychia gomerensis,* eine Mauermiere. Sowohl auf dem Weg aufwärts als auch auf der Hochfläche trifft man auf Eidechsen, die allerdings die volle Sonnenhitze meiden. Beim Sitzen auf den heißen Steinen heben sie die Zehen an. Man kann die Tiere leicht durch ein Stück saftige Frucht anlocken. Sie gehören zu der auf La Gomera heimischen Unterart *gomerae* der West-

Der Dornlattich *Launaea arborescens* ist ein anspruchsloser Bewohner trockener Lebensräume überall auf den Kanaren.

Die Wilde Artischocke *Cynara cardunculus* ist typisch auf Ödflächen im Inselsüden.

Das kleine Fettblattgewächs *Monanthes laxiflora* klettert auf Felsen.

kanareneidechse *Gallotia caesaris* (S. 174). Die Tiere sind relativ klein und schlank. Die Kopf-Rumpf-Länge der dunklen Männchen übersteigt 11 cm nicht. Weibchen und Jungtiere sind längsgestreift. Die Eidechsen kommen auf ganz La Gomera vor, meiden aber den Lorbeerwald. In jüngster Vergangenheit, im Juni 1999, wurde eine für La Gomera endemische weißkehlige Rieseneidechse *Gallotia gomerana* entdeckt (s. S. 129), die man bei Valle Gran Rey zu züchten versucht, um die frei lebenden Bestände zu stärken.

An Vogelarten kann man bei und auf La Fortaleza Turmfalke, Felsentaube, Kanarenpieper und Kolkrabe sehen. Der Berg wird häufig von Einfarbseglern umflogen, von denen man dünne, heisere Schreie

hört. In der Gebüschzone unterhalb des Berges kommen Kanarengirlitze vor. In der Umgebung des gomerensischen Südens gibt es auch Brillengrasmücken, Wüstengimpel und Triele.

Im Gebiet unterwegs

Die **Fortaleza** ① bei Chipude erreicht man von Valle Gran Rey aus über **Las Hayas** und **El Cercado**. In diesem Dorf wird in drei kleinen Familienwerkstätten traditionelle Keramik ohne Töpferscheibe hergestellt – möglicherweise eine ununterbrochene Tradition seit vorgeschichtlicher

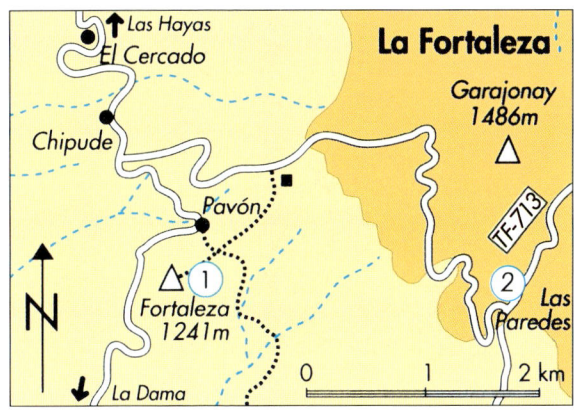

Zeit. Von San Sebastián oder Santiago her kommend zweigt man an der Kreuzung **Las Paredes** ② am Südende des Nationalparks westwärts ab. Von dem Bergdorf Chipude aus fährt man etwa 2 km Richtung La Dama und hält in dem Weiler **Pavón**. Man kann diese Region auch auf einem Wanderweg von La Dama aus oder nördlich von einem Forsthaus an der Straße Richtung Las Paredes erreichen.

Am Rand der Häusergruppe von Pavón folgt man einem streckenweise mit groben Steinen nach Art eines Königswegs der Guanchen gepflasterten Fußweg durch Weingärten aufwärts. Mehrere Pfade führen über einen mit Gebüsch bestandenen Hang zum Fuß der Steilwand. Der halbstündige Aufstieg zur Hochfläche bietet keine Probleme, weil der Kletterpfad gut kenntlich und teils mit Treppenstufen ausgebaut ist. Festes Schuhwerk, Sonnenschutz und an heißen Tagen Obst oder Getränk sind zu empfehlen.

»El Silbo«

Hin und wieder hat man auch heute noch Gelegenheit, auf La Gomera über einen menschenfernen, tief eingeschnittenen Barranco hinweg eine Serie von Pfeifsignalen zu hören – für den Besucher ohne Sinn und Zweck. Doch die Gomeros können sie verstehen. Heute findet die urtümliche Pfeifsprache auch bei jungen Leuten auf der Insel wieder Interesse. Als es noch kein Handy gab, war es sinnvoll, ein Kommunikationssystem zu entwickeln, um Nachrichten schnell über die Barrancos hinweg zu übermitteln. Das Pfeifen auf einem oder zwei Fingern haben die Hirten immer schon verwendet, um damit ihr Weidevieh oder die Hirtenhunde zu steuern.

Mit Tonlage, Tonmelodie, Lautstärke und Dauer der Pfeifsignale wird die Sprachmelodie wiedergegeben. Der gepfiffene Ruf nach dem Hirten Elias (»Elía!«) ist ein Pfiff, der leise und tief beginnt, ansteigt und lauter wird und dann wieder absinkt.

El Hierro

Die kleinste und am weitesten südwestlich gelegene der Kanarischen Inseln gilt oft als die vergessene Insel. Im ptolemäischen Weltsystem hat sie seit dem 2. Jahrhundert n. Chr. und dann erneut von 1634 bis 1883 den westlichsten Längenkreis der Erde getragen, den Nullmeridian.

Heute entwickelt sich hier der Tourismus langsamer und meist maßvoller als anderswo – vielleicht mit Ausnahme des ehemaligen Fischerdorfs La Restinga an der Südspitze der Insel. Der kleine Flughafen nimmt keine Großflugzeuge auf. Größere Sandstrände fehlen. Die Insel gilt als geruhsamer Geheimtipp für Naturfreunde. Trotz ihrer geringen Größe weist sie verschiedenartige reizvolle Landschaften auf. Von besonderer Schönheit ist der nur zur Hälfte stehen gebliebene riesige Einsturzkrater **El Golfo** im Nordwesten. Daran schließt sich nach Süden und Osten eine Hochebene an, die teilweise von Wald bedeckt ist, vielerorts aber als Weideland genutzt wird. Der trockene Süden und der Westen sind weitgehend unbesiedelte Naturlandschaft. Die Höhenlagen des Gol-

Vom Mirador de le Peña aus schweift der Blick weit über den halb im Meer versunkenen Krater El Golfo.

El Hierro

fo und der Norden der Insel sind unter dem Einfluss des Passats und seiner Wolken oft feucht, kühl und windig. Hier liegt auf einer Meereshöhe von etwa 700 m im Nordosten die Hauptstadt Valverde in bergiger Umgebung.

Die Vegetation des Kulturlands weist eine Reihe von Fremdelementen auf. So gibt es Eukalyptusbestände, viele Zypressen und in den höheren Lagen Montereykiefern *Pinus radiata*. Andere Lebensräume wie Kiefern-, Wacholder- und Lorbeerwald sind wenigstens teilweise dem Naturzu-

stand nahe. Man rechnet mit 600 Arten Höherer Pflanzen auf der Insel, viele von ihnen Endemiten. Immer noch werden auch hier neue Arten und Unterarten entdeckt, so z. B. um das Jahr 2000 eine neue Grasart *Lolium edwardii*, die nur auf dem Kraterrand von El Golfo vorkommt. Die Insel ist seit dem 20. Januar 2000 Biosphärenreservat. Seit 1996 gibt es ein Meeresreservat am Südende. Besonderer Schutz gilt einer Reihe von Naturschutzgebieten, es gibt jedoch keinen Nationalpark.

Praktische Tipps

Anreise

Schiffsverbindungen nach El Hierro gibt es von Los Cristianos, Sta. Cruz de Tenerife und von Gran Canaria aus. Von La Gomera und La Palma gibt es nur eine einzige Verbindung in der Woche. Der Flughafen und der Fähr- und Fischerhafen Puerto Estaca sind jeweils etwa 10 km von der Hauptstadt Valverde entfernt. Beide sind manchmal wegen starken Windes über das Meer nicht erreichbar. Der Flughafen wird vor allem von kleinen Propellermaschinen der spanischen Fluggesellschaft Binter angeflogen. Auch hier sind direkte Flugverbindungen seltener, teils muss man von einer Insel zur anderen über einen der Flughäfen auf Teneriffa fliegen.

Verkehr

In ein bis zwei Stunden kann man mit dem Wagen fast alle Orte der Insel erreichen, ganz gleich wo man wohnt. Der Busverkehr auf El Hierro ist spärlich (Tel. 922 551 175) und beschränkt sich auf eine oder zwei Verbindungen pro Linie und Tag. An Samstagen, Sonntagen und Feiertagen fehlen auch diese. Informationen an den Busstationen in Valverde und Frontera. Autostopp funktioniert dagegen recht gut. Leihwagen kann man am Flughafen (am Hafen nur nach vorheriger Vereinbarung), in Valverde und Frontera mieten. Für Taxis gelten Fixpreise, dennoch sollte man vorher einen Preis vereinbaren.
Die Verkehrsdichte ist gering. Ein neuer 2,2 Kilometer langer Straßentunnel macht jedoch den Golfo von der Hauptstadt Valverde aus leicht erreichbar. Er darf nicht von Radfahrern benutzt werden.

Unterkunft / Verpflegung

In Valverde, Frontera, Tigaday und dem schönen küstennahen Punta Grande gibt es kleinere Hotels, Pensionen und Appartements, auch in dem ehemals winzigen, sich durch Bautätigkeit vergrößernden Fischerdorf La Restinga; beschränkte Unterkunftsmöglichkeit in Sabinosa und Pozo de La Salud. Im Internet und über Reisebüros kann man auch Fincas auf dem Lande buchen (Turismo rural). Über Casas rurales und Viviendas turísticas findet man Information bei hierro@ecoturismocanarias.com. Ein schönes von dem Künstler und Architekten César Manrique gestaltetes Restaurant mit Ausblick über El Golfo liegt am Mirador de la Peña. Auf Hierro sind sonntags so gut wie alle Restaurants, Geschäfte und Tankstellen geschlossen. Die Preise in Restaurants, für Lebensmittel, Appartements und Leihwagen sind z. T. höher als auf den anderen Westinseln.

Information

Das **Touristen-Informationsbüro** von Valverde befindet sich in der Calle Dr. Quintero Magdaleno 11. Dort bekommt man die Genehmigung zum Besuch von El Julán (die ausgegebene Wegeskizze ist irreführend). Sie muss offiziell anschließend beim Cabildo Insular beglaubigt werden. Hier gibt es auch ein Büro von Medio Ambiente, der Umweltschutzbehörde.

Abhang des meerseitig offenen Einsturzkraters von El Golfo, zum größten Teil waldbedeckt; in der oberen Zone vorwiegend mit Baumheide und Gagelbaum; lokal Reste von echtem Lorbeerwald; reiche Vogelwelt. Die Küstenebene ist stark vom Menschen erschlossen, doch gibt es interessante Steilküsten mit formenreichen Tidentümpeln. Cumbre mit schütterer Vegetation, anschließend Kiefernwald.

Die fast 1000 m aufragenden steilen Wände von **El Golfo** sind im oberen Teil waldbedeckt. Der Hangwald ist weitgehend unzugänglich und fast nur von der Asphaltstraße aus erschlossen, doch gibt es im oberen Teil auch einige Forst- und Wanderwege. Dort kann man vielen Pflanzen und Tieren des eigentlichen Lorbeerwaldes begegnen. Der untere Teil des Abhangs im Inneren des ehemaligen Kraters wird oder wurde landwirtschaftlich genutzt. In der Ebene entlang der Küstenlinie liegen mehrere kleine Ortschaften. Hier entwickelt sich das wirtschaftliche Leben schneller, besonders seit ein 2,2 km langer Straßentunnel die Hauptstadt mit dem Städtchen Frontera verbindet.

Vom **Mirador de Jinama** ② aus bietet sich eine großartige Aussicht über den Golfo mit seinen 15 km Durchmesser. Oft verhindern dies allerdings treibende Wolken. Die Wanderung vom Mirador über den

Der Hang von El Golfo ist nur teilweise mit Gebüsch und Lorbeerwald bewachsen. Im Hintergrund die Felsinseln Roques de Salmor.

Die Hierro-Rose *Greenovia aurea* mit ihren »Kindern« wird bei Trockenheit rosa.

Die Form der Früchte gab der Hörnerranke *Periploca laevigata* den Namen.

Felsabbruch bis hinunter nach Frontera führt durch Fayal-Brezal und Lorbeerwald. Während des steilen Abstiegs erreicht man je nach Wetterlage bald die Untergrenze der Passatwolkenschicht. Der

Nebel schlägt sich an Bäumen und Sträuchern nieder. Darunter fallen dicke Tropfen.

Pflanzen und Tiere

Der Wald der Hochebene besteht fast ausschließlich aus Gagelbäumen (»Faya«, *Myrica faya* und *Myrica rivas-martinezii*), und der unverwüstlichen Baumheide, dem »Brezo« *Erica arborea*. Nur an wenigen Stellen kommen kleinräumig andere Elemente des Lorbeerwaldes hinzu. An lichten Orten im trockenen Fayal-Brezal (S. 109) tritt als häufiger Zwergstrauch die Thymianverwandte *Micromeria varia* auf. Sie besiedelt auch in der weiteren Umgebung trockene Lapillihänge. Am Waldrand trifft man die duftende *Cedronella canariensis* (S. 95) an, auch den Adlerfarn. Mindestens 5 weitere Farnarten kann man am Weg finden. Häufig ist der kleine, stachlige, immergrüne, kletternde Krapp oder »Tasaigo« *Rubia fruticosa*. Dass auf den Kanaren selbst Nesselgewächse es schaffen, Sträucher zu bilden, zeigt die verholzte Maulbeerblättrige Brennnessel *Urtica morifolia*, deren Haare ein heftiges und anhaltendes Brennen erzeugen.

An den offenen Felsabstürzen und Mauern gleich an der Straße wachsen die »Capitana« (*Phyllis nobla*, S. 96) und viele Aeonien und ihre Verwandten. Vor allem fällt im oberen Hang die sukkulente »Hierro-Rose« *Greenovia aurea* auf, die im Sommer glatte rosafarbene Blätter hat und tassenförmig geschlossene Rosetten bilden kann, die von kleineren Röschen umgeben sind. Weiter unten im Hang, auch in der Nähe von Valverde, findet man an entsprechenden Stellen ein anderes Dickblattgewächs, dessen Blattränder mit kräftigen Zilien besetzt sind. Dieses *Aeonium valverdense* (S. 23), ein Hierro-Endemit, bildet bodenständige im Sommer rosafarbene

Rosetten oder wächst auch als verzweigter Strauch mit mächtigem Blütenstand. Als dritte sehr häufige Art kommt mit großen Blattrosetten und rauhaariger, teils klebrigduftender Oberfläche ein *Aeonium* vor, das mit dem *canariense* und dem *palmense,* auch dem *subplanum* von La Gomera am nächsten verwandt ist.

Auf einer Waldlichtung kann man die Königslibelle *Anax imperator* Insekten fangen sehen. Ebenso ist eine große Raubfliege (*Promachus* spec.) tätig, die brummend umherfliegt und manchmal unbegreiflich träge sitzen bleibt, so dass man sie mit den Fingern berühren oder aus nächster Nähe fotografieren kann.

Auch im oberen Teil des Wanderwegs von **Jinama** nach **Frontera** passiert man zunächst einen Bereich von Baumheide und offenen Felstriften. Hier wachsen viele grünliche Rosetten der »Hierro-Rose« *Greenovia aurea*, aber auch der Thymian *Micromeria varia* und der häufige weißblütige »Escobón« *Chamaecytisus proliferus*. Etwas weiter unten kommen die Französische Zistrose (*Cistus monspeliensis*, S. 90) als Unterwuchs und auch der Gagelbaum hinzu. Die Baumheide ist teilweise stark mit Bart- und anderen Flechten bewachsen. Am Boden gedeihen Moose und Farne. An einer Felsnase wendet sich der Weg in ein Hangtal hinein. Hier steht echter, hochgewachsener, aber nicht sehr dichter Lorbeerwald. Er setzt sich vorwiegend aus der Kanarischen Stechpalme *Ilex canariensis* mit ihren harten abgerundeten Blättern, aber auch aus Kanarischem Lorbeer *Laurus novocanariensis* und dem »Palo blanco« *Picconia excelsa* mit heller Borke und dunklem Laub zusammen. Der Unterwuchs ist reich entwickelt. Beinahe baumförmig gibt sich der immergüne Schneeball *Viburnum tinus* mit seiner hellbraunen Borke.

Raubfliegen (*Promachus* spec.) sind träge Lauerjäger.

Eine reiche und typische Vogelwelt besiedelt den Lorbeerwald. Häufig ist der Kanaren-Zilpzalp mit seinen kurzen Strophen. Auffallend blaue Buchfinken sind ebenfalls nicht selten, daneben Amseln, Teneriffa-Blaumeisen und Rotkehlchen vom kontinentalen Typ, und im oberen Teil sogar der Kanarengirlitz (S. 35). Über dem Wald fliegen Einfarbsegler und Kolkraben, die besonders oben im Bereich des Mirador auftreten. An sandigen, trockenen Stellen auf dem Weg kann man gelegentlich Federn einer Waldohreule finden. Die Vögel nehmen hier gern ein Sandbad. Bei den häufigen Sperbern fällt der helle Endsaum des Schwanzes auf. Auf dem Weg liegen zuweilen Rupfungen von Amseln, Buchfinken, ja sogar von Einfarbseglern, die der Sperber gegriffen hat. Kanaren- und Lorbeertaube sind sehr seltene Gäste. Dagegen sieht man häufig Felsen- und Haustauben fliegen.

Für die Südabhänge der **Cumbre** sind großflächig freiliegende Lapillihänge typisch, die nur spärlich mit einer *Micromeria*-Art bewachsen sind. Die kleinen eingerollten Blätter duften stark, wenn man sie zwischen den Fingern zerreibt. In tieferen Lagen schließen sich lichte, mit

Kolkraben sind vorsichtige, aber auch kluge und neugierige Kulturfolger, die gern Abfälle fressen.

Wacholder gemischte Kiefernbestände an, die ostwärts, abgesehen von den durch die Raupen des parasitischen Kanaren-Kiefern-Spinners und durch Brand verursachten Schäden, dichter und höher werden. Die heimische Kanarenkiefer und die kalifornische Montereykiefer *Pinus radiata* wechseln sich ab. Daneben gedeiht hier und da als hellgrüner Strauch bis zu einem halben Meter hoch der Stachlige Natternkopf *Echium aculeatum*. Die Zypressen, ebenfalls häufig in der Kulturlandschaft und leicht mit dem Kanarischen Wacholder zu verwechseln, begleiten den Weg beinahe bis zum Ende.

Die wenig bewachsene Cumbre ergibt nur geringe Lebensmöglichkeiten für Vogelarten. Hin und wieder treten Kanarenpieper auf, Kolkraben und Einfarbsegler fliegen vorbei. Einen ungewöhnlichen Vogel des Ödlands wird man am ehesten des Abends an seinen weit klingenden hohen Rufen erkennen. Er ruft seinen Namen: Triel (S. 186). Man hat ein Nest des Bodenbrüters sogar im Kiefernwald gefunden. Im Bereich der Ermita gibt es im Kulturland reicheres Vogelleben. Turtel- und Felsentauben sowie Turmfalken sind häufig, Samtkopfgrasmücken huschen von Busch zu Busch. Kanarengirlitze (s.S. 35) beleben auch die Akazienbestände um die kleine Kirche. Im Winter kann man ganze Trupps von ihnen im Sabinar, d.h. im Bestand des Wacholders, antreffen.

Árbol Garoë – der Regenbaum

Von der Strecke San Andrés nach Guarazoca zweigt kurz nach dem Kreisverkehr die HI-103 Richtung Árbol Garoë ⑫ ab. Die Straße ist unbefestigt, aber bei trockenem Wetter gut befahrbar. Man gelangt zu einem kleinen Infozentrum mit Parkplatz, geöffnet täglich 10 bis 16 Uhr außer Montag. Zu den übrigen Zeiten ist ein großes Seitentor offen.

Auf einem steil abwärts führenden Fußweg erreicht man eine nordwärts gerichtete oben offene Grotte im Berg, die von einem großen Til oder Stinklorbeer (*Ocotea foetens*) ausgefüllt wird, einem typischen Baum des Lorbeerwaldes. Dieser Baum ist etwa 80 Jahre alt und hat einen Vorgänger ersetzt, der bereits von den Ureinwohnern El Hierros, den Bimbachen, als heiliger Baum verehrt wurde. Ringsum sind Sammelbecken namens Albercas in eine wasserundurchlässige Tonschicht gegraben, die ermöglicht, dass sich das Wasser in einer Art Quellhorizont ansammelt und die Becken füllt. Die Grotte ist kühl und schattig, so dass die vom Meer herauf streichende warme Luft sich abkühlt und die Feuchtigkeit kondensiert. Der Baum und die Bodenvegetation der Umgebung ebenso wie der schüttere Baumheidebestand des Umfeldes kämmen Feuchtigkeit aus der Wolke, die sich nieder-

Árbol Garoë – der heilige Baum in der Nische des Berges soll einst die ganze Insel mit Wasser versorgt haben.

schlägt und in den Quellhorizont gelangt. Gibt es eine Passatwolke, verstärkt sich der Effekt. Die Situation zeigt modellhaft die Bedeutung der Vegetation für den Wasserhaushalt der Kanaren, selbst wenn die Summe der so eingefangenen Niederschläge nur in übertragenem Sinne ausreicht, um die ganze Insel mit Wasser zu versorgen – wie es historische Quellen behauptet haben. Immerhin kann hier auf einen heiligen Baum konzentriert den Besuchern der Schutz des für die Inseln so wichtigen Wassers deutlich gemacht werden. Die Bedeutung des Baumes wird durch eine Legende deutlich. Als im 15. Jahrhundert spanische Eroberer auf die Insel kamen, haben die Einwohner den Baum unter trockenem Geäst versteckt. Eine junge Frau, die sich in einen der spa-

nischen Soldaten verliebt hatte, verriet das Versteck. Sie wurde dafür später zum Tode verurteilt.

In der Grotte und ihrer Umgebung wächst das feuchtigkeitsliebende, nicht behaarte *Aichryson punctatum* mit gelben Sternblütchen, teils sehr klein, dazu in Mengen die Murray-Zinerarie *Senecio murrayi*, daneben der Makaronesische Tüpfelfarn. An den Wänden der oberen Becken gedeiht die Capitana *Phyllis nobla* (S. 96).

Amseln kommen aus der Umgebung, um die Früchte des Til zu verzehren.

Nachdem im weiteren Umfeld von elf Weideflächen nur noch eine genutzt wird, wachsen wieder Bestände der Baumheide heran. Zum Wiederentstehen des früher vorhandenen Lorbeerwaldes trägt auch die Anpflanzung von Gagelbäumen in der

Die Tidentümpel des Charco Azul bieten Lebensraum für viele Algen und Wassertiere.

Nachbarschaft bei. Die nicht-endemischen Koniferen der weiteren Umgebung werden hoffentlich früher oder später dem Lorbeerwald wieder Platz machen, dem eigentlich das ganze Gebiet gehört.

Im Gebiet unterwegs

Das Waldgebiet von **El Golfo** ① erreicht man auf der Straße, die von Valverde her kommend über San Andrés südwestwärts führt. Auf ihr fährt man nach Erreichen des Kraterrands in langen, geraden Gefällestrecken mit wenigen

Die Wachsrose *Anemonia sulcata* gehört zu den nesselnden Hohltieren, ist aber für den Menschen völlig ungefährlich.

Haarnadelkurven durch die Waldzonen bis hinunter nach La Frontera. Den **Mirador de Jinama** ② (1260 m) im Osten des Kraters erreicht man von Norden her auf der Straße von Valverde über Guarazoca. Vom Viehzüchterdorf San Andrés geht eine kleine Seitenstraße zum Aussichtspunkt. Der Abstieg führt vom Ende des Parkplatzes auf einem mit Steinen gepflasterten, aber steilen Wanderweg zur hoch gelegenen Kirche Candelaria in **Frontera** hinab. Man benötigt je nach Gangart und Aufenthalten dafür 1,5–2 Stunden, für den Aufstieg etwas mehr.

Man sollte unbedingt auch beim **Mirador de la Peña** Halt machen, wo man in einem atemberaubenden Panorama den gesamten Krater überblickt. An der weiter westlich gelegenen Eremita de la Peña aus gibt es ebenfalls einen eindrucksvollen Fußweg ③ in den Golfo hinein (nach starkem Regen im Januar 2007 vorerst nicht mehr passierbar).

Den Golfo kann man von Valverde her auf schneller Straße durch den neuen Tunnel erreichen. Der **Charco Azul** ④ ist ein unterhalb des Dorfes Los Llanillos im Golfo gelegener Badeplatz mit kleinen Naturschwimmbecken und reicher Meerestierwelt. Darüber im Steilhang Stricklava und Trockenvegetation. Westlich des Weilers Pozo de la Salud liegt zwischen Felsen **Arenas Blancas** ⑤, ein Strandabschnitt mit weißem Kalksand und manchmal reichhaltigem Spülsaum sowie Unterwassertierwelt.

Im menschenarmen Westen, land-schaftlich reizvoll gelegene, leicht gesenkte Fläche, lichter Bestand von Kanarischem Wacholder mit teilweise uralten Bäumen, durch Windschur und Beweidung geprägt.

Der Sabinar an der Westspitze der Insel ist ein auf den Kanarischen Inseln einzigarti-ger Bestand des Kanarischen Wacholders *Juniperus turbinata* ssp. *canariensis* in menschenferner Umgebung. Der Einfluss des vulkanischen Untergrunds, der Bewei-dung und des stetigen starken Passat-windes hat die teils Hunderte von Jahren alten Bäume zu beeindruckenden Gestal-ten geformt. Die Stämme liegen vielfach gewunden am Boden. Der dichte Flech-tenbewuchs an Mauern, Sträuchern und

Bäumen untermalt das Bild der ehrwürdi-gen Baumgestalten. In der Umgebung dehnt sich viele Quadratkilometer groß ein ehemals intensiver als Gemeindeweide (»Dehesa«) genutztes Ödland. Der Weg dorthin führt über die Cumbre und den höchsten Kraterrand mit ihrer kargen Vegetation oder im Süden auf gut ausge-bauter Forststraße und über eine 3 km lan-ge Piste meist durch Kiefernwald, dem man die Spuren jüngerer Waldbrände deutlich ansieht.

Pflanzen und Tiere

Die windgepeitschten und heute kaum noch für Weidezwecke genutzten, leicht abschüssigen Flächen der Dehesa sind von niedrigen Zwergsträuchern, die fast aus-schließlich aus einer Thymian-ähnlichen *Micromeria*-Art bestehen, fast flächende-

Die menschenleere Landschaft von El Julán wird oft von Wolken überschattet.

ckend besiedelt. Die windzerzausten Wacholderbäume des Sabinars stehen randlich einzeln, im Zentrum dichter. Der Bestand ist streckenweise von einem undurchdringlichen Dickicht aus dem stachligen Krapp *Rubia fruticosa*, der Französischen Zistrose *Cistus monspeliensis*, dem »Verode« (*Kleinia neriifolia*, S. 57) und der Stumpfblättrigen Wolfsmilch (*Euphorbia obtusifolia*, S. 153) umgeben. Relativ selten findet man an geschützten Stellen andere Florenelemente, wie z. B. einen violett blühenden Kreuzblütler, den die Einheimischen »Alheli montuño« (Gattung *Erysimum*) nennen. Er ist mit dem Teidelack verwandt. Überall verbreitet ist – auch im Lorbeerwald und im Kulturland – die im Februar mit weißem Blütenflor imponierende Murray-Zinerarie *Pericallis murrayi* mit großen, gezackten, unterseits weißfil-

Felsenhühner sind von Jägern als Jagdwild eingeführt worden und werden weiterhin freigelassen.

zigen Blättern. Die Stumpfblättrige Wolfsmilch entwickelt in besser windgeschützten Zonen wahre Prachtexemplare.

Kot und Kratzspuren zeigen die Anwesenheit von Wildkaninchen, die wahrscheinlich in mancher Hinsicht das Weidevieh erset-

Alter Kanarischer Wacholder *Juniperus turbinata* im Sabinar, über Jahrhunderte geformt durch Wind und Wetter.

zen. Die für die Cumbre genannten Vogelarten beobachtet man auch im Sabinar. Die scheuen Felsenhühner waren bis vor einiger Zeit von El Hierro kaum bekannt. Sie sind vor Jahren zu Jagdzwecken hier angesiedelt worden. Man trifft die Vögel u. a. an den offenen Hängen des Golfo. Die Population scheint sich vergrößert und ausgebreitet zu haben. Natürlich sind auch Turmfalken zu beobachten, geradezu ein Charaktervogel in vielen Lebensräumen der Insel. Ein Amselnest fand sich in einem riesigen alten Wacholder gleich beim Parkplatz.

Im Gebiet unterwegs

Zum Sabinar ⑦ gelangt man von Valverde oder Frontera her auf recht guter Piste entlang der Cumbre ⑥. Etwa am höchsten Punkt der alten Straße zwischen Frontera und Valverde beginnt mitten im Wald eine westwärts gerichtete Piste, die mit »El Sabinar« und »La Dehesa« sowie mit »Eremita de los Reyes« ausgeschildert ist.

Sie ist gut zu befahren und führt in schwachem Gefälle und mit wenigen Kurven durch eine Bergregion mit geringem Bewuchs. Man passiert den Malpaso, den mit 1501 m höchsten Berg der Insel. Von einem Parkplatz am Ende der Piste aus überblickt man Teile der Dehesa und des Sabinars ⑦. Hier gibt es auch eine Info-Tafel.

Alternative Strecke: Parallel unterhalb im südexponierten Steilhang ab **Hoya del Morcillo** eine kurvenreichere, aber gut ausgebaute Teerstraße ⑧. Sie führt oberhalb von **El Julán** vorbei, einer einsamen Finca, in deren Umgebung sich berühmte Felszeichnungen und Siedlungsreste der Ureinwohner befinden (Los Letreros; für Zugang Genehmigung erforderlich). Die Region ist schwer aufzufinden und zu Fuß über einen jeweils mehrstündigen Ab- und Aufstieg etwa 4 km westlich von Hoya del Morcillo zu erreichen. Der Fahrweg war im Frühjahr 2007 gesperrt, das dortige Centro de Visitantes offenbar geschlossen.

Sabina – der Kanarische Wacholder

Der Sabinar hat seinen Namen von der spanischen Bezeichnung des Wacholders – Sabina. Die Art wurde zeitweise als *Juniperus phoenicea* geführt, sie wird jetzt aber als eigene Art und Unterart *Juniperus turbinata* ssp. *canariensis* bezeichnet. Der Artname *phoenicea* (griech.-lat. purpurrot) leitete sich von den roten Beerenzapfen ab. Das Wort *turbinatus* bedeutet soviel wie verdreht. Wacholder sind Nadelbäume. Bei Arten wie dem Kanarischen Wacholder sieht man das nicht mehr, weil sie ihre Nadeln zu Schuppen reduziert haben – nur die Jungpflanzen haben noch richtige Nadeln. Eigentlich gehört der Wacholder auf den Kanaren in den südexponierten Übergangsbereich zwischen Trockenzone und Wald. Auf La Gomera gibt es im Nordwesten ausgedehnte Bestände, die – immer als Einzelbäume mit reichlichem Abstand – ganze Hänge bedecken können. Anderswo auf den Inseln sind die Wacholder wegen ihres sehr begehrten und harten Holzes ausgerottet worden. Der Kanarische Wacholder ist von der kanarischen Regierung als Symbolbaum für die Insel El Hierro ausgewählt worden. Er ist zusammen mit den Rieseneidechsen und dem Leuchtturm sogar in das Wappen des Inselwestens aufgenommen worden.

Jüngere Lavaflächen mit Stricklava, Lavatunneln und vielen anderen sehenswerten Lavaformen; Vulkankegel aus Lapilli. *Aeonium valverdense*, strauchförmiger Kanaren-Ampfer und Schizogine als Pionierbewuchs. Interessante Küstenformationen.

La Restinga liegt an der Südspitze der Insel im meist trocken-sonnigen Wetterbereich, ist allerdings kräftigen Winden ausgesetzt. Es war früher ein kleiner Fischerhafen mit etwa 20 m langem Sandstrand, scheint aber derzeit mit Yachthafen und raschem profitorientiertem Ausbau einen Weg zum industriellen Tourismus zu gehen. Der Ort liegt in einem Gebiet junger vulkanischer Aktivität. Einige Vulkankegel in der Umgebung bestehen fast nur aus Lapilli. Die übrige Region ist mit Pahoehoe-Lava (s.S. 14) bedeckt. Hier finden sich die erstaunlichsten Oberflächenformen, wie sie beim Erkalten der ehemals flüssigen Lava zustande gekommen sind. Man versucht, der entstandenen Formenvielfalt durch eine Reihe vergleichender Bezeichnungen Herr zu werden: Fladenlava, Kissenlava, Stricklava, Gekröselava. Die ersten beiden Formen haben eine relativ glatte Oberfläche. Bei den folgenden sind durch Stau und Verwindung kompliziertere Oberflächen entstanden. Beim Betrachten der Formen fallen einem weitere Begriffe ein: Wulstlava, Craquelé-Lava, Alte Haut-Lava. Der begrifflichen Phantasie sind keine Grenzen gesetzt.

An manchen Stellen hat sich flüssiges Magma von der oberflächlichen Kruste befreit und einen kanal- oder tunnelartigen Weg gebahnt. Das Tunneldach kann noch bestehen oder eingefallen sein. Zwischen den einzelnen Erscheinungsformen gibt es viele Übergänge.

Kissen- und Stricklava bedecken die Hänge bei La Restinga. Im Vordergrund *Aeonium valverdense*.

In die Küstenlavaflächen wird von Osten her durch den Passat weißer Kalksand aus Schalenstücken von Meerestieren eingetragen, der sich in den Ritzen und Freiflächen zwischen den Lavasystemen einlagert. Der Wind weht besonders die Ostküste entlang oft sehr heftig. Dabei scheint er in Inselnähe größere Geschwindigkeit zu entwickeln als auf dem freien Wasser.

Pflanzen und Tiere

Die Lavaflächen oberhalb des Ortes sind nicht sehr jung. Davon zeugt die Vegetation, die sich hier angesiedelt hat. Überall verteilt stehen die meterhohen Büsche des Kanaren-Ampferstrauchs *Rumex lunaria* (S. 60). Sie scheinen sich mit ihren kleinen Samen zuerst anzusiedeln und geben oft anderen Pflanzen Schutz. In ihnen oder an sie angelehnt findet man manchmal die im Sommer blattlosen Skelette des sukkulenten »Verode« *Kleinia neriifolia*. Als kletternder Strauch hat sich ebenfalls die Hörnerranke *Periploca laevigata* (S. 118) eingefunden, ein giftiges Schwalbenwurzgewächs, aus dessen beiden hornförmigen Fruchtkapseln im Sommer Flugsamen entlassen werden. Als besonders ansehnliches Florenelement tritt in den Lavaformationen *Aeonium valverdense* auf, dessen sukkulente Blattrosetten sich in der Sommerdürre orange färben – ein Hierro-Endemit.

Im Gebiet unterwegs

La Restinga ⑪ ist vom Flughafen aus in einer Stunde (etwa 45 km) mit dem Wagen erreichbar. Donnerstags fährt auch ein Bus. Etwa 1 km vor Restinga liegen an der Straße unübersehbar ausgedehnte Felder mit auffälligen Lavaformationen ⑨. Etwas ältere Lava mit glatterer Oberfläche findet man in einer Haarnadelkurve an der Abzweigung der westwärts führenden Piste nach Tacorón ⑩. Sehr lohnend ist auch ein Gang in der Küstenlava westlich Restinga ⑪. Nach einigen hundert Metern sieht man rechter Hand einen Steilabfall mit Höhlen und sich herab windenden wurzelartigen Stricklavaformationen. Eine zweite solche Steilstufe liegt etwa 500 m weiter dicht an der Felsküste. Hier findet man eine fast ganz von einem »Conchero« ausgefüllte Höhle: ein vielleicht prähistorischer Abfallhaufen aus Schalen von Napfschnecken.

Rieseneidechsen

»Lagarto gigante del Hierro« – so nennen die Einheimischen nicht ohne Stolz diese schon beinahe ausgestorbene Rieseneidechse. Große Eidechsen hat es in erdgeschichtlich früherer Zeit auch auf anderen Inseln gegeben. Auf Gran Canaria und El Hierro sind die lebenden Vertreter am längsten bekannt. Man muss sich unter einer Rieseneidechse heute nichts wirklich Riesiges vorstellen. Die wirklich großen Eidechsen, die bis zu 1,40 m lang wurden, sind längst ausgestorben und nur noch in Gestalt fossiler Knochenfunde nachweisbar. Der Streit, ob heute eine Rieseneidechse 40 oder 50 oder 80 cm lang werden kann, ist müßig. Ein altes Männchen der Hierro-Rieseneidechse *Gallotia simonyi* tut sich nicht so sehr durch die Länge hervor, sondern durch den kräftigen Körperbau. Die Tiere können wohl 5 cm dick und 30 Jahre alt werden, und das ist schon etwas für eine Eidechse.

Die Hierro-Rieseneidechse ist seit dem 15. Jahrhundert in alten Chroniken erwähnt worden. Seit 1779 ist sie für den kleineren Felsen der Roques de Salmor bekannt, auf dem sie später ausgerottet, neuerdings aber wieder angesiedelt wurde. Seit 1974 weiß man, dass in den fast unbegehbaren Felswänden oberhalb der Punta Grande in Felsspalten und unter Steinen eine Population überlebt hat. Sie wurde zunächst auf 100–200 Individuen geschätzt, scheint aber etwas größer zu sein. Inzwischen wird diese Population einer anderen Unterart zugeordnet als diejenige, die auf dem Roque de Salmor gelebt hat.

Die Männchen sind wie üblich länger und kräftiger als die Weibchen und dunkel gefärbt. An den Flanken tragen sie zwei Reihen großer blassgelber Flecken, die zur Paarungszeit im Frühjahr leuchtkräftiger werden. Die Tiere erreichen etwa 60 cm Länge. Nach einer Winterruhe ernähren sie sich im Frühjahr hauptsächlich von Knospen und Blüten, sind aber auch sonst überwiegend Pflanzenfresser und leiden unter der Konkurrenz der Ziegen. Die Jungtiere fressen mehr Insekten. Die Weibchen legen nur maximal 13 Eier in eine Höhle, aus denen die Jungen nach zwei Monaten schlüpfen. Heute bemüht man sich darum, eine Population in menschlicher Obhut zur Fortpflanzung zu bringen, was 1986 zum ersten Mal gelang. Inzwischen sind schon einige Hundert der Tiere an verschiedenen Stellen auf der Insel freigelassen worden, auch einige Dutzend auf dem kleineren Salmor-Felsen.

Direkt beim Ecomuseo de Guinea im Golfo, einem Ethnografischen Museum mit alter Guanchen- und Bauernhauskultur ab dem 17. Jahrhundert, besteht das Lagartario aus einem Gebäude mit mehreren Schauterrarien und Forschungseinheiten. Hier gibt es geführte Besichtigungen in spanischer Sprache, die dem Besucher die großen Eidechsen nahe bringen. Die frei lebenden Populationen stehen unter strengem Schutz.

Seit 1999 ist bei Valle Gran Rey auf La Gomera eine weitere Population von Rieseneidechsen mit weißer Kehle und hell gefleckter Unterseite bekannt, die *Gallotia gomerana* genannt wird. Die Forschungs- und Zuchtstation hinter dem Fußballplatz an der Playa del Ingles bei Playa de Valle Gran Rey war im Frühjahr 2007 noch nicht öffentlich zugänglich, soll aber später für das Publikum geöffnet werden.

Im Juni 1995 wurde an unzugänglichen Felshängen des Tenogebirges auf Teneriffa eine weitere Rieseneidechsen-Population entdeckt, deren Vertreter *Gallotia intermedia* genannt werden. Sie tragen Reihen kleiner gelber und blauer Fleckchen an den Körperseiten. Schon lange sind die Rieseneidechsen von Gran Canaria *Gallotia stehlini* bekannt, die dort häufig und verbreitet sind. Diese Tiere können 50 cm, ja sogar bis zu 80 cm lang werden und zeichnen sich durch ein orangefarbenes Kehlfeld aus (S. 175). Die Art wurde auch an zwei Stellen auf Fuerteventura eingeschleppt.

Die Rieseneidechse von El Hierro – lange Zeit ein sagenumwobenes Rätseltier, bis sie vor Jahrzehnten wieder entdeckt wurde.

Diese Lavaform könnte
man als Gekröselava bezeichnen.

Kissenlava soll
beim Abkühlen unter Wasser entstanden sein.

Typische Stricklava lässt die Drehung
der erkaltenden Lavawülste noch erkennen.

Versteinerte Landschaft, vorn Stricklava.

»Wulstlava«: Wenn sich solche Lavawülste
drehen, entsteht Stricklava. Rechts *Aeonium
valverdense*.

Hier ruht ein kleiner Lavastrom in seinem
steinernen Grab.

Gran Canaria ist eine große und vielfältige Insel. Man könnte sie deshalb wie Teneriffa einen eigenen Kontinent im Kleinformat nennen. Ihr Umriss ist unregelmäßig gerundet, die höchste Erhebung liegt mit dem **Pico de las Nieves** (1949 m) im Zentrum. Vom zentralen Bergland aus fällt die Insel in alle Richtungen mäßig bis zum Meer ab. Dieser abfallende Schild ist wie bei La Gomera durch viele tief eingeschnittene Barrancos radiär zerteilt, besonders in Richtung Süden und Osten. Hier gibt es zudem Küstenebenen unterschiedlicher Ausdehnung. Nord- und Westküste dagegen stürzen steil ins Meer. Die Insel ist wie alle anderen Kanaren vulkanischen Ursprungs. Sie hat ein Alter von etwa 14,5 Millionen Jahren. Die jüngste Ausbruchsperiode soll bereits mehr als 3000 Jahre zurück liegen – wenig im Vergleich zum Alter der Insel, aber viel im Vergleich zu den anderen westlichen und zentralen Kanaren.

Besonders im feuchtkühlen Norden ist Gran Canaria fruchtbar und grün und wird intensiv landwirtschaftlich genutzt. Hier ist noch Oberflächenwasser vorhanden. In den Hochlagen der bewaldeten Bergzonen können die Niederschläge mehr als 2000 mm im Jahr erreichen. Sie kommen heute aber nur zum kleinen Teil dem Grundwasser zugute, weil das meiste Wasser vom Menschen abgeleitet und verbraucht wird. Die Landwirtschaft ist heute allerdings vielerorts wieder im Rückgang. Ehemaliges Agrarland verwildert auf großer Fläche.

Das Inselzentrum ist hochgelegen und wird von wildromantischen Bergspitzen

Ein vielgestaltiges Bild – vom Waldland zur vulkanischen Verwitterungslandschaft.

überragt. Regional sind ausgedehnte Kiefernwälder erhalten, die jedoch immer feuergefährdet sind. In den subalpinen Lagen beherrschen Ginsterbestände das Bild. Im trocken-heißen Süden wechseln steile Felsküsten mit tief eingeschnittenen Barrancos, doch gibt es auch sanft abfallende Hänge, die früher landwirtschaftlich genutzt wurden. Die Küste ist durch teils großstädtische Feriensiedlungen und durch ausufernde touristische Urbanisationen stark geprägt, die noch weiter wachsen. Das einmalige Dünengebiet von Maspalomas wird allseits von modernen vielsternigen Hotels und großflächigen Bungalowsiedlungen belagert. Es steht formal unter Schutz, ebenfalls die zugehörige Lagune, die als sich wieder erholendes Rast- und Brutgebiet für Wasservögel geschützt wird. Das ganze Gebiet steht trotz dieser Schutzbestrebungen unter heftigem Nutzungsdruck durch den Menschen.

Die Insel ist dicht besiedelt, der ganze Norden regelrecht zersiedelt. Überall setzen sich auch in der Pflanzenwelt Fremdelemente durch. Dennoch lugen hier und dort die heimischen Endemiten hervor. Die Arten haben sich erhalten, wenn auch teilweise in kleinen Populationen. Verheerend ist der Eindruck der östlichen Küstenebene. Hier wechseln auf etwa 40 km Strecke Industrieansiedlungen, Intensivkulturen, Müll und zerstörte Landschaft.

Dennoch kann man auf Gran Canaria die Natur suchen und finden. Um die wertvollen Reste zu schützen, hat eine interdisziplinäre Arbeitsgruppe des Botanischen Gartens Viera y Clavijo im Auftrag der Regionalregierung 64 Naturschutzgebiete vorgeschlagen.

Neben dem erhaltenen Reichtum an Lebenserscheinungen und Landschaften bietet die Insel auch viele vorgeschichtlich bedeutsame Stätten. Gran Canaria ist von den vorspanischen Ureinwohnern »Támaran« genannt worden. Noch heute tragen die Früchte der Kanarischen Dattelpalme dort diesen Namen, ebenso eine neu beschriebene Drachenbaumart. Den besten Überblick über den hohen Stand der Steinzeitkultur mit Vergleichen zwischen den Inseln bietet das Museo Canario in Las Palmas. Aber es gibt auch in der Landschaft viele und zunehmende Versuche, der Geschichte gerecht zu werden.

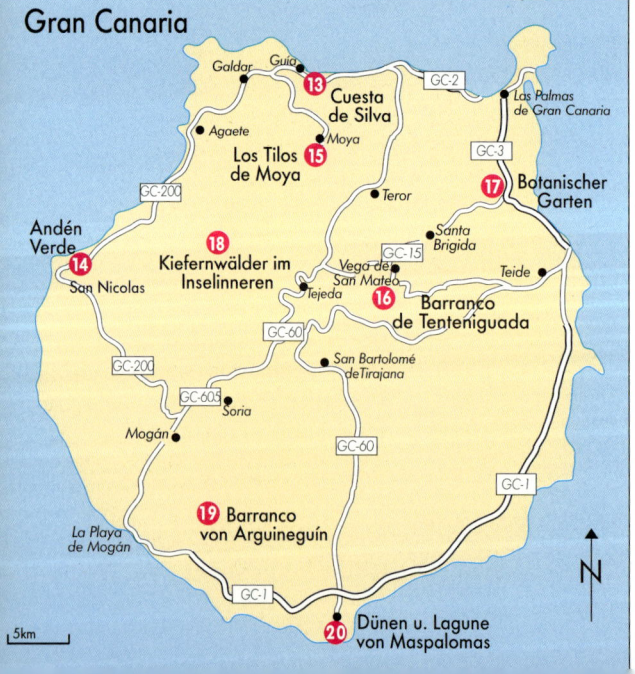

Praktische Tipps

Anreise

Der Flughafen Aeropuerto de Las Palmas (Gebäude 2007 im Ausbau) in der östlichen Küstenebene wird von internationalen und nationalen Fluglinien stark frequentiert. Mit Taxi oder Autobus erreicht man von hier aus in weniger als einer halben Stunde die Hauptstadt Las Palmas de Gran Canaria, wo man je nach Saison günstiger Autos mieten kann als auf dem Flughafen. Am besten bucht man jedoch schon vorher über ein Reisebüro oder im Internet. Die belebte Autobahn führt einen schnell bis Puerto Rico im Südwesten und Agaete im Nordwesten. Fährverbindungen gibt es zwischen Las Palmas de Gran Canaria und Morro Jable und Puerto del Rosario auf Fuerteventura und mit Arrecife auf Lanzarote. Eine weitere Fähre verkehrt zwischen Puerto de las Nieves bei Agaete und Santa Cruz de Tenerife. Kostenlose einfache Karten der Insel mit Stadtplänen bekommt man bei den Autovermietern. In den Buchhandlungen und Kiosken ist die empfehlenswerte Kompass-Wanderkarte ISBN 9783854911142 erhältlich (dazu Wanderführer).

Verkehr

Das **Straßensystem** ist recht gut ausgebaut, der Verkehr rege. Besonders verkehrsreich sind die Innenstadt von Las Palmas und die Autobahnen, auf denen einen zur Rushhour schon einmal kilometerlange Staus erwarten. In den Bergen gibt es einspurige Pisten oder schmale Straßen (mit Ausweichplätzen), deren Benutzung nur mit Geländewagen oder Pkws mit guter Bodenfreiheit anzuraten ist.

Die **Busverbindungen** sind gut entwickelt und starten vom Busbahnhof (Estación de Guaguas) an der Avenida Maritima del Norte nahe dem San Telmo-Park in Las Palmas. Hellblaue und grüne Busse der Firma GLOBAL decken den gesamten Verkehr in Stadt und Land ab. In den Info-Büros und am Busbahnhof erhält man einen Faltplan für die südlichen (Nr. 1-91) und einen für die nördlichen Buslinien (Nr. 101-334). Die Linien zwischen den größeren Städten und den Touristenorten verkehren 1- bis 3-mal pro Stunde, während einige der nördlichen Buslinien nur spärlich und zu ungünstigen Zeiten fahren. Linie 60 verbindet von 6.00 Uhr morgens bis 2.00 Uhr nachts zweimal pro Stunde den Flughafen mit Las Palmas.

Unterkunft

Auf Gran Canaria ist es je nach Saison nicht immer leicht, Unterkunft zu finden. Man bucht besser von zu Hause aus über ein Reisebüro oder im Internet. Die besten Chancen hat man noch in Las Palmas. Doch ist auch im Bereich der Tourismuszentren ein wachsendes Angebot an nicht über Veranstalter vermieteten Appartements und Pensionszimmern vorhanden. Auch das System des Turismo rural entwickelt sich auf dem Lande rasch. Man beachte Schilder an den Straßen. Um privat vermietete Unterkünfte zu finden, lohnt es sich auch, im Supermercado, in der Tankstelle oder einfach Einheimische auf der Straße zu fragen. Fincas und Landhäuser findet man unter
www.ecoturismocanarias.com/grancanaria/de/.

Zone oberhalb der Nordküste entlang einer alten Straßenführung, mit reichhaltiger Trockenvegetation; im unteren Teil noch unter Einfluss des Meeres; im Frühjahr wie ein blühender Steingarten; reiche Insektenwelt; Spuren prähistorischer Besiedlung.

Die neue Küstenstraße im Norden der Insel durchschneidet mit Tunneln die Felsmassive und überspannt mit Brücken die Taleinschnitte, wo die alte Straße sich in vielen Kurven mühsam an den Felsen entlang durch die Barrancos wand. An der **Cuesta de Silva** ist ein kurzes Stück der alten Straßenführung erhalten geblieben. Bergwärts erstreckt sich hier oberhalb eines mit Kameraschild bezeichneten Fotostopps ein mäßig steiler Hang, der am oberen Rand durch Felsformationen mit kleinen Höhlen begrenzt wird. Die Erde ist geschichtsträchtig. Man kann am Berggipfel u.a. schwarz glänzende Stücke des vulkanischen Glases Obsidian (s.S.53) finden, das von Menschen in vorgeschichtlicher Zeit zur Werkzeugherstellung hierher gebracht worden ist.

Pflanzen und Tiere

Der Abhang oberhalb des Aussichtspunktes ist ein wahrer botanischer Garten. Er ist mit einer knie- bis hüfthohen Strauchvegetation so licht bestanden, dass man beinahe überall bequem gehen kann – teilweise wohl noch Folge früherer Bewei-

Cuesta de Silva ist das Zauberwort für eine reichhaltige Vegetation mit vielen überraschenden Funden.

dung, die durch die Kaninchen und Rieseneidechsen noch in Resten fortgeführt wird. Im unteren Teil überwiegen trotz einer Entfernung von Hunderten von Metern zur Küste (s.S. 63f.) noch Salzpflanzen. Zur Pflanzenwelt der Küste gehören: Die Nymphendolde *Astydamia latifolia* mit leuchtend grünen, gelappten und sukkulenten Blättern, der kleine Zwergstrandflieder *Statice pectinata*, dazu die bodendeckende Eisblume *Mesembryanthemum crystallinum*, übersetzt Kristall-Mittagsblume genannt, das damit verwandte Kanarische Flachkraut *Aizoon canariense* und *Beta*-Arten aus der Familie der Gänsefußgewächse. Dieser Einfluss vermindert sich aber bald. Feuchtere und trockenere Bedingungen wechseln nach oben hin in engräumigem Mosaik. Als Pflanzen, die durch die Hand des Menschen hierher gelangt sind, trifft man Agaven, zwei Arten Opuntien, Mimosen, Begonien, den Klebrigen Alant *Inula viscosa*, die Milchdistel *Galactites tomentosa* und den Gelben Sauerklee *Oxalis cernua* (S. 31) an.

Einige Sträucher bestimmen den Landschaftseindruck am stärksten: der Dornlattich *Launaea arborescens* (S. 193), der stachlige Bocksdorn *Lycium intricatum*, die Balsam-, die Stumpfblättrige und die Blattlose Wolfsmilch (*Euphorbia balsamifera, Eu. obtusifolia, Eu. aphylla*), der sukkulente »Verode« *Kleinia neriifolia* und der Ampferstrauch *Rumex lunaria*, daneben der kletternde Krapp *Rubia peregrina* und der Natternkopf *Echium decaisnei* (S. 159). Mit weißen Blütenstrahlen prangt *Argyranthemum canariense*, der großblättrige Kanarische Salbei *Salvia canariensis* trägt im Frühjahr rotviolette Blütenstände (S. 167). Das Kanaren-Sonnenröschen *Helianthemum canariense* ist ein am Boden kriechender Zwergstrauch mit kleinen grauen Blättern.

Die Braune Fensterpflanze *Ceropegia fusca* wirkt wie ein in den Boden gestecktes Stockbündel (links); daneben *Aeonium virgineum*.

Zwischen den Sträuchern ist genügend Raum für krautige Pflanzen. Die charakteristischen Blätter von *Arisarum vulgare*, einer Aronstabart, bedecken teilweise den Boden, sind aber im Frühjahr bald vertrocknet. Dominierend in den oberen schattigeren Zonen ist die großblättrige Zinerarie *Pericallis webbii* mit ihren manchmal purpurfarbigen, manchmal blassrosa Blütenständen (S. 139). Unter den Einkeimblättrigen ist die auffälligste Art der hüfthohe, mit großen weißen Blütensternen gespickte Kleinfrüchtige Affodill *Asphodelus microcarpus* (S. 149). Nicht selten sieht man den kleinen, violett blühenden oder eine Reihe schwärzlicher Früchte tragenden Kanarischen Blaustern *Scilla haemorrhoidalis*. Daneben finden sich fruchtende Individuen des Schweifblatts *Dipcadi serotinum*, eines Liliengewächses (s.S. 220). Unter den Gräsern dominiert die grobe *Hyparrhenia hirta*. Hin und wieder gedeihen Nester einer unscheinbaren, sehr früh blühenden Orchideenart: Kanarenstendel, *Habenaria tridactylites* (S. 72), deren Blätter allerdings von Kaninchen abgefressen werden. Man sucht sie am besten auf den Felsblöcken.

Die Felsen sind sonst mit einem Teppich bunter Flechten bedeckt, darunter die hängende dunkelbraune Strauchflechte »Orchilla«.

Auf den Felsen oder steinigen Partien wächst häufig das große, verzweigte *Aeonium percarneum*, weiter oben im Hang dominiert *Aeonium virgineum* mit seinen weichfilzigen, bodenständigen oftmals gelbrosafarbigen Rosetten und prächtigen gelben Blütenständen. Als weiteres Fettblattgewächs kommt der auch aus Europa bekannte Venusnabel *Umbilicus horizontalis* vor, an dessen runden Blättern der Stiel in der Mitte ansetzt. Neben den Aeonien siedelt an wenigen Stellen eine Pflanze, die nur aus ein paar grauen, in den Boden gesteckten Stöcken zu bestehen scheint: die Braune Fensterpflanze

Ceropegia fusca, die Gleitfallenblumen ausbildet.

Wenn man sich von der Vielfalt nicht verwirren lässt, dürfte die Cuesta de Silva eine hervorragende, vielseitige und noch weitere Überraschungen bietende Einführung in die Pflanzenwelt von Gran Canaria garantieren.

Brillengrasmücke, Kanaren-Zilpzalp und Kanarenpieper (S. 48) siedeln in der Vegetation. Der Weidensperling repräsentiert den Einfluss des Menschen aus der Nachbarschaft. Kolkrabe (S. 120) und Mäusebussard beherrschen den Luftraum. Zahlreiche Kaninchen hinterlassen überall Spuren. Der Weidebetrieb mit Ziegen

Das kleine Aronstabgewächs *Arisarum vulgare* kann man auch in Südfrankreich finden.

Der Weidensperling – hier ein Männchen – ist ein Kulturfolger, er kommt also nur in Siedlungen oder ihrer Nähe vor.

Der träge Ölkäfer *Meloë tuccius* ist flugunfähig.

Cuesta de Silva, Andén Verde

0 1 2 3 4 5 km

N

Pico del
Gáldar
△434 m

Gáldar

San Felipe Costa

Bañaderos

GC-2

Los Palmas

Guía

Gallego △
398 m

13

Barranco
de Moya

**Cuesta
de Silva**

Barranco Hondo

Agaete

Barranco de Agaete

3

Barranco Guayedra

GC-200

Barranco
de Palo

**Andén
Verde** **14**

El Risco

Tamadaba
1444 m

Barranco Grande

Barranco del Risco

Mirador
del
Balcón 4

Blanca
693 m

5

scheint in jüngerer Zeit keine Rolle mehr zu spielen. Rieseneidechsen (s. S. 175) huschen davon, wenn man sich nähert. Am Boden liegen viele weiß gebleichte Schneckenschalen, die verschiedenen Arten angehören. An Insekten gibt es Libellen, Schmetterlinge, Bienen, Ameisen und verschiedene Käferarten, darunter einen Siebenpunkt (*Coccinella* spec.). Ein großer, schwarzer, flugunfähiger Ölkäfer mit kurzen Flügeldecken und dick aufgeblähtem Hinterleib, *Meloë tuccius* genannt, gehört der eigenartigen Käferfamilie der Meloiden an. Die großen Weibchen fressen unersättlich an Blättern, um später 2000 – 10 000 Eier in die Erde abzulegen. Die daraus schlüpfenden Larven, Dreiklauer genannt, sind sehr lebhaft und klettern auf Blumen hinauf, wo sie sich mit ihren Klauen an Blüten besuchenden einzeln lebenden Bienen festhalten und in ihre Nester mitschleppen lassen. Sie fressen dort als Brutparasiten Eier, Nektar und den Pollen-

vorrat. Da dieser ganze Vorgang ziemlich riskant ist, müssen sehr viele solcher Larven erzeugt werden. Die fertigen Käfer sind auffällig träge und durch giftige Sekrete gegen den Zugriff von Feinden geschützt.

Im Gebiet unterwegs

Bei **Costa** ① zweigt von der Hauptstraße (GC-2) die alte, aber gepflegte Straße entlang der **Cuesta de Silva** in die Berge ab. Sie erreicht nach wenigen Kilometern östlich von Guía wieder die Schnellstraße. Bei Regen ist diese Nebenstrecke wegen Steinschlaggefahr gesperrt. Direkt an der Straße liegt ein sehenswertes Höhlensystem der Ureinwohner, der **Cenobio de Valerón** (S. 38). Kurz danach erreicht man einen als Fotostopp gekennzeichneten Aussichtspunkt ② mit schmalem Parkstreifen und prächtiger Sicht auf die Küste.

Dekorativ: Der Ampfer *Rumex vesicarius* kommt aus dem Mittelmeergebiet.

Hoch aufragende steile Küstenfelsen; an feuchten und sonnengeschützten Stellen reiche Vegetation eigener Prägung mit Lokalendemiten, die seltensten unerreichbar in den höchsten Klippen; großartige Aussicht auf Meer und Küste.

Eine der spektakulärsten Straßen der Insel ist die westliche Küstenstraße zwischen Agaete und San Nicolás. Sie bietet atemberaubende Ausblicke in die Barrancos, zu den von Kiefern bestandenen Gipfeln hinauf und auf die Küste hinab, bei guter Sicht auch hinüber nach Teneriffa. Wegen der Beschattung, Feuchtigkeit und

der fehlenden Beweidung ist bei Andén Verde eine besonders formenreiche Vegetation entwickelt und erhalten, die man teilweise von der Straße aus, in der Nähe der Aussichtspunkte auch im Gelände erkunden kann. Nach Charakter und Lage erinnert das Gebiet an die nördlichen Steilhänge des Teno-Gebirges (s. S. 6 off.) auf Teneriffa.

Pflanzen und Tiere

Eine der schönsten und auffälligsten Pflanzen zur Blütezeit im Februar und März ist die feuchtigkeits- und schattenliebende Zinerarie *Pericallis webbii*, deren Strahlenblüten hier fast durchweg weiß, im Lorbeerwald aber überwiegend violett sind.

Die Steilhänge des Andén Verde stürzen ins Meer hinab. Sie bergen eine reiche Flora.

Ebenso auffällig ist im Frühjahr die große Stängellose Gänsedistel *Sonchus acaulis* mit grundständiger Rosette aus langen Blättern mit stark gesägtem Rand und einem meterhoch gestielten Blütenstand aus leuchtend gelben Korbblüten. Die meerseitigen Abhänge sind von prächtigen Individuen der Kandelaberwolfsmilch (*Euphorbia canariensis*, S. 153) besiedelt, die teilweise auch andere Pflanzen beherbergen, z. B. die seltene Kanarische Gänsedistel *Sonchus canariensis* oder die häufige Hörnerranke (*Periploca laevigata*, S. 118). Oben in den Felsen wächst unerreichbar einer der seltensten Endemiten der Kanarischen Inseln, der Korbblütler »Hija de Don Enrique« (*Sventenia bupleuroides*), den man besser im Botanischen Garten in Tafira aufsucht.

In der Nähe der Aussichtsplätze auf teilweise schon wieder trockenerem und sonnigerem Untergrund ändert sich das Bild schlagartig. Hier tritt die kniehohe Blattlose Wolfsmilch *Euphorbia aphylla* in den Vordergrund. Mit leuchtend gelben strahlenden Korbblüten sind die kriechenden Zwergsträucher des Goldsterns *Nauplius stenophyllus* besetzt. Zwei *Aeonium*-Arten sind häufig: *Ae. percarneum* und *Ae. virgineum*. Ein sehr charakteristischer und verbreiteter knöchel- bis kniehoher Strauch mit dunklem Laub und gelben Schmetterlingsblüten ist die Gelbe Hauhechel *Ononis angustissima*. Ihre dreiteilig gefiederten Blätter mit gezähnten Blatträndern duften und sind klebrig. Die Steilhänge sind mit Flechten bedeckt.

Je weiter man sich nordostwärts von hier aus der Stadt Agaete nähert, desto trockener wird der Untergrund und desto monotoner die Vegetation. Dominierend ist nun das auch in Afrika vorkommende gelbliche Federborstengras *Pennisetum setaceum*, das sichtbar die Hänge von unten

Von der Zinerarie *Pericallis webbii* wächst hier die hellblütige Form.

Die Flechte Orchilla *Roccella tinctoria* liefert den Farbstoff Orseille.

nach oben erobert hat und in den Geländeeinschnitten am besten vorankommt. An Wirbeltieren gibt es nicht viel zu sehen. Die Brillengrasmücke brütet im

Gebüsch, auch die Samtkopfgrasmücke siedelt hier. Der Kolkrabe segelt die Felswände entlang, am Himmel zeigt sich zuweilen ein Mäusebussard oder auch – wenn man Glück hat – ein Wüstenfalke.

Im Gebiet unterwegs

Von Guía führt die Hauptstraße teilweise autobahnartig über Gáldar nach Agaete. Die 37 km lange küstenparallele Straßenverbindung zwischen Agaete und San Nicolás (GC-200) ist bei Regen wegen akuter Steinschlaggefahr gesperrt. Die kurvenreiche, belebte Straße ist gut ausgebaut und mit Leitplanken gesichert, deren Ausbeulungen durch Steinschlag verursacht sind. Die Busse nehmen in den Kurven die ganze Straßenbreite ein, melden sich aber durch kilometerweit hörbares Hupen an. Es gibt wenig Ausweich- und Parkmöglichkeiten, die man nicht verpassen sollte.

Von Agaete kommend passiert man bei km 41/42 den botanisch berühmten **Barranco de Guayedra** ③ mit seinem Seitenzweig Barranco de Palo, die beide in die Bergwelt des **Tamadaba-Gebirges** hinaufziehen. Bei km 53/54 geht es steil hinauf, man erreicht nun die lotrechten Hänge des **Andén Verde** ④, die vom Gipfel **Blanca** (693 m) aus fast senkrecht ins Meer stürzen. Bei dem Aussichtspunkt **Mirador del Balcón** ⑤ kann man parken.

TIPP: Der **Cenobio de Valerón** ist zu besichtigen. Eintritt 2,50 Euro 10–13 Uhr und 15–17 Uhr, nicht sonntags.

Im **Andén Verde** kann man am besten nachmittags fotografieren, da nur dann das Sonnenlicht den Steilhang erreicht.

Das hübsche Federborstengras macht sich von den Straßen aus in trockenen Lebensräumen breit.

In geringer Größe und unvollständig erhaltener einziger Lorbeerwaldrest der Insel, in einem feuchten Barranco gelegen; in der Nachbarschaft lichtere Bestände mit Baumheide und anderen Arten des Lorbeerwaldrandes; hier infolge Durchmischung mit Kulturpflanzen große Vielfalt an Vegetation und Reichtum an Vogelarten.

Die ehemals großen Bestände an Lorbeerwäldern im Norden Gran Canarias sind in historischer Zeit so rücksichtslos genutzt worden, dass heute nur noch winzige Reste verblieben sind. Ursprünglich dürfte der Lorbeerwald auf der Insel eine Fläche von etwa 250 km² eingenommen haben. Davon sind heute nur 0,2 % erhalten geblieben. Sie stehen unter dem Schutz der Regionalregierung. Man versucht, das »Ecosistema original« wieder zu entwickeln. Von den drei Teilgebieten (Los Tilos de Moya, Barranco de la Virgen und La Finca de Osorio) ist das erste am leichtesten zugänglich und war bis vor einiger Zeit am wichtigsten. Eigentlich sollte es *Los Tiles de Moya* genannt werden, weil »tiles« die Mehrzahl von til, dem dort typischen Stinklorbeer ist, während tilo der Name der Linde ist, die dort nicht vorkommt. Doch ist der Name »Los Tilos« eingebürgert.

Das Umfeld des Gebiets ist nicht nur weitgehend abgeholzt und wird durch Terrassenkultur genutzt, sondern der Grundwasserspiegel ist infolge der Ableitung des ursprünglich reichlichen Wasservorrats erheblich abgesunken. In einem Probebrunnen wurden jährliche Absenkungen um 10 m ermittelt!

An die Stelle des Lorbeerwaldes sind häufig die schnellwüchsigen Eukalyptusbäume getreten, die teils im Stangenholzstadium geschlagen und als Stützholz für Kulturen

Die Gänsedistel *Sonchus acaulis* (die »Stängellose«) heißt so, weil ihre Blattrosette direkt dem Boden aufliegt.

verwendet werden. Nur der eigentliche Kern des Lorbeerwaldes im Talgrund ist auf eine Strecke von etwa 200 m entlang der Straße erhalten. Er ist als Schutzgebiet gekennzeichnet. In diesem kleinen Bereich konnte man früher einen Eindruck davon gewinnen, wie einst der Lorbeerwald ausgesehen hat. Heute sind – vielleicht durch den Wassermangel – viele alte Bäume abgestorben und überragen als »stehendes Totholz« mahnend den restlichen Bestand. Wer als Naturfreund keine Gelegenheit hat, die besser erhaltenen Lorbeerwälder auf Teneriffa und La Palma zu sehen, für den ist dieser Rest immerhin einen Besuch wert, wenn er auch nur einen schwachen

Abglanz darstellt. Eine bessere Vorstellung liefert der Lorbeerwald im Botanischen Garten in Tafira (s. S. 151ff.).

Pflanzen und Tiere

Der Lorbeerwald ist seiner Natur nach lichtarm. Die Bäume haben dunkelgrüne, ledrige Blätter und lassen wenig Licht auf den Boden fallen. Die häufigste Baumart ist der Stinklorbeer oder »Til« *Ocotea foetens* aus der Familie der Lorbeergewächse. Man kann ihn leicht an den Blättern erkennen, die an der Basis der Blattspreite beidseitig eine auffallende drüsenartige Aufwölbung von etwa 2 mm Durchmesser tragen. Daneben steht auch der Kanarische Lorbeer *Laurus novocanariensis*. Bei ihm zeichnen sich die Blätter dadurch aus, dass an der Mittelrippe beidseitig in jeder Achsel der Seitennerven eine kleine Drüse liegt (S. 71). Man erkennt sie am besten im Durchlicht,

Die Blüten der Kanarischen Glockenblume *Canarina canariensis* sind von Vogelkrallen durchlöchert. Die Vögel ernten den süßen Nektar und bestäuben dabei die Blüten.

sie ist aber nicht bei allen Blättern ausgeprägt. Eine dritte Baumart hat weder das eine noch das andere Merkmal. Bei ihr stehen die Blätter paarweise kreuzförmig angeordnet an den Zweigen. Es handelt sich um den »Palo blanco« *Picconia excelsa* aus der Familie der Ölbaumgewächse. Ein weiterer, strauchartiger Baum mit bogenartig hängenden, grünen Zweigen heißt wegen des widerlichen Geruchs der Blätter Stinkstrauch *Bosea yervamora* und gehört zur Familie der Amaranthaceen, der Fuchsschwanzgewächse. Ökologisch gesehen besiedelt er mehr den Randbereich der Lorbeerwälder in Hanglagen, hier aber ist er in großer Dichte und in kräftig entwickelten Baumsträuchern bis 5 m Höhe anzutreffen. Von den Einheimischen wird er geschätzt, weil er Inhaltsstoffe hat, die die Geburt beim Vieh erleichtern. Seine nächsten Verwandten wachsen auf Zypern und in Südasien.

Der Unterwuchs im Lorbeerwaldrest ist stärker ausgeprägt, weil die hohen Bäume viel Licht durchlassen. Die herrliche Kanarische Glockenblume *Canarina canariensis* mit ihren rankenden Sprossen, den lang ausgezogenen gepfeilten Blättern und den im Frühjahr blühenden orangeroten Glocken ist häufig. Auch das kletternde Liliengewächs »Gibalbera« *Semele androgyna* (S. 95) in der Variation *gayae* aus der Verwandtschaft des Mäusedorns mit seinen paarig angeordneten Flachsprossen ist zu sehen. Am Straßenrand und an anderen lichten Stellen blühen violett die meterhohe Zinerarie *Pericallis webbii* und gelb die große Wollgänsedistel *Sonchus canariensis* sowie die noch mächtigere Baum-Gänsedistel *Sonchus congestus*. Am Rand des Bestands kommen auch der Gagelbaum *Myrica faya* mit seinen schmalen, gesägten Blättern, die Baumheide *Erica arborea*, das verholzte Kanarische Johanniskraut *Hyper-*

icum canariense sowie große Individuen des Kanarischen Ampferstrauchs (*Rumex lunaria*, S. 60) vor.

Im benachbarten Kulturland herrscht eine Vielfalt an Strukturen und eine noch größere Vielfalt von Arten. Wäre hier geschlossener Lorbeerwald, würden nur einige Baumarten das Bild beherrschen. An Baumarten findet man vereinzelte Kanarische Lorbeerbäume, den »Palo blanco«, Gagelbäume, Baumheide und Kanarische Stechpalmen *Ilex canariensis*. Kulturpflanzen wie Walnuss *Juglans regia* und viele andere sind eingemischt. Die Strauchschicht bilden der Schneeball *Viburnum tinus* und zwei Arten von strauchigem Johanniskraut (*Hypericum canariense, reflexum*).

Feuchter Felsuntergrund wird von einigen kanarentypischen Farnarten besiedelt: Der Krugfarn *Davallia canariensis* mit seinen Wurzelstöcken findet sich außer auf Gomera auf allen Kanarischen Inseln, ebenso der hübsche Gold-Schriftfarn *Ceterach aureum* (nicht auf Fuerteventura). Sehr schön ist auch der Kanarische Engelsfarn *Polypodium macaronesicum*, dessen Blattfiedern zugespitzt sind. Dazu gesellt sich wieder ein typisches Fettblattgewächs, das stachelhaarige *Aichryson laxum* (S. 106). Nur am fließenden Wasser kommt als weiterer Farn das bekannte Venushaar vor. Eine grün blühende, unscheinbare Orchidee namens *Gennaria diphylla*, den Zweiblättrigen Grünstendel, kann man an feuchten, schattigen Standorten gleich kolonieweise neben dem Pfad finden (S. 72).

Im Lorbeerwald gibt es viele Vögel, aber wenige Arten. Hier besteht eine dichte Population von Gran Canaria-Rotkehlchen (*Erithacus [superbus] marionae*), die je nach Jahres- und Tageszeit laut singen. Die Population ist erst kürzlich wegen großer genetischer Distanz als eigenständig gegenüber den Teneriffa-Rotkehlchen bewertet

In der Randzone des Lorbeerwaldes von Moya ist die Zinerarie *Pericallis webbii* in der violett blühenden Form häufig.

worden, obwohl die Gesänge und Rufe recht ähnlich zu sein scheinen. Amseln, Buchfinken und Teneriffa-Blaumeisen (S. 106) sind häufig. Nicht selten lassen sich auch tagsüber Laubfrösche *Hyla meridionalis* hören. Am kleinen Teich ruft der Iberische Seefrosch *Rana perezi*. Im weiteren

Der Monarch *Danaus plexippus* ist der größte kanarische Schmetterling.

Der Iberische Seefrosch *Rana perezi* hat eine laut keckernde Stimme.

Gebiet fliegen Mäusebussarde, Turmfalken und Einfarbsegler über dem Tal, Amsel, Kanaren-Zilpzalp, Teneriffa-Blaumeise, Rotkehlchen, Mönchs- und Samtkopfgrasmücke, der Kanarengirlitz, der Girlitz, der Stieglitz und der Weidensperling (S. 136) sind häufig. Der Buchfink kommt hier auf Gran Canaria in der gleichen Unterart *Fringilla coelebs tintillon* vor wie auf Teneriffa und La Gomera. An offenem Wasser stellt sich die Gebirgsstelze ein. Die sehr häufige Kanarische Glockenblume wird vom Kanaren-Zilpzalp, der Samtkopfgrasmücke und versuchsweise sogar von der Teneriffa-Blaumeise angeflogen und bestäubt. Die das Tal überfliegenden Tauben sind Felsen- und Straßentauben. Sie ersetzen auch im Lorbeerwaldrest die hier vor 100 Jahren ausgestorbene Kanarentaube. Die Gegend summt von reichem Insektenleben, besonders von Honigbienen und anderen Hautflüglern. An Schmetterlingen kommen Weißlinge und ein Admiral vor.

Im Gebiet unterwegs

Man erreicht den Ort **Moya** über mehrere Straßenverbindungen von der nördlichen Küstenstraße (GC-2) aus. Am besten ist es, die Verbindung von **Guía** aus zu nehmen (am östlichen Ortsende von Guía, Beginn des Ortes Albercón de la Virgen). Sie führt durch Kulturland und bei **El Palmital** ① an einem Bestand von Fayal-Brezal vorbei. Etwa 1 km oberhalb des Ortes Moya zweigt nach rechts eine kleine Nebenstraße in einer Kurve in den **Barranco de Moya** ② ab. Nach ein paar hundert Metern steht rechts ein kleines Haus mit Parkmöglichkeit. Hier ist ein Informationszentrum der Regierung eingerichtet worden (10–13 Uhr). Es gibt geführte Wanderungen auf zwei Lehrpfaden im Wald. Von hier aus kann man auch zu Fuß auf der Straße weiter gehen (je nach Tageszeit wechselnder Durchgangsverkehr), bis man nach etwa 200 m den ehemaligen Kern des Lorbeerwaldbestandes erreicht.

Etwas weiter oben steht links ein kleines Gebäude mit dem Schild »Camino de los Tilos«. Dort gibt es Fußwege über den Hang in einen abzweigenden Barranco nach links. Fährt man von oben her in das Tal von Moya hinein, suche man nach dem »Camino el Laurel«.

Los Tilos de Moya

GC-2

San Felipe

Guía

GC-70

Barranco de Moya

GC-700

Moya

El Palmital ①

Barranco de Gáldar

Los Tilos

Barranco de los Tilos

② Barranco del Laurel

Montaña de Doramas

Barranco de la Virgen

N

0   1   2 km

Vogelblumen und Blumenvögel

Der Mensch hat auf den Kanarischen Inseln viele fremdartige Pflanzen eingeführt, die sich oft ausgebreitet haben, teils aber auch nur in Gärten und Parks erhalten blieben. Unter den fremden Pflanzen sind auch einige vogelblütige, das heißt solche, deren Blüten in ihrer tropischen Heimat von Kolibris oder Nektarvögeln, teilweise auch von Fledermäusen bestäubt werden. Die ursprünglichen Bestäuber sind allerdings nicht mitimportiert worden. Einige kanarische Vögel sind aber darauf verfallen, die freien ökologischen Nischen zu nutzen. Beobachtungen hierzu kann man in Botanischen Gärten, aber auch im Freiland machen. Da gibt es Mönchsgrasmücken und Kanaren-Zilpzalpe, ja sogar Kanarengirlitze und Teneriffa-Blaumeisen, die Nektar aus den Blüten von Strelitzien und anderen Pflanzen entnehmen und sie dabei bestäuben. Sie färben sich zuweilen die Gesichter oder den Scheitel mit Pollen gelb oder weißlich.

In einer Reihe von Fällen kommen die Vögel an den Nektar in den langen Blüten nicht heran und rauben die süße Flüssigkeit, indem sie die Blüten an ihrer Basis aufpicken, so bei den prachtvollen Blüten des Afrikanischen Tulpenbaums *Spathodea campanulata*, bei der Feuerranke *Pyrostegia venusta* und selbst bei den unscheinbaren gelben Blütenröhren des Tabaco moro *Nicotiana glauca*, des Wilden Tabaks.

Doch gibt es darüber hinaus auch einheimische vogelblütige Blütenpflanzen auf den Kanaren. Zu ihnen gehören der Kanarische Fingerhut *Digitalis*, früher *Isoplexis canariensis*, die Kanarische Glockenblume *Canarina canariensis* und wohl auch zwei Hornkleearten und ihre

Der Kanaren-Zilpzalp besucht die Blüten des Kanarischen Fingerhuts, um sich dort mit Nektar zu bedienen. Dabei pudert er sich den Oberkopf mit Blütenstaub, den er zur nächsten Blüte trägt.

Verwandten. Die Blüten dieser Pflanzen sind typische Vogelblumen, die rot oder orange gefärbt sind, viel Nektar und wenig oder gar keinen Duft produzieren. Taucht der Kanaren-Zilpzalp seinen Schnabel in die Blüte des Fingerhuts oder der Glockenblume, so berührt er die herausstehenden Staubgefäße, so dass sich ein heller Pollenfleck an seinem Kopfgefieder oder an der Kehle bildet. Öffnet man vorsichtig eine solche Blüte, so findet man an ihrem Grund um den Fruchtknoten herum einen wasserhellen Tropfen sehr süß schmeckenden Nektars. Der Zilpzalp bestäubt die Blüten und wird dafür durch Zucker und Flüssigkeit belohnt.

Steilwandiger Barranco, an seinem Ausgang mit ehemaligen, heute verwildernden Obstbaumkulturen und reichhaltiger Kraut- und Strauchvegetation; viele Elemente des Lorbeerwaldes; Übergänge zur Trockenvegetation auf Felsen und an wegbegleitenden Mauern.

Der Barranco von **Tenteniguada** ist oberhalb des gleichnamigen Ortes im Talgrund mit aufgelassenen Mandel- und anderen Obstbaumkulturen ausgefüllt. Die Hänge dagegen tragen Trockenvegetation und werden von steilen Felsformationen, vor allem dem zweigipfligen **Roque Grande** überragt. In den wohl 40 Jahre nicht mehr gepflegten Obstbaumkulturen hat sich ein Labyrinth von Sukzessionszuständen entwickelt. Unpassierbares Brombeergestrüpp wechselt mit lichteren Zonen, überwachsenen Mauern und eingestreuten Felspartien. Das Gebiet war ursprünglich Lorbeerwald. Viele, vor allem krautige und strauchige Pflanzen des Lorbeerwaldrandes sind erhalten und mischen sich mit anderen Formen. Die wichtigen Baumarten des Lorbeerwaldes haben an abgelegenen Stellen überdauert.

Pflanzen und Tiere

Am leichtesten sind die offenen Felswände am Weg und die zuwachsenden Mauern zugänglich. Hier stehen Fettblattgewächse in größerer Zahl als anderswo. Aus der Gattung *Aeonium* (S. 22f.) ist *Ae. percarneum* mit seinen großen Blattrosetten, blaugrauen, rötlich gesäumten Blättern und verzweigtem Stamm am

Der Talgrund des Barranco von Tenteniguada wirkt im Frühling und Sommer wie ein blühender Garten.

häufigsten. Ihm steht *Ae. manriqueorum* mit noch größeren, grün glänzenden Blattrosetten – bis 30 cm im Durchmesser – nicht nach. Einzelne ebenfalls große Rosetten auf unverzweigtem mächtigem Stamm bis 1 m Höhe gehören zum Mönchsohr *Ae. undulatum*, das es nur hier auf Gran Canaria gibt. Seltener ist *Ae. spathulatum*, das am Wegrand auf den Mauern steht: ein kugeliger Strauch von 30–50 cm Höhe, reichlich verzweigt

und außen mit grünen Rosetten von nur wenigen Zentimetern Durchmesser besetzt. Der Venusnabel *Umbilicus horizontalis* mit seinen runden, in der Mitte gestielten Blättern gedeiht an jeder Mauer und Felswand. Zwischen die Aeonien mischt sich eine weitere, ungestielte Blattrosette mit ringsum sprossenden Tochterrosetten: *Greenovia aurea* (S. 118). Wenn die gelben Blütenstände aufblühen, sieht man an jeder Blüte 18–32 Kron-

blätter (*Aeonium* und *Aichryson* haben nur 6–12).

Neben den Sukkulenten stehen Farne, darunter der schöne Kanarische Engelsfarn, auch Makaronesischer Tüpfelfarn *Polypodium macaronesicum* genannt. Auch der zweifarbig blühende Teidelack-Verwandte *Erysimum bicolor* ist hier zu finden. Mit reichem Blütenflor prangen auf den feuchteren Böden im Frühjahr die Zinerarie *Pericallis webbii* und der glän-

Die Braunwurz *Scrophularia calliantha* ist vermutlich eine Vogelblume.

Die Bremsenragwurz *Ophrys bombyliflora* ist eine sehr seltene kleine Orchidee.

zend gelb blühende Waldhahnenfuß *Ranunculus cortusifolius*. Im Gebüsch rankt die Kanarische Glockenblume *Canarina canariensis*. Vor den verholzten Maulbeerblättrigen Brennesseln *Urtica morifolia*, ebenfalls typisch für den Unterwuchs des Lorbeerwaldes, muss man sich hüten, weil sie heftig brennen, vor den Brombeeren, weil sie stacheln.

Ohne den Pfad zu verlassen, kann man noch drei prächtige Pflanzen finden, von denen die ersten beiden bis 1 m hohe

Im Barranco stehen Bestände des schön blühenden Natternkopfs *Echium callithyrsum*.

Sträucher bilden. Mit blauen, manchmal auch weißlichen oder rötlichen, schlanken Blütenkerzen fällt ein Natternkopf auf: *Echium callithyrsum*, frei übersetzt »der Schönkerzige«. Daneben wächst ein Strauch mit gegenständigen, zusammengesetzten Blättern und dunkelvioletten, vierkantigen Stengeln. Daran stehen in großen Abständen Wirtel von Blüten und Blütenknospen. Der Strauch gehört zu den Rachenblütlern und trägt den Namen *Scrophularia calliantha*, »die Schönblütige«. Seine Blüten sind für die Familie ungewöhnlich groß und lebhaft braungelb gefärbt. Sie produzieren an ihrem Grund viel Nektar. Es gibt kräftige Stiele zum Anklammern und viel Platz. Alles ist bereit, damit ein Vogel gegen Nektargabe die Bestäubung durchführt.

Aus der Nähe betrachtet
hat er wunderschöne Blüten.

Der Kleinfrüchtige Affodill *Asphodelus microcarpus* wird von Ziegen gemieden.

Die orangefarbene Flechte *Xanthoria parietina* wächst hauptsächlich dort, wo Vögel ihren stickstoffhaltigen Kot hinterlassen.

Noch einen Bestäubungsspezialisten kann man hier an feuchteren Stellen und auf offenem Grund finden: die seltene Bremsenragwurz *Ophrys bombyliflora*, eine unauffällige kleine Orchidee. Sie lockt bestimmte Insekten durch Sexuallockstoffe und Nachahmung der Gestalt des Insekts zum Bestäuben auf ihre Blüten. Möglicherweise handelt es sich bei dieser Form auch um eine eigene Art, die Kanarische Ragwurz *Ophrys canariensis*.

Wie an vielen Stellen auf den Kanaren gibt es hier wildfarbene scheue Hauskatzen. Wahrscheinlich ernähren sie sich von den reichlich vorhandenen Eidechsen. Die Gran Canaria-Rotkehlchen (*Erithacus [superbus] marionae*, s.S. 143) mit ihrer prächtig roten Kehle und dem fremdartigen Gesang füllen das Tal mit ihren Stro-

phen. Sie imitieren dabei die Rufe der Kanarengirlitze und anderer Vogelarten. Die Körnerfresser sind durch den Kanarengirlitz (s.S. 35), den Stieglitz und den Grünfink vertreten. An Zweigsängern vernimmt man fast überall den Kanaren-Zilpzalp und die Mönchsgrasmücke, die Samtkopfgrasmücke lässt sich seltener hören. Amsel und Teneriffa-Blaumeise (S. 106) sind häufig. Die kontrastreich gefärbten und scheuen Gebirgsstelzen sind

Der hübsche Kalifornische Mohn *Eschscholzia californica* kommt aus Kalifornien und breitet sich an Wegen aus.

ebenso von Telde aus Richtung Valsequillo möglich. Am besten parkt man den Wagen im Dorf und geht zu Fuß weiter Richtung Carretera los Barrancos, die weiter oben im Dorf nach rechts abzweigt. Oberhalb der Siedlung ist der Weg durch Hochwasser des Baches zerstört und nur noch zu Fuß passierbar. Man kann weiter aufsteigen, doch genügen, um einen Eindruck des Gebiets zu gewinnen, schon einige hundert Meter.

an die Wasserspeicher gebunden. Turteltauben erfüllen die Luft mit ihrem Gurren, während Felsen- und Straßentauben und deren Mischlinge zwischen den hochragenden Felswänden wechseln. Der Mäusebussard (S. 107) schwebt über allem.

Im Gebiet unterwegs

Man erreicht den **Barranco de Tenteniguada** ① mit dem Pkw, indem man im Ort Vega de San Mateo an der Straße Las Palmas – Cruz de Tejeda Richtung Telde – Valsequillo abbiegt. Am Beginn des Dorfes Tenteniguada zweigt eine kleine, steil aufwärts führende Straße Richtung El Rincón de Tenteniguada ab. Die Zufahrt ist

Bei Tafira einmaliger und höchst sehenswerter botanischer Garten von internationaler Bedeutung mit Steilhang und Tallage; vielfältige Vogelwelt.

Der Botanische Garten in Tafira Baja ist einen Ausflug wert, für wahrhaft an der Pflanzenwelt Interessierte ist er ein Mekka. Hier sind nämlich nicht möglichst viele exotische Formen zusammengetragen, sondern die auf den Kanaren heimischen. Die Aufgaben des Gartens liegen in erster Linie in der Zucht, der Erhaltung und der Erforschung der Arten der makaronesischen Pflanzenwelt, aber auch in Öffentlichkeitsarbeit und Erziehung.

Der Garten ist eine Einrichtung der öffentlichen Hand (Cabildo de Gran Canaria). Sein Begründer und erster Direktor, der verstorbene Dr. Eric R. Sventenius, hat von 1952 ab Pflanzen von allen Kanarischen Inseln zusammengetragen. Der Garten wurde 1959 der Öffentlichkeit zugänglich gemacht. Er deckt jetzt eine Fläche von 27 ha und ist damit der größte Botanische Garten Spaniens. Er empfängt 200 000 Besucher im Jahr. Er trägt den Namen »Viera y Clavijo« zu Ehren eines der Pioniere der naturkundlichen Erforschung der Kanarischen Inseln im 18. Jh. Jetzt wird er von dem Botaniker Dr. David Bramwell geleitet. Ein bebilderter Gartenführer mit Lageplan steht dem Besucher in mehreren Sprachen zur Verfügung. Selbstverständlich

Der Botanische Garten ist ein Pilgerziel für jeden, der sich für die Vielfalt des kanarischen Pflanzenreichtums interessiert.

Neben anderen Kostbarkeiten pflegt man
im Botanischen Garten von Tafira den seltenen
vogelblütigen Hornklee *Lotus maculatus*.

Hier findet man in großem Bestand auch
einen Bastard zwischen zwei Hornkleearten:
Lotus berthelotii x eremiticus.

ist nicht jede einzelne Pflanze beschriftet,
sondern man muss sich das zu dem jeweiligen Bestand passende Schild heraussu-
chen.

Pflanzen und Tiere

Der Jardín Botánico umfasst einerseits den
mit vielen Treppen und Wegen durchzo-
genen Steilhang des Barrancos von Guiniguada, andererseits im Tal Bestände von
Drachenbäumen (s. S. 24) und Kanarischen
Kiefern, einen stets feucht gehaltenen Lor-

beerwald, Teiche und andere Partien mit
unterschiedlichem Bewuchs. Er ist nordwärts von einem alten Aquaedukt begrenzt. Im »Jardín de las Islas« sind die
einzelnen Inseln von einander getrennt
botanisch repräsentiert.
Bei den Pflanzen sind besonders Vergleiche bei Gruppen lohnend, die mit vielen
verschiedenen Arten vertreten sind, wie die
Aeonien, Euphorbien, Margeriten und
Ginsterarten, Bäume des Lorbeerwalds
und Farne. Man benötigt viele Stunden,
um den Bestand einigermaßen zu überschauen, und ist dann keineswegs sicher,
dass man nicht Wichtiges verpasst hat.
Wer sich scheut oder nicht das Glück hat,
seltene Pflanzen in der freien Natur der
Inseln aufzufinden, kann sie hier in aller
Ruhe betrachten, z. B. den 30 cm hohen
Korbblütler *Sventenia bupleuroides*, von
den Spaniern liebevoll »Hija de Don Enrique« genannt, »Tochter des Herrn Sventenius«. Diese Art kann man sonst nur in
den höchsten Steilabstürzen und Klüften
im Nordwesten der Insel finden. Hier
empfängt sie den Besucher in reichlichen
Beständen an den Mauern wachsend am
oberen Eingang des Gartens. Auch der rot
blühende Hornklee *Lotus berthelotii* von
Teneriffa, der im Freiland schon fast ausgestorben ist, kann hier besichtigt werden.
Die Art ist selbststeril und pflanzt sich nur
noch ungeschlechtlich fort. Ganz nahe verwandt damit ist der orangegelbe Hornklee
Lotus maculatus. Er wird unter diesem
Namen und als Sorte »Golden Dream« von
holländischen Blumenversandfirmen in
Europa zum Verkauf angeboten und massenweise auf vegetativem Wege vermehrt.
Zwei weitere Arten aus dieser Gruppe, *L.
eremiticus* und *L. pyranthus*, sind auf La
Palma beschränkt, eine davon ist als
Hybrid im Garten vertreten. Zusätzlich
gibt es einen Kakteen- und einen Palmen-

Biodiversität der Kanaren: *Euphorbia aphylla*, die Blattlose, assimiliert mit ihren fingerdicken Sprossen.

Euphorbia atropurpurea von Teneriffa fällt durch rotbraune Hochblätter auf.

Euphorbia balsamifera ist die häufigste und am meisten verbreitete Art.

Der Cardón *Euphorbia canariensis* sieht fast wie ein Kaktus aus.

Euphorbia obtusifolia hat Blüten mit grüngelben Hochblättern.

Euphorbia paralias ist klein und wächst am Sandstrand.

Der Turmfalke ist in zwei Unterarten der häufigste Greifvogel nahezu aller Lebensräume der Kanaren.

garten mit weltweiten Sammlungen, bei den Palmen die seltenste Art der Welt *Pritchardia munroi* von Hawaii, die durch Bemühungen des Gartens gerettet und vermehrt wurde.

Der Seidige Goldstern *Nauplius sericeus* wird gern in Gärten angepflanzt.

Wegen der konzentrierten Vielfalt der Lebensräume und des Angebots an Wasser gibt es auch eine reiche Vogelwelt im Garten. Der Kanarengirlitz singt von den Baumspitzen aus. Sein nächster Verwandter, der europäische Girlitz, hat sich hier im Norden von Gran Canaria vor einiger Zeit angesiedelt – vielleicht dadurch, dass Käfigvögel entflogen sind – und ist in Ausbreitung begriffen. Auch der Stieglitz lässt sich hören. Die Mönchsgrasmücke singt unten im Lorbeerwald, während die Samtkopfgrasmücke ihren ratternden Alarmruf im Gesträuch am Hang erklingen lässt. Das Gran Canaria-Rotkehlchen singt getragene Motive sowohl im Hang als auch im Tal. Amsel und Kanaren-Zilpzalp sind allgegenwärtig. Felsentauben singen und balzen im felsigen Steilhang. Am zentralen Bauwerk im Tal gibt es an der nordwärts weisenden Seite Restbestände einer ehemals großen Hecke von Kanarischen Glockenblumen (S. 142), die im Februar und März blühen. Hier kann man beobachten, wie die Kanaren-Zilpzalpe herbeikommen und sich aus den hängenden roten Glocken Nektar holen, wobei sie die Blüten bestäuben (s.S. 145). Die Teneriffa-Blaumeise ist häufig, auch sie interessiert sich für Nektarblumen. Die Turteltaube gurrt in den Waldbäumen. Einfarbsegler und Turmfalke beherrschen den freien Luftraum.

Kaninchen gibt es ebenfalls – nicht gern gesehene Gäste in einem botanischen Garten. In den Teichen lärmen Iberische Seefrösche. Auch der Mittelmeerlaubfrosch ruft.

Im Gebiet unterwegs

Der **Jardín Botánico Canario** ② liegt südwestlich von Las Palmas im Barranco de Guiniguada zwischen der Hauptverbindungsstraße GC-1 Las Palmas – Tejeda und ihrer nordwärts führenden Parallele nach Tamaraceite, etwa 7 km von Las Palmas entfernt im Ort **Tafira Baja**. Der Garten kann von zwei Seiten aus betreten werden. Der untere, demnächst neu ausgebaute Zugang an der Parallelstraße ist zu empfehlen, weil er direkt in das Herz der Anlage führt. Von oben her hat man zunächst den Steilhang mit Treppen und Serpentinenweg zu überwinden, den man nachher gegebenenfalls auch wieder aufsteigen muss. Mit dem Bus (GLOBAL, s.S. 133) kann man ihn alle Viertelstunden vom Busbahnhof in Las Palmas aus erreichen. Nicht weit von Tafira Alta, nach Straßenschildern leicht zu finden, liegt einer der wenigen noch gut erkennbaren Vulkankegel der Insel mit einem 200 m tief eingesenkten, etwa 1000 m breiten Krater, der **Bandama** ③. Es gibt einen Aussichtsplatz auf dem Pico de Bandama, mit Pkw auf gut ausgeschilderter Straße zu erreichen, von dem man eine prächtige Sicht auf den Krater und die Umgebung hat.

Praktische Tipps

Botanischer Garten

Der Eintritt ist frei, weil es sich um eine öffentliche Institution handelt. Der Garten ist täglich (mit Ausnahme von Weihnachten, Neujahr und Karfreitag) zwischen 9 und 18 Uhr geöffnet. Das Gartenpersonal wacht auch an Feiertagen darüber, dass die wertvollen und seltenen Pflanzen nicht beschädigt werden, und gibt gern Auskunft zu fraglichen Arten.

Unterkunft / Verpflegung

Nahe dem oberen Eingang des Jardín Botánico findet man ein Restaurant der oberen Klasse mit Aussicht über den Garten und das ganze Tal. Appartements gibt es in La Residencia bei Santa Brígida einige Kilometer entfernt. Ansonsten sollte man das größere Angebot in Las Palmas nutzen.

Genehmigung

Das Kratergebiet des Bandama darf aus Schutzgründen nur mit einer Spezialgenehmigung betreten werden, die beim Cabildo Insular in Las Palmas, Abt. Medio Ambiente, Caille Bravo Murillo, zu beantragen ist (Genehmigung dauert einige Tage).

Zentraler Gebirgsstock der Insel mit interessanter Geologie; ausgedehnte Kiefernwälder mit lichtem Unterwuchs; der Buntspecht ist ein häufiger Vogel, der Teidefink in der hiesigen Unterart ausgesprochen selten. Nach den jüngsten Waldbränden im Jahr 2007 werden die Lebensräume für ihre Erholung einige Jahre benötigen.

Vom ursprünglichen Bestand der Kiefernwälder auf der Insel sind heute im Prinzip nicht mehr als 20 % verblieben. Alles Übrige wurde abgeholzt und genutzt. Die Kiefernwälder des Zentrums von Gran Canaria sind recht einheitlich ausgebildet. Hier werden deshalb die Wälder von Pajonales, Ojeda und Inagua sowie von Tamadaba gemeinsam behandelt.

Mit einer Meereshöhe von über 1400 m liegt der Kiefernwald von Tamadaba in der montanen Zone, zugleich ökologisch gesehen der höchsten Zone von Gran Canaria. Oberhalb 1400 m fällt im Winter gelegentlich Schnee. Im Sommer herrschen in dieser Höhe große Trockenheit und starke Sonneneinstrahlung. Die Temperaturen schwanken mit größerer Amplitude als an der Küste.

Vom Tamadaba fallen nach Nordwesten hin die Felswände des Andén Verde steil ins Meer, nach Süden und Osten schweift der Blick über die zentralen Bergmassive der Insel mit ihren charaktervollen Profilen und über die von Menschen besiedelten Täler: hochgelegene Terrassen mit Kartoffelanbau, an die Felsen geklebte Häuser, teils heute noch genutzte Felshöhlen. Im Wald herrscht Stille, unterbrochen nur durch den einfallsreichen Gesang des Rotkehlchens, den sonoren Ruf des Kolkraben und das Summen der Insekten.

Die Wälder von Ojeda, Pajonales und Inagua ziehen sich als breiter Gürtel vom westlich gelegenen Gipfel Inagua (1426 m) bis in die Region des Roque Nublo. Sie sind durch Forststraßen erschlossen und über Pisten erreichbar. Sie entsprechen in ihrem Charakter dem Tamadaba-Wald. Große Schäden sind durch Waldbrände im Jahr 2007 entstanden.

Pflanzen und Tiere

Die Kiefernwälder sind naturverjüngt, mit allen Altersstadien und lichtem Unterwuchs. Spuren alter Brände lassen sich kaum finden, wohl aber auf großer Fläche die der neuen Brände 2007. Nur lokal sind fremde Montereykiefern und Zypressen eingeschleust.

Der eigentliche Kanarische Kiefernwald ist ein lichter Bestand mit viel freiem Raum. Regional unterschiedlich beherrschen am Waldboden verschiedene Sträucher und Kräuter das Bild. Hier ist es die weiß blühende Französische (*Cistus monspeliensis*, S. 90), dort die häufige Scheidenblättrige Zistrose (*Cistus symphytifolius*, S. 90) mit ihren rosafarbenen Blüten. Auf trockenem felsigen Untergrund gedeihen graue Polster der Thymianverwandten *Micromeria lanata* und *benthamii*. Demgegenüber steht *Micromeria pineolens* mehr im Wald – bis zu einem halben Meter hoch, mit vierzeilig beblätterten Sprossen. Ihre filzig behaarten Blätter duften nicht so stark, wie man es erwarten würde. Jedenfalls hält sie den Vergleich mit verwandten Arten kaum aus: Einige wenige Blätter des »Poleo« genügen

Der Kiefernwald bedeckt das Bergland Gran Canarias, hier bei Ayacata. Vorn der Hornklee *Lotus spartioides*.

Der Ginster *Teline microphylla* bedeckt ganze Hänge.

Der Scheinkrokus *Romulea columnae* (auch *grandiscapa* genannt) wächst selbst im trockenen Kiefernwald.

entnehmen. Sie sind auch für den Bau ihrer Höhlen auf Kiefern angewiesen. Der Teidefink (S. 48) in seiner für Gran Canaria typischen Unterart wurde selbst von kundigen Beobachtern vergeblich gesucht. Er ist aber in einer kleinen Population vorhanden und die Aufmerksamkeit des Naturschutzes wendet sich ihm nach den

jedoch, um eine ganze Kanne Tee zu aromatisieren. Auch der »Escobón« *Chamaecytisus proliferus* ist im Unterholz vertreten. Der Hornklee *Lotus spartioides* wächst am Straßenrand als dichter grauer Zwergstrauch, im Frühjahr über und über mit gelben Schmetterlingsblüten besetzt. Der Kleinfrüchtige Affodill (S. 149) bedeckt als trockenresistentes Liliengewächs ganze Waldlichtungen.

Als Vogelarten sind im Waldgebiet der Kolkrabe, die Blaumeise, das Gran Canaria-Rotkehlchen und der universelle Kanarenpieper verbreitet. Hinzu kommt der erstaunlich häufige Buntspecht in der inselendemischen Unterart *thanneri*. Die Vögel gewinnen ihre Nahrung – Insekten und deren Larven – aus der Borke der Kiefern, beschäftigen sich aber auch mit Kiefernzapfen, aus denen sie die Samen

Die pyramidenförmigen Blütenstände des Natternkopfs *Echium decaisnei* stehen auf manchmal mannshohen Sträuchern.

großen Waldbränden von 2007 umso intensiver zu. Der Kanarengirlitz (s.S. 35) singt überall im Kulturland, findet sich aber auch im Kiefernwald ein. Mittelmeermöwen (S. 224), manchmal in großer Zahl, sind Gäste auf den Stauseen der Region. Bereits in den Lapillikegeln oberhalb **Juncalillo** findet man im Frühjahr den violett

Der Buntspecht *Dendrocopos major thanneri* ist im Kiefernwald Gran Canarias häufig.

blühenden zierlichen Teidelack-Verwandten *Erysimum bicolor* (S. 106). Die kreuzförmigen Blütensterne blühen nacheinander von unten nach oben auf. Sie sind zuerst weißlich, später violett. An der Spitze sitzt ein dunkles Knospenbündel. Die alten vertrockneten Stängel der vorjährigen Blütengeneration stehen zwischen den frischen Blütenständen.

Auf den viel besuchten Gipfeln des **Pico und Pozo de las Nieves,** den höchsten Bergen der Insel, und an anderen Stellen wächst der auffällige Lippenblütler *Sideritis dasygnaphala*. Die Art gehört einer formenreichen Gattung an, die wegen ihrer stark weißfilzigen Blätter auch pauschal

An der Straße zwischen San Nicolás und Mogán fallen bunte Felsformationen auf, gefärbt durch Eisenhydrat und andere Eisenverbindungen.

Kanarisches Edelweiß genannt wird. Sonst heißt sie Gliedkraut.

An den Felsen entlang der Straße von **Artenara** sind zwei Arten von Aeonien häufig, ein kleines, spitzblättriges, mit langen durchscheinenden Zilien besetztes (*Ae. simsii* S. 23) und das große, strauchartig verzweigte *Ae. percarneum* mit rotgeränderten Blättern. Daneben wächst in Rosettenverbänden die graugrüne glattblättrige *Greenovia aurea* (S. 72). Offenes Gelände ist auf großen Flächen mit Sträuchern bedeckt. Dominierend ist der Ginster *Teline microphylla* (S. 158) mit seinen kleinen weißlich-grauen Blättern und leuchtend gelben Blütenständen. Dazwischen steht häufig der weißblütige »Escobón« *Chamaecytisus proliferus* und in den höheren Lagen der »Codeso« *Adenocarpus foliolosus* (S. 107) mit endständigen, gelben Blütenkerzen. Beide Arten sind auch auf Teneriffa weit verbreitet. Auch der Kanarische Salbei *Salvia canariensis* mit violetten Blüten ist nicht selten. An der Straße fällt zuweilen ein Natternkopf auf, der deutlich kleiner ist und schmächtigere weiße Blütenkerzen aufweist als das häufige *Echium decaisnei* (S. 159) der tieferen Stufen. Er heißt *Echium onosmifolium* und ist ein Inselendemit Gran Canarias in den zentralen und den Südzonen. Manchmal stehen beide Arten nebeneinander.

Auf den Mauern an der Straße sitzen an manchen Stellen wenig scheue Rieseneidechsen (S. 175), die offensichtlich den Autoverkehr gewöhnt sind.

Im Gebiet unterwegs

Das zentrale Bergland ist von drei Seiten her über gute Straßen erreichbar: von Las

In den Randzonen des Kiefernwaldes treten Sträucher der Stumpfblättrigen Wolfsmilch *Euphorbia obtusifolia* in den Vordergrund.

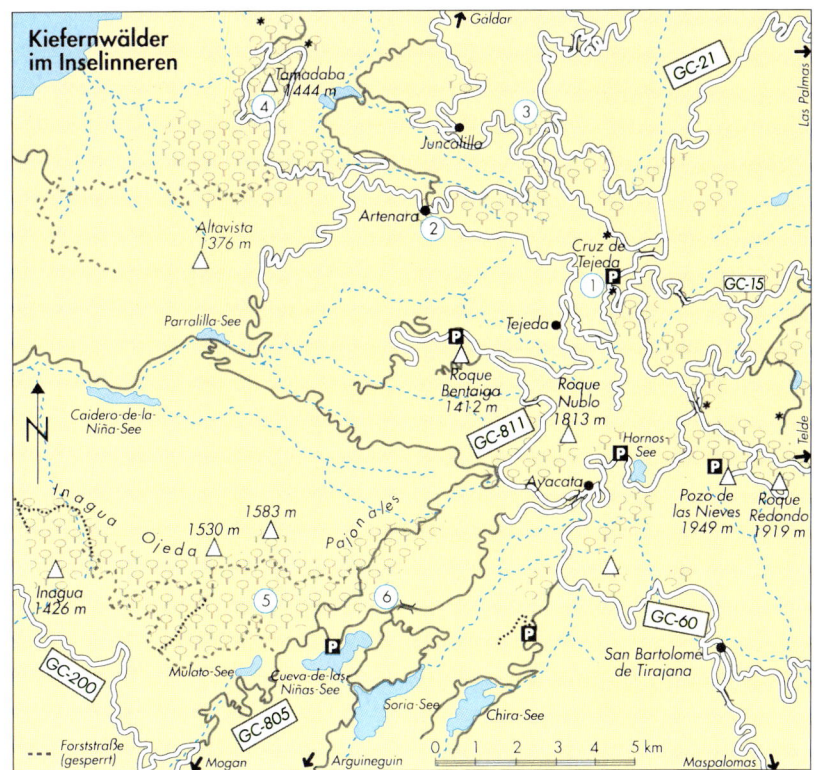

Palmas oder dem Nordwesten aus über Teror oder Vega de San Mateo und vom Süden her über San Bartolomé de Tirajana. Daneben gibt es mehrere Zufahrtsmöglichkeiten vom Norden her, vom Westen die landschaftlich schöne Strecke von San Nicolás nach Artenara. Die vier Routen treffen beim **Cruz de Tejeda** ① aufeinander. Welche Strecke man wählt, hängt vom Ausgangspunkt ab. Allen diesen Verbindungen gemeinsam ist, dass man auf den kurvigen Bergstraßen nicht mehr als 30–40 km/h Reisegeschwindigkeit erreicht. Weiter Richtung **Artenara** ② kann man sowohl die nördliche Route vom Parador Nacional her vorbei an einem kleinen Krater und den **Pinos de**

Gáldar ③ nehmen oder auch die Südstrecke vorbei an Tejeda, dem höchsten Dorf Gran Canarias, und am Panorama der großen Bergketten mit **Roque Nublo** und **Roque Bentaiga**. Von dem Höhlendorf Artenara aus führt eine Straße schleifenförmig durch den Tamadaba-Wald ④. Am westlichsten Punkt zweigt eine Piste zu einem Picknickplatz ab, von wo aus weitere Pisten tiefer in den Wald führen.
Den westlichen Kiefernwaldkomplex von **Ojeda**, **Inagua** und **Pajonales** ⑤ erreicht man vom Cruz de Tejeda aus auf zwei südwärts führenden Strecken. Von der östlichen aus kann man einen Abstecher auf den **Pozo de las Nieves** machen. Neben einer bei gutem Wetter weiten Sicht über

Wilde Kanarische Dattelpalmen im Barranco de la Palma, die einzige natürlich vorkommende Palmenart.

die Insel gibt es in der Nähe des östlichen Parkplatzes Bereiche mit niedriger Strauchvegetation, die im Frühjahr in üppiger Blüte steht. Lohnend ist auch die Wanderung zum **Roque Nublo**, dessen Gipfel ein etwa 80 m hoher Monolith bildet – eines der Wahrzeichen der Insel. Der Weg beginnt in einer Rechtskurve mit Parkplatz an der Straße von Ayacata zum Pozo de las Nieves. Die Verbindung zum Süden besteht über zwei Pisten, die von Ayacata nach Arguineguín (s. S. 163 ff.) und Mogán führen. Am Waldrand, wo sie sich vereinigen ⑥, ist der Buntspecht häufig. In offenem Gelände kann man Steinsperlinge und Kanarenpieper beobachten. Morgens und abends trifft man hier Felsenhuhnpaare, teilweise direkt auf der Straße. Wo der Wald 2007 verbrannt ist, haben sich für's erste die Bedingungen drastisch geändert, vor allem, weil auch das Unterholz verbrannt ist.

Praktische Tipps

Unterkunft und Verpflegung

Der Parador Nacional an der Höhe des Cruz de Tejeda bietet keine Betten mehr an. Vor seinen Toren gibt es aber kleine Restaurants und Stände mit Stickereien, Obst, Gebäck und Landkarten.

ACHTUNG: Wegen starken Besuchs des Gebietes durch Einheimische sollte man Sonntagsausflüge vermeiden. Die Orientierung nach den Straßenkarten ist nicht immer einfach, zumal manche Straßen und Wege auf den Karten nicht verzeichnet sind. Ein Wanderführer ist nützlich. Die Kiefernwälder sind bei heißem und trockenem Wetter brandgefährdet, was im Sommer 2007, teils durch Brandstiftung, zu katastrophalen Bränden geführt hat.

Von Steilwänden eingefasstes Trockental, das sich von der Südküste her in das zentrale Bergmassiv hineinzieht; unten reiche trocken angepasste Vegetation mit baumgroßen Wolfsmilchexemplaren; weiter oben allmählicher Übergang in die Montanzone mit Kiefernwald.

Die von Südosten, Süden und Südwesten her in den Lavaschild hinein schneidenden Barrancos bieten halbwüstenhafte Lebensbedingungen und eine in den Hanglagen gut erhaltene Trockenvegetation. Der Barranco von Arguineguín ist reichhaltig und weitgehend ungestört. Er ist mit dem Zentrum der Insel über gut begehbare (aber mühsam befahrbare) Pisten und schmale Straßen verbunden. Wie Siedlungsreste und andere Überbleibsel zeigen, ist er für die vorspanische Urbevölkerung ein wichtiger Ort gewesen.

Dieser Barranco ermöglicht geologisch einen beeindruckenden Einblick in den Bau der Insel. Die unteren Schichten nahe dem Talgrund sind die ältesten. Sie bestehen aus Ignimbriten und Phonolithen (Klingstein) und gehen auf die Entstehungsphase der Insel im frühen Miozän zurück. Darüber baut sich in zahlreichen gut sichtbaren Schichtungen die jüngere Decke der Insel auf. Die Gesteine sind meist dunkelrot und verwittern klumpig.

Bei klarem Wetter sieht man abends vom zentralen Bergland Gran Canarias hinüber zum Teide auf Teneriffa.

Man nennt sie nach einem der Berge im Zentrum der Insel Roque-Nublo-Formationen. Ihr Verwitterungsprodukt bildet die Schuttkegel unterhalb der senkrecht abfallenden Felswände. In dem breiten Bachbett, in dem manchmal nach heftigen Regenfällen viel Wasser fließt, mischen sich Flusssande mit Schottern aller beliebigen Korngrößen bis hin zu großen Felstrümmern. Beim Aufstieg durch das Tal durchmisst man die verschiedenen Schichten von unten nach oben in ihrer natürlichen Reihenfolge.

Das Tal ist in seinem unteren, halbwüstenhaft trockenen Teil nicht besiedelt. Doch ab Cerca de Espino reihen sich in den Hang- und Schulterlagen Streusiedlungen und die Dörfer Las Filipinas, El Caidero, Barrancillo Andrés und Soría aneinander. Hier wird intensiv Landwirtschaft betrieben. Man sieht u. a. Papayas, Zitrusfrüchte und sogar Weinbau. Auch Käse wird hier erzeugt.

Pflanzen und Tiere

Wie werden die Pflanzen mit der Trockenheit und der Hitze fertig, die ihnen das mühsam aus dem Boden gewonnene Wasser zu entziehen droht? Eine erste Strategie heißt: Oberfläche verkleinern. Die häufigste Wolfsmilch an den Hängen ist hier die Balsamwolfsmilch *Euphorbia balsamifera* (S. 153). Sie wächst zu geradezu riesigen, mehrere Meter hohen Individuen mit Stämmen bis zu 40 cm Durchmesser heran. Ihre äußere Gestalt bietet ein abgerundetes, geschlossenes Profil. Das verkleinert die verdunstende Gesamtoberfläche. Wird es im Sommer kritisch, so werfen die Pflanzen die Blätter ab; nur das kahle Skelett der leicht sukkulenten

Die Stauseen im Bergland – hier der Soría-See – sind beliebte Ausflugsziele der Einheimischen.

Der zartblättrige »Valo« *Plocama pendula*, ein Rötegewächs, bleibt selbst in größter Hitze und Trockenheit lebhaft grün.

Stämme und Äste bleibt stehen. Im Vergleich zu den Geschwistern oben in den Bergen haben die Sträucher der Stumpfblättrigen Wolfsmilch *Eu. obtusifolia* (S. 153) hier unten viel schmalere Blätter. Das gilt umso mehr für den mannshohen mattgrünen »Valo«-Strauch *Plocama pendula* mit seinem hängenden, fadenförmigen Laub. Ein weiterer, nur kniehoher Strauch ist die Grüne Schizogine *Schizogyne glaberrima* mit winzigen gelben Korbblüten und fadenförmig reduzierten Blättern. Ihr tut es die Kanarische Steinbeere *Neochamaelea pulverulenta* gleich.

Der Lavendel *Lavandula minutolii* bewohnt den Sukkulentenbusch von Teneriffa und Gran Canaria.

Das Behaarte Bartgras *Hyparrhenia hirta* wächst häufig am Straßenrand.

Nur sind ihre verlängerten schmalen Blätter zusätzlich grau, durch einen filzigen Belag gegen die Sonneneinstrahlung geschützt.

Ein Vertreter der formenreichen Margeritengattung macht einen ausgesprochen mageren, verhungerten Eindruck. Seine Blätter sind zu gefiederten Fäden reduziert. Die Art heißt *Argyranthemum filifolium*, die Fadenblättrige. Ein Spargel ragt auf langem dünnem Stämmchen aus einer Kandelaberwolfsmilch heraus, geschützt gegen Ziegenfraß. Er sieht aus wie der »Valo« (Plocama), und er heißt auch so: *Asparagus plocamoides*, der plocamaähnliche. Er hat längst in seiner Stammesgeschichte alle Blätter reduziert und assimiliert mit grünen, fädigen Sprossen. Der

stämmige »Verode« *Kleinia neriifolia* (S. 57) wirft seine Büschel aus lanzettlichen Blättern bei Dürre ab und bleibt im Sommer als kahles sukkulentes Stammskelett zurück. Der Wermut oder Beifuß *Artemisia ramosa*, der nur im Süden von Gran Canaria und Teneriffa vorkommt, ein Strauch bis 50 cm Höhe, hat seine gefiederten grauen und stark duftenden Blätter ebenfalls zu Fäden reduziert.

Die Grasarten haben sozusagen von Beruf aus langgezogene spitze Blätter: das mediterrane Fingergras *Cynodon dactylon* und die grobe *Hyparrhenia hirta*. Im Talgrund stehen Bestände des weit über mannshohen bambusartigen Spanischen Rohrs *Arundo donax*, das die Restfeuchtigkeit im Boden nutzt. In seiner Nachbarschaft wachsen auch einige Tamarisken *Tamarix canariensis*, Bäume mit schuppenförmig reduzierten Blättern. Perfekt hat die Kandelaberwolfsmilch *Euphorbia canariensis* (S. 61) die Blattreduktion betrieben. Sie bestimmt in den Hängen mit ihren dominanten Säulenverbänden das Bild der Landschaft. Auch der Dornlattich *Launaea arborescens* (S. 112) hat nur im Frühjahr ein paar Blätter und ist später kahl.

Landeinwärts nimmt die Kandelaberwolfsmilch allmählich an Dichte ab. Das gilt auch für einige andere Arten. Man durchmisst beim Aufsteigen im Hang eine

Die Mönchsgrasmücke nascht gern von den reifen Opuntienfrüchten.

pflanzliche Höhenzonierung. Zugleich tritt der mächtige Natternkopf *Echium decaisnei* (S. 159) mit seinen pyramidenförmigen weißlichen Blütenständen in den Vordergrund. Noch weiter oben kommt die verwandte Art *Echium onosmifolium* hinzu. Mit fadenförmigen Blättern treten *Campylanthus salsoloides* und der weißfilzige kreuzblütige Strauch *Parolinia ornata* hervor. Ebenfalls hinfällige Blätter hat ein Strauch, der an den »Retama«-Ginster von Teneriffa erinnert. Nur ist er anstelle von Schmetterlingsblüten mit kleinen weißen Trichterblütchen besetzt. Es handelt sich um die Ginsterwinde *Convolvulus scoparius*, die sich in ihrem Vorkommen auf den Süden Gran Canarias beschränkt. Sie hat auf das Winden verzichtet und ihre Lebensform in Anpassung an die trockenen Bedingungen völlig geändert. Ein wenig weiter hinauf begegnet man den ersten Kanarischen Kiefern.

Die Lebensräume erscheinen bis auf wenige Fremdformen ursprünglich zu sein. Aber dennoch: Wenigstens in den mehr landeinwärts liegenden Hängen muss früher der Kanaren-Wacholder (S. 126) landschaftsbestimmend gewesen sein. Er fehlt heute weitgehend. Mit seinem zähen Holz ist er dem Holzraubbau der Vergangenheit zum Opfer gefallen, verheizt und verbraucht für viele Zwecke.

Die rotvioletten Salbeiblüten gehören zu der strauchförmigen *Salvia canariensis*.

Die Tierwelt des Südens ist artenärmer als die des feuchten Nordens. Die Königslibelle fliegt selbst im trockensten Lebensraum. Einige Schmetterlinge, wie z. B. der orangefarbene Postillion *Colias croceus* sind nicht selten. Die Baldachinspinne *Cyrtophora citricola* baut ihre Netze in der Vegetation (S. 172). An Vogelarten fallen der Kolkrabe und der Turmfalke auf, an Kleinvögeln Kanaren-Zilpzalp, Samtkopfgrasmücke und Amsel. Auch der Wüstengimpel (S. 211) ist hier zu erwarten. In reicherer Vegetation weiter bergwärts melden sich Mönchsgrasmücken, die nicht selten ein monotones Leiermotiv in ihren Gesang einflechten.

Erst in den höheren, mehr vom Menschen genutzten Regionen bei **Soría** kommen der

zone in der Höhe der Kiefernwälder singt im weiträumigen, almartigen Kulturland die Grauammer.

Im Talgrund bei Filippina gibt es im Bach noch fließendes Wasser. Hier rufen Iberische Seefrösche (S. 144).

Im Gebiet unterwegs

Man fährt mit dem Wagen östlich des Ortes **Arguineguín** in einer Talsenke bei einer Bananenplantage in den Barranco hinein. Die gut ausgebaute Straße führt lange Zeit auf dem Talboden nordwärts. Nach etwa 6 km erreicht man eine Region, in der die Vegetation optimal entwickelt ist ①. Hier lohnt sich ein Halt. Bei km 8 findet man die im afrikanischen Stil erbaute Raststätte El Sao. Ab hier wirken die Hänge allmählich kahler. Nach der Ortsumgehung von Cerca de Espino gabelt sich die Straße. Es geht im Tal auf jetzt schmalerer Teerstraße weiter. Ab km 15 verlässt diese Straße den Talgrund und steigt links in Serpentinen den Hang hinauf. Ab **Soría** ② in Höhe des idyllisch gelegenen Stausees von Soría wird sie zur schmalen Piste, nach deren Zustand man sich in Soría erkundigen sollte. Wenn möglich, sollte man hier aber wandern. Man kann bis zur Höhe beim Kiefernwald von **Pajonales** ③ (s.S. 160ff.) gehen und den westlichen Weg zurück nach Soría nehmen.

Weidensperling (S. 136), der Stieglitz, der Grünfink und der Kanarengirlitz hinzu. Der Kanaren-Raubwürger und der Steinsperling sind vereinzelt anzutreffen. In der Montan-

Ein ausgedehntes, für die Kanaren einmaliges Gebiet von Wanderdünen mit Sandvegetation, Tamarisken, Palmen und Rieseneidechsen; an geschützter Lagune viele Wasservögel. Das ganze Gebiet ist touristisch stark überlaufen, lohnt aber wegen seiner natürlichen Besonderheiten trotzdem einen Besuch für Naturinteressierte.

Nirgends auf den Kanarischen Inseln gibt es Wanderdünen in diesem Ausmaß und auf so großer Fläche wie hinter dem berühmten Strand von Maspalomas. Sie sind teilweise schon sehr alt. Während der Würm-Eiszeit vor einigen hunderttausend Jahren war viel Meerwasser in den Eiskappen der Pole gebunden. Der Meeres-spiegel lag bis zu 90 m niedriger als heute. Die Sandküste im Süden der Insel Gran Canaria war 3,5 km weit im Meer gelegen. Damals entstand der Grundstock der auch jetzt noch bewundernswerten Dünenlandschaft. Heute ist sie nicht nur durch den gestiegenen Meeresspiegel eingeengt. Mehrere Barrancos enden in einer gegen das Meer hin durch einen Strandwall begrenzten Lagune, die in jüngerer Vergangenheit als Wasservogelreservat geschützt wird und durch Zäune abgegrenzt ist. Westlich davon stehen Hotels und Bungalows, etwas abgesetzt davon der Leuchtturm Faro de Maspalomas. Östlich der Lagune schließt sich das Dünengebiet mit einer Längsausdehnung von etwa 3 km und einer Breite von maximal 2 km bei einer Fläche von 4 km² an. Die Dünen bilden sich unter dem Einfluss

Der Dünengürtel von Maspalomas und seine Dünentäler mit Tamarisken wirken entschieden afrikanisch.

An den spitzen Stachelblättern der mediterranen Stechbinse *Juncus acutus* kann man sich kleine blutende Verletzungen zuziehen.

des manchmal heftigen Passats und anderer Winde aus Ost und Südost, sie wandern 2 bis 5 m pro Jahr. Der Sand ist zu etwa 50 % marinen Ursprungs, d. h. geht auf kalkschalige Meeresorganismen zurück. Der Rest ist Verwitterungsprodukt von Lava.

Die höchsten, am wenigsten bewachsenen Dünen liegen unmittelbar an der Küste. Weiter binnenlands schließen sich Dünentäler mit Bewuchs an Bäumen, Sträuchern und Kräutern an.

Das Gebiet gilt allgemein als Besonderes Naturschutzgebiet (Reserva Natural Especial), darf aber offiziell auf drei durch Pfosten markierten Wanderwegen betreten werden. Sowohl die offenen Dünen als auch das dahinter liegende Vegetationsgebiet werden von zahllosen Sonnenanbetern genutzt. Die Dünen sind mit Fußspuren bedeckt. Ihre frühere Unberührtheit ist längst dahin. Seltene Tierarten wie den Rennvogel, den Triel und das Sandflughuhn, die früher hier vorgekommen sind, kann man nicht mehr erwarten. Gleichwohl bieten Dünen und Dünentäler ungewöhnliche Landschaftseindrücke und Lebensbedingungen.

Pflanzen und Tiere

El Oasis – so hieß früher das Gebiet der Lagune und ihrer Umgebung auf der Karte. An die ehemals idyllische Palmenoase erinnern heute eingezäunte und teilweise in Wiederaufforstung

Im Dünensand wächst das grazile Zypergras *Cyperus capitatus*.

befindliche Bestände der Kanarischen Dattelpalme *Phoenix canariensis*. Ansonsten dominieren Afrikanische Tamarisken *Tamarix africana*. Die stacheligen Sträucher des Dornlattichs (*Launaea arborescens*, S. 112) begleiten die Wegränder. Auch der Wilde Tabak (*Nicotiana glauca*, S. 227) ist überall vorhanden. Im Flussbett bzw. am Rand der Lagune stehen größere Bestände des schilfartigen Spanischen Rohrs *Arundo donax*, daneben Stechbinsen *Juncus acutus*.

Die sich hinter dem Strand auftürmenden **Dünen** sind vegetationsfrei. In den sich landeinwärts anschließenden Dünentälern dagegen gibt es eine gut entwickelte strauchige Vegetation mit Beständen von Kanarischen und Afrikanischen Tamarisken und einigen prachtvollen Kanarischen Dattelpalmen. In der Strauchschicht dominiert wieder der Dornlattich, daneben wachsen hier ein strauchiges Gänsefußgewächs und vereinzelte »Valo«-Sträucher *Plocama pendula* mit hängendem zartgliedrigem Laub sowie die inselendemische Grüne Schizogine *Schizogyne glaberrima* mit hellgrünen fädigen Blättern. Auffällig sind jedoch die großen Stechbinsen, die zuweilen eine Höhe von 2 m und einen beträchtlichen Umfang erreichen. Streift man durch solche Binsenbestände, kann man sich leicht Verletzungen zuziehen. Die halmartigen runden Blätter sind am Ende zugespitzt und verstärkt, so dass sie unangenehm stechen. An feuchten Stellen finden sich Bestände eines sich mit Ausläufern fortpflanzenden Zypergrases, im Trockenen kleine Flächen von Zwergheliotrop *Heliotropium bacciferum* mit weißen Blütenwickeln und grauem Laub.

Die dominante Art in den Dünen ist der Mensch mit seinen Fußspuren und seinen Hinterlassenschaften. Gleich danach kommt das Kaninchen. Rieseneidechsen *Gallotia stehlini* hinterlassen Kot und Spuren im Sand. Mittelmeermö-

Im Süden Gran Canarias hat der Gestreifte Kanarenskink (*Chalcides sexlineatus sexlineatus*) einen auffallend türkisfarbenen Schwanz.

wen (S. 224) segeln von der Küste herüber, an Singvögeln begegnet einem der langschwänzige graue Kanaren-Raubwürger, der von einer Warte aus auf Insekten und kleine Eidechsen stößt. Der Kanarenpieper führt seinen anspruchslosen Gesang nicht selten im Singflug vor. Die Brillengrasmücke bewohnt die Gebüsche. Am Fuß der Sträucher finden sich die

Der Kanaren-Raubwürger ist so von anderen Raubwürgern verschieden, dass er als eigene Art *Lanius koenigi* anerkannt werden könnte.

Die Baldachinspinne *Syrtophora citricola*, auch Opuntienspinne genannt.

angepassten Spezialisten und Endemiten.

Obwohl die unmittelbare Umgebung der **Lagune** von Touristen überlaufen ist, bietet auch sie trotzdem noch heute einen erstaunlichen Reichtum an Tierleben. Man kann hier Watvögel zahlreicher Arten sehen, die rasten und der Nahrungssuche nachgehen. Häufig sind Sanderling, Flussuferläufer (S. 223), Sandregenpfeifer, Fluss- und Seeregenpfeifer, letzterer auch als Brutvogel, Regenbrachvogel, auch der sonst eher seltene Kampfläufer kommt vor. An Rallen sind Teichhuhn und Blässhuhn truppweise zu sehen. Weiße Reiher sind entweder Seiden- oder Kuhreicher (diese mit gelbem Schnabel), daneben treten auch rastende Graureiher auf.

An weiteren Vogelarten lassen sich Weidensperling, Kolkrabe, Amsel und der europäische Star feststellen, der hier eingebürgert ist. Einfarbsegler jagen über den Baumbeständen. Hin und wieder lassen sich, selbst wenn bei uns in Europa tiefer Winter herrscht, einzelne Rauch- oder sogar Mehl- und Uferschwalben hier und anderswo auf den Kanaren sehen. Möglicherweise überwintern sie hier. Es gilt also: Eine Schwalbe macht den Sommer. Zur Zugzeit sind dann mehr von ihnen da. Seit einiger Zeit machen sich in den Dattelpalmen der Hotelsiedlungen lautstark zwei Papageienarten breit, die teilweise auch aus westdeutschen Städten bekannt sind: der Halsbandsittich und der Mönchssittich. Man kann auch den afrikanischen Wel-

Trichter der Ameisenlöwen, der Larven von Ameisenjungfern, im Sand. Sie fangen darin neben Ameisen auch andere kleine Insekten. Zwischen den Binsenblättern haben schwarze Baldachinspinnen mit weißem paarigem Fleckenmuster ihre komplizierten, aus mehreren Etagen bestehenden Netze gebaut. Sie leben in Kolonien. Die kleineren Männchen sitzen am Rand der Netzsysteme. Die Art ist auf allen Kanareninseln verbreitet. Ein Käfer der Dünen, *Pimelia sparsa albohumeralis*, ein Schwarzkäfer, ist gefährdet durch Fußtritt der Besucher. Ansonsten gibt es eine reichhaltige Insektenwelt mit vielen lenastrild und andere Prachtfinken paarweise oder im Trupp zu sehen bekommen. Das Gebiet ist von fremden Gewächsen, fremden Vögeln und fremden Menschen überschwemmt.

Die den gemauerten, zur Lagune führenden und meist trockenen Flusslauf begrenzende Mauer mit schräg abfallendem Deich zum Wasser hin wird von zahlreichen Gran Canaria-Rieseneidechsen bewohnt, die ziemlich futterzahm sind. Die Tiere aalen sich in der Sonne, flüchten bei Störungen in Höhlungen und Mauerritzen und kommen an Besucher, die ihnen Futter anbieten, teilweise ganz nahe heran. Die größten unter ihnen dürften wohl hier eine Gesamtlänge von 60 cm und ein beträchtliches Körpergewicht erreichen. Wenn zwei aggressive Tiere einander begegnen, demonstrieren sie ihre matt orangefarbene Kehle, indem sie den Mundboden senken und so von der Seite her größer wirken. Wenn sie sich auf heißem Untergrund niederlassen, heben sie alle Zehen an. Die Tiere kommen aber auch sonst überall auf der Insel vor. In der Mauer siedeln auch Skinke. Sie sind kleine, mit Blindschleichen verwandte Eidechsen mit schwächlichen Beinen, die sich gern im Boden vergraben. Die auf Gran Canaria vor allem im Süden vorkommende Unterart *Chalcides sexlineatus sexlineatus* zeichnet sich durch eine verblüffende türkis-violett schillernde Schwanzfärbung aus. Anderswo fehlt diese Färbung.

Wie die bezeichnenden meckernden Quakrufe zeigen, gibt es in der Lagune auch Iberische Seefrösche (S. 144). Viele Libellen fliegen umher, z. B. die Königslibelle *Anax imperator*. Auch Schmetterlinge wie der Distelfalter und Weißlinge sind häufig.

Im Gebiet unterwegs

Man fährt von Las Palmas bzw. Puerto Rico aus die Südautobahn und biegt nach Maspalomas ab. Dann orientiert man sich zum Leuchtturm, dem Faro de Maspalomas. An der Straße westlich der Lagune kann man parken oder ein Parkhaus benutzen und von hier über eine Brücke oder auf einer Straße seewärts gehend das Dünengebiet erreichen. Auch vom Touristenzentrum **Playa del Inglés** im Osten hat man Zugang zum Dünengebiet; man kann von dort auch den Strand entlang bis Maspalomas wandern und mit dem Bus zurückfahren (oder umgekehrt). TIPP: Man hat meist schönes Wetter – manchmal mit kräftigem Passatwind und Sandtreiben – und einen großen Andrang von Touristen aller Art am Strand. In den bewachsenen Dünen baut sich täglich eine territoriale Population von unbekleideten Einzelmännern oder Männerpaaren der Art *Homo sapiens* auf. Man sollte hier optisches Gerät zurückhaltend benutzen, kann sich aber im Allgemeinen konfliktfrei bewegen. Günstigste Beobachtungszeit für Vögel an der Lagune ist der frühe Morgen, wenn noch keine Besucher stören. Eidechsen und Skinke sieht man tagsüber an der Barrancomauer bei voller Sonne. Zum Fotografieren sind die Morgen- und Abendstunden am lohnendsten.

Eidechsenprobleme

Wer schon einmal Eidechsen auf anderen Kanarischen Inseln beobachtet hat, wird mit Staunen hier auf Gran Canaria besonders große Individuen finden. Tatsächlich wird die Art Kanarische Rieseneidechse genannt. Da auf den anderen Inseln auch Rieseneidechsen entdeckt worden sind, muss sie heutzutage als Gran Canaria-Rieseneidechse bezeichnet werden. Sie bevölkert die ganze Insel. Die längs gebänderten Jungtiere ernähren sich von gemischter Kost, von Insekten und zarten Pflanzenteilen. Die alten sind vorzugsweise Vegetarier, verschmähen auch keineswegs Essensabfälle wie Brot, Käsestücke und Obst. Trotzdem sind sie ständig vorsichtig.

Eidechsen haben eine Menge natürliche Feinde. Die schlagkräftigsten unter ihnen sind die Turmfalken. Daneben erbeuten aber auch Kolkrabe, Mäusebussard, Raubwürger, Triel, ja sogar Wiedehopfe und Spitzmäuse Individuen passender Größe. Auch Hunde, verwilderte Katzen und Wanderigel können ihnen gefährlich werden.

Der Mensch fördert auf den Kanaren lokal durch Tomatenkulturen und anderen Anbau die Vermehrung der Tiere und wird zugleich zu ihrem größten Feind. In

Auf den Inseln haben sich mehrere verschiedene Eidechsenarten entwickelt. *Gallotia atlantica*, die Ostkanareneidechse, kommt nur auf den Ostinseln vor.

Im Norden von Teneriffa und La Palma lebt die bunte Form der Kanareneidechse *Gallotia galloti eisentrautii*.

Die Kleine Kanareneidechse *Gallotia caesaris* lebt auf La Gomera und El Hierro

Die sogenannte Nominatform *Gallotia galloti galloti* ist dunkel und lebt z. B. in den Lavafeldern der Cañadas.

Gallotia stehlinii von Gran Canaria wird schon Kanarische Rieseneidechse genannt.

der Vergangenheit wurde Tabak benutzt, um die lästigen Konkurrenten in den Feldern zu vernichten, später Strychnin. Dann verwendete man »Pflanzenschutzmittel«, Biozide wie Parathion. Diese Stoffe wurden mit einem Brei aus reifen Tomaten oder Bananen vermischt und zogen die Tiere massenweise an. Sie wirkten fast augenblicklich tödlich, wenn nur wenige Milligramm der Substanz aufgenommen wurden. Natürlich gilt das auch für anderes Getier wie Vögel, Igel oder Hunde. Während einer Tomatensaison im Süden Gran Canarias wurden auf einer Fläche von 5–6 ha etwa 2000 Eidechsen getötet. Trotzdem wird eine Population unter diesen Bedingungen nicht gefährdet. Wie man die wendigen und findigen Reptilien aus Tomaten-,

Gemüse-, Blumensaatkulturen und Weingärten letzten Endes mit biologischen oder naturverträglichen Mitteln fernhalten kann, ist ein bis heute ungelöstes Problem.

Am Fuß des Tenogebirges haben die männlichen Kanareneidechsen viele blaue Flecken an der Flanke.

Fuerteventura

Fuerteventura liegt dem etwa 100 km entfernten afrikanischen Festland nicht nur räumlich am nächsten. Mit Jahresniederschlägen von weniger als 200 mm ist die Insel in großen Teilen Halbwüste oder Wüste. Entsprechend dünn und sehr ungleichmäßig ist sie vom Menschen besiedelt (76 000 Personen, 44 pro Quadratkilometer, auf den Kanaren sonst im Durchschnitt 215. Hinzu kommen etwa 1,3 Millionen Touristen pro Jahr). Die Insel ist berüchtigt für ihren stetigen und starken Wind, auf den auch eine Interpretation ihres Namens Bezug nimmt: »fuerte« = stark, »viento« = Wind. Er weht als Passat hauptsächlich von Nordost und transportiert viel Sand von den Küsten aus ins Land.

Fuerteventura ist mit einem Alter von etwa 20 Millionen Jahren geologisch die älteste der Kanarischen Inseln. Ihre Oberfläche ist verwittert. Zeichen von jungem Vulkanismus fehlen. Die letzten Eruptionen liegen an die 35 000 Jahre zurück. Die Insel wirkt auf den ersten Blick fahl, wüstenhaft und unwirtlich. Rot und Ocker überwiegen im Inselinneren, gelbliche Töne in den Dünen und an den Stränden.

Die Landschaft ist weiträumiger, aber weniger vielfältig als auf den westlichen Kanaren. Strände und wüstenartige Sandflächen wechseln mit steilen oder flacheren Barrancos, talartigen Ebenen und verwitternden, mit Flechten und anderer Vegetation bewachsenen Lavafeldern. Sie bietet gleichwohl für den naturkundlich Interessierten nicht nur überraschend starke Landschaftseindrücke, sondern Begegnungen mit besonders seltenen und interessanten Pflanzen und Tieren.

Trotz der geringen Niederschläge findet man zuweilen in Speicherbecken und auch frei fließend im Talgrund Wasser. Es gibt –

Das Innere Fuerteventuras wirkt wüstenhaft und karg. Man spürt die Nähe zu Afrika.

Fuerteventura

Küste bei
El Cotillo

Corralejo

El Cotillo

Lajares

Jable de
Corralejo

Lajares und
La Oliva

Tindaya

La
Oliva

FV-1

Los Molinos

Tefia

FV-221

Puerto del
Rosario

FV-30

Betancuria

Antigua

FV-2

Pájara

Tuineje

FV-617

FV-20

FV-4

La Pared

Gran Tarajal

FV-2

Halbinsel
Jandía

N

Morro
del Jable

10 km

abgesehen von großen überdachten Tomatenkulturen, neuerdings auch von Aloe vera-Anbau – nur wenig landwirtschaftliche Nutzung. Die ausgedehnten ungenutzten Flächen stehen allerdings durch die fast allgegenwärtigen Ziegen (s.S. 187) unter starkem Weidedruck.

Der Botaniker Kunkel hat auf Fuerteventura etwa 600 Arten Höherer Pflanzen nachgewiesen. 18 Arten und Unterarten sind Lokalendemiten allein für diese Insel, weitere 26 kommen hier und zugleich auf Lanzarote vor. In Anpassung an die Besonderheiten dieser »afrikanischen« Inseln haben auch einige Vogelarten eigene Unterarten ausge-

bildet, z.B. Bluthänfling, Wiedehopf, Triel, Turmfalke und Schleiereule. In **Wüste** und **Halbwüste** kommen verborgen lebende, teils sehr selten gewordene Spezialisten wie Kragentrappe (s.S. 194), Triel, Rennvogel und Sandflughuhn vor. Die größte Besonderheit stellt der Kanarenschmätzer (s.S. 181) dar. Der Scirocco bringt nicht selten afrikanische Insekten von der Sahara mit herüber. Doch können sie sich meist nicht lange hier halten. Dies gilt besonders für die Wanderheuschrecken, die manchmal in riesigen Schwärmen einfliegen. Sie ernähren sich auf Fuerteventura von dem überall in Mengen vorhandenen Dornlattich.

Praktische Tipps

Anreise

Fuerteventura hat einen kleinen Flughafen und wird von Mitteleuropa aus regelmäßig angeflogen. Es bestehen auch Flugverbindungen zum spanischen Festland und zu anderen Kanarischen Inseln, jedoch nicht nach Lanzarote. Der Flughafen liegt an der Ostküste unweit der Hauptstadt. Sowohl von Puerto del Rosario wie von Morro Jable im Süden aus kann man mit der Fähre nach Las Palmas de Gran Canaria übersetzen. Von Puerto del Rosario aus kann man auch eine Fährverbindung nach Arrecife auf Lanzarote nutzen.

Zwischen Playa Blanca an der Südspitze von Lanzarote und Corralejo im Norden von Fuerteventura verkehren zwei Autofähren (Reedereien Fred Olsen www.fredolsen.es und Naviera Armas www.navieraarmas.com). Die Fähren fahren zwischen 7 und 19 Uhr abwechselnd, dadurch stündlich, an Sonntagen und im Winter gibt es allerdings weniger Überfahrten. Die Fahrzeiten der Fähren liegen zwischen 20 und 35 Minuten.

Von Corralejo aus werden mit kleinen Personenfähren, aber auch mit Glasbodenbooten Ausflüge zur Insel Lobos angeboten. In diesen Booten sind beidseitig am Grunde eines Schachtes Fenster mit Sicht zum Meeresboden angebracht.

Verkehrsbedingungen

Daten über **Busverbindungen** sind in Reisebüros, Hotels und in einer Tankstelle in Corralejo angeschlagen, sonst nur im Internet zu erhalten (www.tiadhe.com/rutas.htm).

Es gibt 17 Linien. Die meisten Verbindungen bestehen von Puerto del Rosario aus: nach Morro Jable (stündlich), Gran Tarajal (4-mal), Vega Rio Palma (3-4-mal), Caleta Fuste, Corralejo (halbstündlich), El Cotillo (3-mal); zwischen Corralejo und El Cotillo fährt der Bus stündlich, ebenso zwischen Costa Calma und Morro Jable. Für 12 € kann man an der Hauptbusstation in Puerto del Rosario und manchen Kiosken einen Ermäßigungsbon kaufen, auf den man in allen Bussen einen Preisnachlass von 30 % bekommt.

Fuerteventura empfiehlt sich wegen der im Allgemeinen geringen Steigungen zum Fahrradfahren. Doch muss man mit Gegenwind und auf den ausgebauten Straßen mit heftigem Autoverkehr rechnen. Gefährlich sind auch die scharf abreißenden tiefen Bankette. Fuerteventura gilt als unfallreichste der Kanarischen Inseln. Wer Natur und Menschen schonen will, vermeidet es, auf zwei- oder vierrädrigen Motorrädern (Quads) mit Höllenlärm über Pisten zu rasen.

Unterkunft und Verpflegung

Unterkunft in Hotels und Bungalows bzw. Appartements muss im Allgemeinen vorher gebucht werden. Individualisten können z. B. im alten Ortskern von Morro Jable, vielleicht auch in La Pared nach privater Unterkunft fragen. Sehr lohnend sind auch ausgebaute Fincas auf dem Land unter dem Titel »Turismo rural«. Restaurants gibt es in großer Zahl in den Urbanisationen, aber auch in den alten Ortskernen. Kleine abgelegene Restaurants bestehen z. B. im Süden der Insel in der Fischersiedlung am Faro de Jandía und in Cofete. Supermercados sind im Allgemeinen von 9–13 und von (16) 17–20 Uhr geöffnet, an Samstagen von 9–13 Uhr, in Ferienzentren auch ganztägig und an Sonntagen.

Sichelförmige, nach Südwesten weisende Halbinsel, etwa ein Drittel der Insellänge. Nach Nordwesten steil abfallender, weitgehend unzugänglicher Bergkamm. Pico de la Zarza mit 807 m höchste Erhebung der Insel. Hier regelmäßig Passatwolke. Geringere Sonneneinstrahlung und Feuchtigkeit haben in nach Nordwesten abfallenden gipfelnahen Klüften reichhaltige endemische Pflanzenwelt entstehen lassen vor allem auch, weil hier oben weniger Ziegen weiden. Hier sogar Elemente des Lorbeerwaldes, die sonst nur noch an wenigen höher gelegenen Stellen der Insel überdauert haben. Als ausgestorben gelten der Kanarische Lorbeer und der Gagelbaum.

Der **Istmo de La Pared** ist die schmale und niedrige Engstelle, an der die Halbinsel Jandía in die Hauptinsel übergeht. An seiner Südküste sind breite und endlos lange Strände aus gelblichem Sand mit vorgelagerten Sandinseln und Strandlagunen entstanden, die von den Urlaubern intensiv genutzt werden. Der windabhängige Sandtransport im Isthmus-Gebiet ist allerdings durch die Hotel- und Bungalowsiedlungen und die umgebenden Baumbestände aus Kasuarinen, Mimosen, Oleander und anderen fremden Gehölzen nachhaltig gestört worden.

Pflanzen und Tiere

An der Piste zwischen **Morro del Jable** und dem Leuchtturm **Faro de Jandía** gibt es steinige, mehr oder weniger flach nach SW auslaufende Hänge aus dem Verwitte-

Die Jandía-Wolfsmilch sieht aus wie ein Kaktus.
Sie ist ein seltener, schützenswerter Endemit der Halbinsel Jandía.

rungsschutt der darüber aufragenden flechtenbewachsenen Felswände. In der weitläufigen Geröllwüste kommen an einigen Stellen auf Meereshöhen von nicht mehr als 150 m Bestände der seltenen **Jandía-Wolfsmilch** *Euphorbia handiensis* vor. Die Pflanze erinnert an die größere Verwandte, die Kandelaber-Wolfsmilch *E. canariensis*, die aber die höheren felsigen Lagen bevorzugt. Die Jandía-Wolfsmilch ist ungleich stachliger. Das Dramatische an ihr ist, dass sie natürlicherweise nur noch in dieser Zone auf der Halbinsel Jandía auf Fuerteventura angetroffen werden kann. Es versteht sich von selbst, dass der Besucher Distanz zu diesen ungewöhnlichen und stattlichen Pflanzen hält: Anschauen und Fotografieren immer – Mitnehmen nie! Im Botanischen Garten auf Gran Canaria kann man sie inzwischen aus Gewebeproben auf

Nährlösung im Reagenzglas züchten, was aber nicht eine genetisch vielfältige frei lebende Population ersetzt.

Es darf als besonderer Glücksfall betrachtet werden, dass die Jandía-Wolfsmilch gegenüber den Ziegen durch Stacheln und giftigen Milchsaft gut geschützt ist. Dennoch findet man in den lichten Beständen etwa 5 % toter vertrockneter Individuen. Die Ziegen weiden zwischen den Euphorbien. Die übrigen in diesem Lebensraum vorkommenden Pflanzen stehen umso stärker unter Weidedruck. Der Bocksdorn ist trotz seiner Dornen meist stark verbissen, obwohl er zur Familie der Nachtschattengewächse gehört, die im Allgemeinen über giftige Alkaloide verfügen. Ebenso sind Gräser und einige krautige Pflanzen stark abgeweidet. Als mäßig verbissen erweist sich der Dornlattich (S. 112),

In der Salzwiese bei Morro del Jable bilden salztolerante Sträucher eine knie- bis hüfthohe Vegetation.

Der Kanarenschmätzer

Der Kanarenschmätzer ist ein kleiner Singvogel, den es nirgendwo anders auf der Welt als auf Fuerteventura gibt. Er bewohnt Barrancos von Meereshöhe bis in die Gipfelregionen, besonders im Nordteil der Insel und auf der Halbinsel Jandía. Man rechnet mit einem Bestand von nur einigen hundert Paaren. Das ist wenig für eine so kleine Vogelart.

Der Kanarenschmätzer ist mit dem europäischen Schwarz- und auch dem Braunkehlchen nahe verwandt. Ihm fehlt die weiße Schwanzzeichnung des Braunkehlchens, aber auch die durchgehend schwarze Kehle des Schwarzkehlchens. Er hat einen hellen Überaugenstreif, der beim Schwarzkehlchen fehlt oder extrem selten auftritt. Nach Verhalten und Gestalt wirkt das Männchen jedoch wie ein Schwarzkehlchen. Es gibt relativ kontrastreich gefärbte Individuen mit prächtigem weißem Schulterband und einem warm braunen Brustfleck. Andere sind eher schlicht. Die Weibchen wirken von oben gesehen fast grau.

Die Vögel sitzen gern auf dürren Ästen des Wilden Tabaks, auf Sträuchern oder Steinen. Das Männchen

Der Kanarenschmätzer – hier ein Männchen – ist ein Singvogel, der weltweit ausschließlich auf der Insel Fuerteventura vorkommt.

lässt von solchen Warten aus im Winter seinen Schmätzergesang ertönen. In Nestnähe gestört, äußern die Vögel wiederholt einen Alarmruf, der sich zweisilbig und sonor wie »tratt« oder »trett« anhört, dazu ein hohes »fid«. Sie sind oft recht scheu und flüchtig. Einmal aufgestört, fliegen sie in schnurrendem, leicht welligem Flug einige 100 m weit davon und entziehen sich der Beobachtung. Den kanarischen Raubwürger fürchten sie und rufen Alarm, wenn er in der Nähe des Nestes auftaucht.

der offenbar selbst den Ziegen manchmal zu dornig ist. Ohne Verbiss bleiben außer der Wolfsmilch nur der kleine Affodill *Asphodelus tenuifolius* (giftig!) und der Wilde Tabak (S. 227; Nikotin, giftig!).

Im Gelände im Valle Grande gibt es eine Art Gehöft mit ausgedehnten Hühner- und Ziegenställen. Hier sammeln sich zeitweise mehrere Dutzend Wüstengimpel (S. 211), die die reiche Vegetation (vor allem die

Napffrüchtige Rübe *Patellifolia patellaris*), aber auch das Futterangebot für die Haustiere nutzen. Im Umfeld ist auch stets der kanarische Raubwürger, der Kanarenpieper und manchmal auch der Kanarenschmätzer zu beobachten.

Besonders in der Nähe des Müllplatzes von Morro Jable beobachtet man neben den zahlreichen Weißkopfmöwen viele Kolkraben (S. 120), die sich auch von Aas in der

Neben anderen exotischen Vögeln trifft man in der Salzwiese auch den Kuhreiher, der hier nach Insekten sucht.

Das Gänsefußgewächs *Arthrocnemum macrostachyum* ist ein mit den Quellern unserer Nordseeküste verwandter sukkulenter Strauch.

Nähe bewohnter Siedlungen ernähren. Sie sind meist vorsichtig gegenüber den Menschen. Ab und zu taucht ein Schmutzgeier (S. 206) auf. Ansonsten findet man den Kanarenpieper (s. S. 48), den Kanarenschmätzer und auch den Wiedehopf. Dieser hübsche und populäre Vogel hält sich oft in der Nähe menschlicher Behausungen auf, ist aber sorgsam darauf bedacht, sein Nest in einer Höhlung nicht zu verraten. In den wüstenhaften Gebieten nahe dem Leuchtturm sind gelegentlich Sandflughühner zu sehen. An der Küste treten zuweilen Fischadler auf, die allerdings hier nicht mehr brüten.

In den tieferen Zonen, vor allem im Kulturland, lebt der im vorigen Jahrhundert eingeführte Wanderigel *Atelerix algirus*. Er kommt auch in Nordafrika und im westlichen Mittelmeergebiet einschließlich der Balearen vor. Nicht selten findet man totgefahrene Igel auf den Straßen.

Bei **Morro del Jable** gibt es eine großflächige, zwischen Strand und Hotelkette mit Straße eingezwängte Salzwiese, wo in dichtem, etwa kniehohem Bestand sattgrüne Salzpflanzen stehen. Die Salzwiese ist zum Ramsar-Feuchtgebiet internationaler Bedeutung ernannt worden. Darin dominieren Gänsefußgewächse, vor allem eine verholzte Art mit Sprosssukkulenz (*Arthrocnemum macrostachyum*), die mit dem Queller unserer Nordsee-Salzwiesen verwandt ist. Sie besiedelt die tiefste, häufiger überschwemmte Zone. In der etwas höheren Zone dominiert ein anderer Strauch derselben Familie aus der Gattung *Salsola* – Salzkraut. In Straßennähe herrschen dann wieder ein drittes Gänsefußgewächs der Gattung *Bassia* und der Dornlattich mit seinem Parasiten vor, der Seide *Cuscuta approximata*.

Die Salzwiese ist von zahlreichen Brillengrasmücken besiedelt, auch lauert der Raubwürger auf einem Busch. Zugewanderte Kuhreiher erbeuten Insekten. Im Winter 2007/8 hielten sich hier auch drei frei fliegende Kronenkraniche auf, vielleicht aus dem Tierpark von Morro del Jable entkommen. Hin und wieder findet sich auch der Heilige Ibis hier ein – ein Gast aus Afrika oder aus einer Vogelhaltung. In den strandnahen Beständen von Palmen beherrschen lärmende Mönchssittiche das Bild. Sie sind ebenfalls Neubürger, die wohl aus menschlicher Obhut entlassen oder entflogen sind und in den Palmen gemeinschaftliche Nester bauen. Sie sind Pflanzenfresser, man kann sie sogar auf dem gemähten Rasen der Anlagen in großen Gruppen gemeinschaftlich weiden sehen. Die Region bis hin zu einem 1992 erbauten Leuchtturm ist zum Parque Natural »El Saladar« ernannt worden und steht formal unter Schutz. Die Fußgänger durchwandern die Salzwiese meist auf hölzernen Stegen, von denen vier vorhanden sind.

Im Gebiet unterwegs

Um von Puerto del Rosario zur **Halbinsel Jandía** zu gelangen, benötigt man mit dem Wagen mindestens 1 Stunde. Die Küstenstraße von Tarajalejo bis **Morro del Jable** ist gut ausgebaut und viel befahren. **El Saladar** ① liegt direkt zwischen Küstenstraße und Strand. Jenseits des Ortes gibt es Pisten, die teils im Ausbau sind.

Die Strecke zum **Gran Valle** ② – Richtung Faro de Jandía – ist zunächst als Teerstraße auf 1,5 km gut ausgebaut, wird aber nach dem Friedhof zur Piste. Danach zweigt bald der Weg in das offen daliegende Gran Valle rechts ab.

Die weitere Strecke zum **Faro de Jandía** ③ ist relativ eben. Nach etwa 12 km zweigt rechts eine Bergstrecke ab, die an ihrem Ende auf der anderen Seite des Bergkamms den Weiler **Cofete** ④ und schließlich die Nordküste erreicht. Ein wirklich lohnender Ausflug! Hier wird man auch auf ein schlossartiges Gebäude stoßen, das in den 1940er Jahren von dem deutschen Ingenieur Gustav Winter erbaut worden ist.

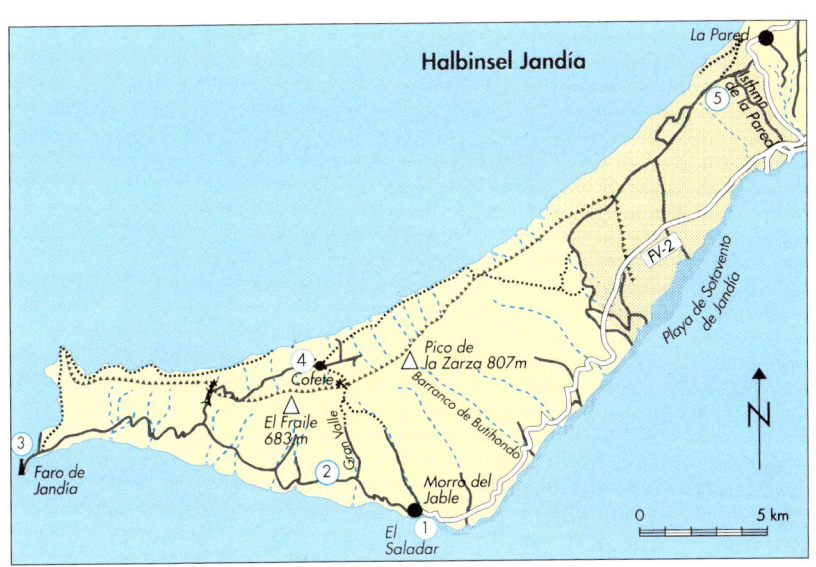

Jable Istmo de La Pared

Die Küste südlich des Istmo de La Pared war ursprünglich eines der bevorzugten Rastgebiete überwinternder oder durchziehender Watvögel auf Fuerteventura. Es handelt sich vorwiegend um Sand-, See- und Kiebitzregenpfeifer, Sanderling (S. 223), Alpenstrandläufer, Pfuhlschnepfe und Regenbrachvogel. Leider finden die Vögel heute tagsüber kaum ein ungestörtes Plätzchen an diesem Küstenabschnitt. An der Landenge durchquert man eine beeindruckende, leicht hügelige **Halbwüste**, in der auf riesigen, mit gelbem Sand und Steinen bedeckten Flächen ein schütterer Bewuchs von Zwergsträuchern gedeiht. Das Gebiet wird durch Müllablagerung, weidende Ziegen und durch viele Touristen, teils auch mit Geländewagen gestört, ist aber von der Jagd ausgenommen. Es wird von zahlreichen (etwa 50) Windkraftanlagen überragt. Es ist eines der sechs Speziellen Schutzgebiete SPA der EU auf den Kanaren.

Wind, Sand und Weidedruck sind die Faktoren, die die Lebensgemeinschaft prägen. Alle Pflanzen stehen auf Distanz, so dass der Boden im Großen und Ganzen offen ist. Der häufigste Strauch ist wieder der afrikanische **Dornlattich**. Er ist nicht nur durch Dornen, sondern auch durch unangenehmen Geruch gegen Tierfraß geschützt. Er bildet unter günstigen Bedingungen im Winter ein paar Blätter, wirft diese aber bei Trockenheit bald wieder ab. Er ist auch in manch anderer Hinsicht ein wahrer Lebenskünstler. Die Kombination von Überlebensstrategien, über die er verfügt, hat er in der afrikanischen Halbwüste entwickelt. Und obwohl er das ge-

Der Istmo de la Pared ist Lebensraum für seltene und interessante Vogelarten.

meinste stachlige Unkraut zu sein scheint, kann das Geflecht seiner dreidimensional im Raum angeordneten Sprosse und Dornen mit den gelben Blütenköpfchen kunstvoll wirken (S. 112). Etwa jedes hundertste Exemplar ist von einem pflanzlichen Parasiten befallen, der mit dem Wirt recht rabiat umgeht. Ganze Büsche sind von dem hellbräunlichen bis goldfarbenen, fädigen Geflecht aus Sprossen der Seide *Cuscuta approximata* überwuchert, einem blatt- und pigmentlosen Vollparasiten aus der Familie der Windengewächse (S. 193). Ein seltener und im Bestand gefährdeter Endemit, der ebenfalls der Familie der Windengewächse angehört, fällt als dichter kissenartiger Zwergstrauch mit kegelartigem Profil bis 70 cm Höhe auf. Die Enden der Sprosse sind zu langen, leicht gekrümmten Dornen ausgezogen. Zwischen den grau-filzigen Blättchen stehen im Frühjahr kleine Windenblüten. Die Art heißt Medusenhauptwinde *Convolvulus caput-medusae* und ist nur in diesem Gebiet auf Fuerteventura und lokal im Südosten Gran Canarias gefunden worden. Ein weiterer dorniger Strauch mit dunklem dichtem Laub und gelben Schmetterlingsblüten ist die Schmalblättrige Hauhechel *Ononis natrix* aus dem westlichen Mittelmeergebiet.

Zwischen den Sträuchern wächst eine Menge krautiger Pflanzen, so der Zwergheliotrop mit weißen Blütenwickeln, das häufige Schneeweiße Nagelkraut, der kleine Rachenblütler *Kickxia*, gelb blühender Hornklee mit flach ausgebreiteten Sprossen, im Winter ein blühendes Sonnenröschen *Helianthemum canariense,* und *Frankenia ericifolia* mit kleinen roten Blütensternen. Als eine einkeimblättrige Pflan-

Der Rennvogel ist ein afrikanischer Wüstenvogel.

Die Medusenhauptwinde *Convolvulus caput-medusae* – ein Kugelbusch der Halbwüste. Sie kommt nur hier und im Südosten Gran Canarias vor.

Erst die kleinen Trichterblüten zeigen, dass es sich um eine Winde handelt.

ze fällt das Schweifblatt *Dipcadi serotinum* auf, hier allerdings mit sehr kurzen Blütenstielen, an denen nach der Blüte kräftige Fruchtkapseln stehen.

Wenn im Frühjahr alle Pflanzen blühen, summt es auch von Insekten: Wildbienen, Grab- und Faltenwespen, Dolchwespen, Wollschweber, viele Fliegenarten. Honigbienen und Hummeln wird man allerdings hier ebenso wie auf Lanzarote vergeblich suchen. Mehrere Ameisenarten beleben

Der Triel lebt überall auf den Sandflächen und im steinigen Ödland.

den Boden. Die häufigen Ostkanareneidechsen (S. 174) sind hier hell sandbraun gefärbt und fast ohne Zeichnung. Sie huschen allerdings so schnell von Strauch zu Strauch, dass man sie kaum zu Gesicht bekommt. Unter einem Stein verborgen oder auch am Strand kann man manchmal den Kanarischen Mauergecko *Tarentola angustimentalis* antreffen, eine für Lanzarote und Fuerteventura endemische Art. Kaninchen sind auch hier häufig. Manche scheinen sich nicht einmal eine Höhle zu graben, sondern ruhen ähnlich wie Feldhasen in einer Sasse unter einem dichten Strauch. In den Barrancos kann man auch das Afrikanische Erdhörnchen *Atlantoxerus getulus* beobachten, zumindestens findet man seine Spuren im Sand.

Das Gebiet ist wegen seiner Vogelwelt berühmt. Die anpassungsfähigen Kolkraben treten auch hier auf. An Kleinvögeln kommt die Stummellerche vor, daneben der Kanarenpieper und der Wüstengimpel (S. 211). Im Barranco fliegt die Brillengrasmücke von Strauch zu Strauch. Die größeren Vögel wie Kragentrappe, Rennvogel und Triel sind heimlich und halten sich am Boden verborgen. Nur Sandflughühner kann man paar- oder truppweise in der

Luft sehen. Sie haben hohe Fluchtdistanzen und fliegen, einmal aufgescheucht, kilometerweit davon. Das Sandflughuhn hat geradezu unglaubliche Anpassungen entwickelt. Die Männchen tragen ihren noch nicht flüggen Jungen im speziell ausgebildeten Bauchgefieder Trinkwasser zu, das sie jeden Morgen an einer entfernten Wasserstelle holen. Wahrscheinlich steht die Population im Austausch mit den Artgenossen in der Sahara.

Ziegen

Schon seit den Zeiten der Ureinwohner, die sich in Fell oder Leder kleideten, gibt es zahllose Ziegen auf den Inseln. Diese Pflanzenfresser stellen jedoch eine Geißel der natürlichen Vegetation dar, weil sie Generalisten sind: Sie fressen zwar auch »Ungenießbares« wie Baumheide, Disteln und Abfälle aus der Bananenkultur, jedoch bevorzugen sie frisches junges Grün. Sie lassen vor allem keinen Wald aufkommen. Dazu sind sie ausgesprochen geländegängig. Sie stellen eine drastische Konkurrenz für heimische Pflanzenfresser dar. Heute werden Ziegen zunehmend in frei laufenden Herden gehalten, die auf Lanzarote und Fuerteventura Hunderte von Individuen umfassen können. Manche Herden werden aber auch von Hirten mit Hunden bewacht oder in kleiner Zahl in Ställen gehalten. Für den letzteren Zweck sieht man auf den zentralen und westlichen Kanaren gegen Abend die Menschen große Pakete frisch geschnittenen Ziegenfutters nach Hause fahren. Eine gute Milchziege gibt pro Tag 3–3,5 l Milch. Aus 5–6 l Milch kann man 1 kg wohlschmeckenden Ziegenkäse herstellen. Auch das Fleisch junger Ziegen ist meist zart und lecker. Kein

Im Gebiet unterwegs

Zur Halbwüste beim **Istmo de La Pared** gelangt man, indem man von der Küstenstraße Richtung La Pared abbiegt. Nach etwa 3,5 km erreicht die Straße ihren höchsten Punkt. Hier zweigen Pisten nordwestwärts ins Gebiet ab ⑤. Man sollte sie zu Fuß benutzen.

Ziegen sind die Geißel der Vegetation und lassen sich nur durch Giftigkeit und extreme Bestachelung von manchen Pflanzen abhalten.

Wunder, dass diese Tiere sich so großer Beliebtheit auf den Inseln erfreuen. Wenn die Herstellung von Ziegenkäse durch die Europäische Union gefördert wird, trägt das jedoch indirekt zur weiteren Zerstörung der kanarischen Vegetation bei.
Die zugewanderten weißen Kuhreiher halten sich gern an die Ziegenherden, um die von den Weidetieren aufgescheuchten Insekten zu erbeuten.

Ganz im Norden der Insel gelegen. Ausgedehnte, teils wandernde Sanddünen. Unter Einschluss der kleinen Insel Lobos mit einer Fläche von 2482 ha zum Naturpark erklärt. EU-Status eines Besonderen Schutzgebietes SPA, vom Internationalen Rat für Vogelschutz und anderen Institutionen zu einem für die Vogelwelt besonders wichtigen Gebiet (IBA) erklärt. Campieren und Fahren mit Kraftfahrzeugen im Gebiet verboten, Wandern erlaubt. Seltene störungsempfindliche Vögel.

Die subfossilen Urnennester der Pelzbienen *Anthophora* bedecken den Sandboden.

Pflanzen und Tiere

Die vorderste Front des Bewuchses vom Meer her wird von dem kräftigen Moquins Traganum (*Traganum moquinii*) eingenommen, einem verholzten Gänsefußge-

wächs, das nicht nur den Sand und das Salz toleriert, sondern Dünen bildet, indem es den Sand festhält. Einzelne Pflanzen können riesig werden. Eine abgeschrittene erreichte einen Umfang von mehr als 40 Metern. Während die hohen Dünen kahl sind, wächst in den Dünentälern eine lockere Strauchvegetation, umgeben von

Vom Meer her treibt ständig Sand landeinwärts und bildet Dünen, die von der Vegetation befestigt werden.

einer Kampfzone am Dünenfuß, wo nur Spezialisten überleben. Die nächste Frontstellung vom Meer her nimmt die kleine Strandwolfsmilch *Euphorbia paralias* (S. 153) ein. Ein etwa 10 cm hohes Zypergras (*Cyperus* spec.) ist gleichfalls flächendeckende Pionierpflanze. Die kniehohe Vegetation in den Dünentälern wird ansonsten vorwiegend von der dunkelgrünen Gelben Hauhechel mit ihren sparsam verteilten Schmetterlingsblüten gebildet, die auch in Mitteleuropa in Trockenrasen vorkommt. Außerdem wachsen hier das keulenblättrige Jochblatt und weitere Gänsefußgewächse. Dazwischen findet sich das unverwüstliche Schneeweiße Nagelkraut. Der besondere Wert des Gebietes liegt im Vorkommen seltener und gefährdeter Brutvogelarten: Kragentrappe, Triel, Rennvogel, Sandflughuhn, Stummellerche und Wüstengimpel. Der Rennvogel ist allerdings in jüngerer Zeit nur selten gesehen worden. An Singvögeln kommen zusätzlich der Kanaren-Raubwürger, die Brillengrasmücke und der Kanarenpieper vor.

Außerdem gibt es ein reiches Insektenleben, vor allem Fliegen und Hautflügler. Wo verfestigter Sandboden frei geweht ist, liegen massenweise die subfossilen urnenförmigen Brutkammern der Pelzbienen (Anthophoriden), teils noch vollständig, teils zertrümmert. Dazwischen gibt es zahllose leere Gehäuse der Landschneckengattung *Theba*. Die lebenden Schnecken halten gruppenweise an Pflanzenstängeln Trockenschlaf. Hin und wieder findet sich auch das Gehäuse einer Turmschnecke *Rumina decollata*, dessen dünnschalige Spitze abgebrochen ist.

Die Schnecken der Art *Theba pisana* halten gemeinschaftlichen Trockenschlaf.

Im Gebiet unterwegs

Zu den **Dünen bei Corralejo** ⑥ führt von Corralejo aus eine gut ausgebaute, mit breiten Parkstreifen versehene, aber ständig sandüberwehte Straße am Strand entlang südwärts in Richtung Puerto del Rosario.

23 **Halbwüste bei Lajares und Malpaís bei La Oliva**

Afrikanisch anmutende Landschaft in einer flachen Senke mit vielen Sanddünen und spärlicher Vegetation der Halbwüste. Wüstenbewohnende Vögel. Benachbart dazu alter Lavastrom mit reichhaltiger Vegetation, darunter der endemischen Kanarischen Fliegenblume. Eingeschleppt das Nordafrikanische Erdhörnchen.

Südwestlich von Lajares, einem Dorf zwischen La Oliva und El Cotillo, erstreckt sich über endlose Quadratkilometer ein hügeliges sandig-steiniges Halbwüstengebiet von eigenartigem afrikanischen Reiz, das ein etwa 2700 ha großes, für die Vogelwelt besonders wichtiges Gelände umfasst. In diesem Gebiet ruht seit Jahren die Jagd.

Unmittelbar nördlich des Ortes La Oliva im Zentrum des Nordteils von Fuerteventura liegt der Berg **Arena** (oder **Montaña de los Santos**, 420 m). Ringsum erstreckt sich auf großer Fläche ein altes Malpaísfeld. Das Gebiet ist von der Regionalregierung zum Naturpark erklärt worden.

Pflanzen und Tiere
Halbwüste bei Lajares

In diesem Gebiet ist die Vegetation dürftig oder fehlt fast ganz. Nur in den wenigen Barrancos stehen alte stämmige Tamarisken. Im Frühjahr suchen die Einheimischen im Gelände nach einem Pilz, den sie »truffa« (Trüffel) nennen. Es handelt sich um kugelige Fruchtkörper eines

Im Malpaís bei La Oliva, in ehemaligem Kulturland, hat sich eine artenreiche Trockenvegetation angesiedelt.

Schlauchpilzes, der auf Sonnenröschenwurzeln parasitiert und als Delikatesse hochgeschätzt wird.

In der lockeren Strauchschicht ist wie üblich der Dornlattich die häufigste Form, gefolgt von der Gelben Hauhechel. Auch kleine Polster rosa blühender *Frankenia* sind verbreitet. Auffallend sind einige einkeimblättrige Pflanzen aus der Familie der Liliengewächse. Das kleine *Androcymbium psammophilum* (S. 216) steht in Mengen auf Sandflächen: Eine Rosette spitz ausgezogener Blätter liegt dem Boden auf. Die Fruchtkapseln verbergen sich an ihrem Grund. Das grazile *Dipcadi serotinum* ist seltener zu finden. In der Krautschicht herrschen Zwergheliotrop, die gelb blühende *Reichardia tingitana* und der kleine Wegerich *Plantago aschersonii* mit gezähnten Blättern vor. Als Besonderheit tritt lokal der kriechende Schultz-Goldstern (S. 218) auf, ein Korbblütler.

Für die heimliche Kragentrappe und das unstete Sandflughuhn bestehen hier wichtige Vorkommen. Außerdem leben hier Triel, Rennvogel, Stummellerche und Wüstengimpel. Zusätzlich kommen Schmutzgeier (S. 206), Mäusebussard, Turmfalke, Felsenhuhn, Kanaren-Raubwürger, Kanarenpieper, Brillengrasmücke und Kolkrabe vor, also alle gängigen Vogelarten. Die meisten trifft man aber nicht auf den vegetationsarmen Ödflächen, sondern in den strukturenreicheren Barrancos an. Schilder verweisen auf die Schutzbedürftigkeit des Gebietes und bitten den Besucher darum, nicht von den Hauptwegen abzuweichen. Ein zeitweise auffälliges Insekt ist die kleine Blattkäferart *Chrysolina sanguinolenta* mit schwarzen gehämmerten und orangefarben gesäumten Flügeldecken. Die Käfer sitzen häufig offen auf Grasbüscheln und fressen dort. Es scheint, als nützen sie eine Warntracht zur Abwehr Insekten fressender

Der Wiedehopf ist ein häufiger und auffälliger Vogel, verhält sich in Nestnähe aber sehr vorsichtig.

Feinde. Auf offenen Sandflächen liegen zu Tausenden die subfossilen Urnen von Pelzbienen, durch Wind und Wasser freigelegt. Hier findet man auch Mengen leerer weißer Schneckenhäuser der Gattung *Theba*.

Malpaís bei La Oliva

Unmittelbar nördlich des Ortes La Oliva gibt es alte Ströme von Blocklava (span. Malpaís), die von dem längst erloschenen Vulkankegel des Arena ausgegangen sind. Hier ist die pflanzliche Besiedlung weit fortgeschritten. In den ehemals intensiv durch Kulturen genutzten Flächen stehen allenthalben noch die meterhohen Begrenzungsmauern. Das Gebiet wirkt auf die Ferne hellgrün, vor allem durch die Flechten, die Mauern und Felsen als dichter Rasen bedecken. Im Schatten findet sich auch die dunkle Orchillaflechte (s. S. 139). Als Kulturpflanzen sind Agaven zweier Arten und Opuntien eingestreut. Auch der Wilde Tabak *Nicotiana glauca* steht überall. Unter den dornigen Sträuchern dominieren Dornlattich *Launaea arborescens*, Bocksdorn *Lycium intricatum* und der klettern-

Selten geworden auf den Ostinseln ist die Fliegenblume *Caralluma burchardii*, die kakteenartige Gestalt entwickelt hat.

Der Röhrige Affodill ist eine Wüstenpflanze, die auch in Afrika vorkommt.

de Krapp *Rubia fruticosa* mit seinen harten stachligen Blättern. Hinzu kommt der äußerst stachlige, verholzte, hüfthohe Spargel der Art *Asparagus stipularis*, ein Endemit von Fuerteventura und Lanzarote. Daneben stehen viele Individuen der Stumpfblättrigen Wolfsmilch *Euphorbia obtusifolia* (S. 153), die im Frühjahr leuchtend gelbgrün blüht, sowie der sukkulente »Verode« *Kleinia neriifolia*, der oftmals ganz blattlos dasteht (S. 57). In der Krautschicht dominieren neben dem weiß blühenden Zwergheliotrop *Heliotropium erosum*, auch Ästige Sonnenwende genannt, Polster gelb blühenden Hornklees. Die Liliaceen sind mit zwei Affodill-Arten vertreten, dem großen Kleinfrüchtigen Affodill *Asphodelus microcarpus* (S. 149) und dem röhrenblättrigen *Asphodelus fistulosus*.

Dazwischen findet sich auch der eingeschleppte Gelbe Sauerklee *Oxalis cernua* (S. 31).

Verborgen in Felsspalten oder auf offener steiniger Fläche steht gruppenweise eine der ausgefallensten Pflanzen der Insel. Es ist die für Lanzarote und Fuerteventura endemische, selten gewordene Fliegenblume *Caralluma burchardii*, ein Schwalbenwurzgewächs. Sie hat sich an das Wüstenklima mit den gleichen Mitteln angepasst wie die Kandelaberwolfsmilch *Euphorbia canariensis* und die Jandía-Wolfsmilch *Eu. handiensis* (S. 179). Ihre bis etwa 20 cm hohen Sprosse sind blattlos und kakteenartig sukkulent. Im Dezember trägt sie neben den unscheinbaren Blüten auch winzige Blätter. Die paarigen hornförmigen Fruchtkapseln fallen im Frühjahr

Das Nordafrikanische Erdhörnchen hat,
seit 1965 ein Paar ausgesetzt wurde, fast die
ganze Insel erobert.

Der Korbblütler *Reichardia tingitana* erinnert
mit seinem Namen an die nordafrikanische
Verbreitung (Tanger).

auf. Sie öffnen sich später, so dass die Samen vom Wind vertrieben werden. Obwohl
die Fliegenblume sich durch giftige Gly-
coside gegen Tierfraß schützt, nimmt sie
bedenklich ab und sollte geschont werden.

Manche Sträucher des Dornlattichs *Launaea arborescens* sind völlig von der parasitischen Winde *Cuscuta
approximata* bedeckt.

Die Kragentrappe

Von der seltenen Kragentrappe leben nur auf Fuerteventura, auf Lanzarote und auf der kleinen Insel La Graciosa Individuen der Unterart *fuertaventurae*. Die scheuen Vögel stehen in der Roten Liste der Kanarischen Landwirbeltiere und bedürfen dringend des Schutzes, seit sie nach der Mitte des 20. Jahrhunderts stark zurückgegangen sind. Gefährdung und Störung gehen vor allem von Hochspannungsleitungen und Geländefahrzeugen aus. Indirekt wirken sich die Zerschneidung und Vernichtung des Lebensraums aus. Die jüngsten Zählungen im Dezember 2006 ergaben einen Bestand von knapp 650 Tieren, davon allein auf Lanzarote ungefähr 400. Auf Fuerteventura sind auf der Halbinsel Jandía, bei Lajares und bei der Lagune von Tesjuate Schutzgebiete mit einer Ausdehnung von insgesamt 6000 ha ausgewiesen worden. Auf Lanzarote gibt es ein Schutzgebiet bei Guatiza. La Graciosa ist als Ganzes geschützt, hier sind aber nur 9 Trappen gezählt worden. Die Schutzwirkung in diesen Gebieten leidet allerdings unter mangelnder Kontrolle. Wichtig wäre es, große Gebiete zum Schutz der Population und ihres Lebensraums völlig zu sperren. Als Gast auf der Insel sollte man vermeiden, die Vögel zu suchen oder zu stören. Es bedeutet schon einen Glücksfall, die gut getarnten und kaum je von selbst auffliegenden Trappen von ferne am Boden zu entdecken.

Sie ernähren sich von pflanzlicher Kost, fressen aber auch Schnecken und viele Insekten. Im Januar und Februar ist die Zeit der Balz. Dann steht der Hahn zuweilen wie ein weiß blühender Blumenstrauß auf einer Anhöhe und demonstriert mit kreisenden Schauläufen seinen Revieranspruch.

Bereits im Winter balzen die Hähne mit Kreisläufen und gespreiztem Halsgefieder auf einer Anhöhe, um die Hennen zur Paarung anzulocken.

Wie die Pflanzenwelt ist auch die Tierwelt des Malpaís reichhaltig. Zur Blütezeit der meisten Pflanzen im Spätwinter schwirrt und summt es von Insekten, insbesondere von vielen verschiedenen Bienenarten und anderen Hautflüglern. An Singvögeln kommen Brillengrasmücken und Kanarenpieper vor, auch Kolkraben lassen sich sehen. An den Mauern sonnen sich Eidechsen. Es handelt sich um die Fuerteventura-Unterart *mahoratae* der Ostkanaren- oder Purpurarieneidechse (*Gallotia atlantica*, S. 174). Die Tiere sind klein: die Männchen werden höchstens 22,5 cm, die Weibchen 18,5 cm lang. Auch die grünlichblauen Flecken an der Flanke der Männchen sind unauffällig.

Die Kragentrappe – ein gefährdeter und scheuer Endemit der Ostinseln.

Im Gebiet hat sich auch das lebhafte Nordafrikanische Erdhörnchen *Atlantoxerus getulus* (S. 193) angesiedelt, das in der benachbarten nordafrikanischen Küstenregion zu Hause ist: ein in steinigem Gelände lebender, knapp eichhörnchengroßer Nager, der sich von pflanzlicher Kost ernährt. Im Jahre 1965 wurde in Pájara angeblich ein einziges Paar freigesetzt. Es hat sich inzwischen massenhaft vermehrt und auf der ganzen Insel ausgebreitet. Die sozialen Tiere sind lebhaft und possierlich und stellen eine Attraktion für den Beobachter dar. Grundsätzlich sind solche Faunenverfälschungen aber keineswegs zu begrüßen.

Im Gebiet unterwegs

Die **Halbwüste von Lajares** ⑦ (vgl. Karte S. 189) erreicht man, indem man von La Oliva aus Richtung El Cotillo fährt. Beim Kreisverkehr nahe Lajares biegt man links in ein ausgedehntes Dünengebiet ab.
Um zum **Malpaís bei La Oliva** ⑧ zu gelangen, fährt man von der Kirche im Ortszentrum aus westwärts Richtung **El Cotil-**

lo. Man biegt an einer größeren Kreuzung rechts ab und fährt an einer neu erbauten Siedlung entlang eine Art Umgehungsstraße bis zu einer Kreuzung, an der ein Schild zu einer Station weist. Im Zweifelsfall fragt man sich einfach zu der am nördlichen Ortsrand von La Oliva liegenden Station für die Wiederansiedlung (recuperación) der Kragentrappe (hubara) durch. Direkt dahinter beginnt rechts und links der Piste das Malpaís-Gebiet. Doch passiert man das Lavafeld auch auf der Straße von La Oliva nach Lajares. Die genannte Station ist nur mit schriftlicher Genehmigung zugänglich, die man bei der Abteilung Medio Ambiente beim Cabildo Insular in Puerto del Rosario beantragen muss. Von der Station aus wird auch die Benutzung einheimischer Pflanzen als Ziergewächse im Garten gefördert.

El Cotillo ist ein in heftiger touristischer Entwicklung befindlicher Küstenort, der sich mit Hotel- und Bungalowanlagen immer mehr in die Landschaft hineinfrisst. Eine neu begonnene ausgedehnte Urbanisation, die illegal war, ist allerdings vom Naturschutz vorerst erfolgreich gestoppt worden. Nördlich davon gibt es Sandstrand und Felswatt mit vielen Wasservögeln sowie ein Dünengebiet.

Pflanzen und Tiere

An der Küste findet sich die übliche schüttere Vegetation salztoleranter Pflanzen, vor allem das sukkulente Jochblatt *Zygophyllum desfontainesii.* Der Meerkohl *Cakile maritima,* der auch im Spülsaum von europäischen Flachküsten wächst, ist hier in lockeren Beständen ein Stück weit in die Dünen vorgedrungen. Im Felswatt gibt es Tidentümpel mit ihren Bewohnern. Manchmal sind an den kleinen

**Das Felswatt bei El Cotillo lohnt einen Besuch.
In den Tidentümpeln findet man viele Organismen der Küste.**

Sandstränden die zarten Schalen von *Spirula spirula* (s.S. 37) angespült, einer von 45 Vertretern der Tintenfische in den Kanarischen Küstengewässern.

Sowohl auf den vorgelagerten Felspartien als auch direkt am Sandstrand und auf Ödflächen dahinter kann man rastende und Nahrung suchende Watvögel beobachten, teils in größeren Scharen. An einem Tag können einem dort 25 oder 50 Sandregenpfeifer, 20 Seeregenpfeifer, einige Sanderlinge, ein Dutzend Steinwälzer, außerdem noch Rotschenkel, Pfuhl-

schnepfen, Flussuferläufer, Regenbrachvögel und Vertreter anderer Arten begegnen. Dazu kommen Mittelmeermöwen in verschiedenen Alterskleidern sowie Seiden- und Graureiher. Sanderlinge und Steinwälzer nähern sich manchmal den offenen Fischrestaurants, um sich dort mit Brotresten und Pommes frites füttern zu lassen. Auch die Mittelmeermöwen beteiligen sich, sind aber vorsichtiger.

Binnenlands schließt sich vom Leuchtturm her ein ausgedehntes Dünengebiet an, dessen größter Teil aus gelblichem Sand besteht, ein kleinerer küstennaher Teil jedoch aus feinstem weißem Sand. In diesem Gebiet gab es früher Kragentrappen, Triele und andere seltene Vögel. Jetzt ist es stark gestört, doch lassen sich die zeitweise in Trupps auftretenden Wüstengimpel die Samen aus den steinharten Schötchen des Meerkohls schmecken. Das ist auch eine der Nahrungspflanzen der Kragentrappe.

Im Gebiet unterwegs

El Cotillo ⑨ (vgl. Karte S. 189) erreicht man auf gut ausgebauter schneller Straße von La Oliva aus. Im Ort angekommen, fährt man rechts in Richtung der Playas. Das Ensemble aus drei Leuchttürmen unterschiedlicher Bauperioden sieht man am Horizont. Hier wird derzeit (Anfang 2008) ein Fischereimuseum gebaut.

Wasservogelparadiese

Lagune südlich Tuineje

Wenn man auf der FV-20 von Tuineje südwärts fährt, gelangt man zu einem linker Hand liegenden Einzelhaus, von dem aus man schon eine Wasserfläche sehen kann (falls der See nicht ausgetrocknet ist). Hier kann man den Wagen abstellen oder vorsichtig noch ein Stück ins Gelände fahren,

Durch Blatt-Sukkulenz ist das Jochblatt *Zygophyllum fontanesii* an das Salz angepasst.

Portugiesische Galeeren *Physalia physalis* sind Staatsquallen, die mit dem Nesselgift ihrer blauen Fangfäden heftigen Schmerz und sogar Schock erzeugen können.

bei der nächsten Weggabelung nach rechts. Es gibt auch einige 100 m weiter südlich an der FV-20 einen Aussichtspunkt, von dem man die Lagune überschauen kann. Der flache See ist eingezäunt und mit Schildern als Schutzgebiet für Vögel ausgewiesen. In der Nähe gibt es ausgedehnte Tamariskenbestände, die zahlreiche Singvögel beherbergen, auch Durchzügler von den Kontinenten, wie z. B. im Winter und Frühjahr den singenden kontinentalen Zilpzalp. Am jenseitigen Ufer steht eine verschlossene Beobachtungshütte. Auf der Wasserfläche und an den Ufern tummeln sich zahlreiche Bläss- und Teichhühner.

Unter den Entenvögeln fallen als erstes Rostgänse auf, die auch in der Nähe brüten. Bis zu zwei Dutzend sind hier gesehen worden. Die Marmelente tritt als Gast auf, ebenso die amerikanische Ringschnabel- und die Blauflügelente. Seiden- und Graureiher sind ebenso vorhanden wie Mittelmeermöwen und gelegentliche Löffler sowie Heilige Ibisse. Natürlich kann man hier auch sämtliche paläarktischen Watvögel sehen. Mehrere Paare Stelzenläufer dürften hier dauerhaft leben, wenn die Wasserverhältnisse es erlauben. Für die Identifikation kleiner, entfernter und schwierig zu bestimmender Vögel empfiehlt sich ein Spektiv. Im Internet sind neue Beobachtungen nachlesbar.

Embalse de los Molinos

Eine weitere Wasserfläche, auf der man Wasservögel antrifft, der Embalse de los Molinos, befindet sich westlich Tefía (dem trockensten Ort der Kanaren mit 30 mm Jahresniederschlag). Man biegt in Tefía westwärts auf der FV-221 nach Puertito de los Molinos ab. Nach 5,2 km erreicht man das Dörfchen Las Parcelas. Gleich zu Beginn zweigt in einer scharfen Rechtskurve eine Piste nach links ab, die auch mit dem Mountainbike gut befahren werden kann. Bei dem Gehöft, das man nach 100 m passiert, werden Ziegen, Esel, Hühner und Hunde gehalten. In der unmittelbaren Umgebung kann man oft zahlreiche Stummellerchen und Wüstengimpel, auch Felsen- und Türkentauben und den Wiedehopf sehen. Die Piste erreicht nach 4,6 km Wüste zwei verfallene Gebäude und die Staumauer. Von hier aus geht man zu Fuß weiter. Ein Spektiv ist zweckmäßig. Auf dem Gewässer halten sich 60 und mehr Rostgänse und zahlreiche andere Wasservögel auf, auch Durchzügler wie Schwalben und Segler sind hier zu sehen.

Lanzarote ist die nördlichste und östlichste der sieben Kanaren. Sie kommt dem afrikanischen Festland mit 125 km Distanz allerdings trotzdem nicht ganz so nahe wie die südliche Nachbarinsel Fuerteventura. Die Ähnlichkeit zu Lebensräumen in Afrika macht jedenfalls in vieler Hinsicht den spröden landschaftlichen Reiz beider Inseln aus. Lanzarote ist geologisch gesehen mit 15,5 Mill. Jahren die zweitälteste der Kanaren.

Die Insel ist etwa 60 km lang und erreicht eine Breite von kaum mehr als 20 km. Sind die westlichen Kanaren entschieden gebirgig, so wirken die beiden Ostinseln trotz mancher steiler Vulkankegel und Barrancos eher hügelig. Lanzarote steigt nahe seiner Nordspitze in den **Peñas del Chache** auf nicht mehr als 670 m Meeres-

höhe an. Daher kann der Passat fast ungehindert über die Insel streichen. Die Passatwolke ist eine eher seltene Erscheinung. Die wenigen Niederschläge konzentrieren sich auf die Monate Dezember und Januar. Sie erreichen kaum 200 mm pro Jahr, nur an den Peñas del Chache liegen sie über 250 mm. Das Klima ist arid und die natürliche Vegetation wirkt steppen- oder halbwüstenhaft. Bleibt der winterliche Regen aus oder ist er gering, wirkt die Insel das ganze Jahr über braun und unansehnlich, wenn es aber regnet, kann sie – genauso wie Fuerteventura – erstaunlich rasch ergrünen. Abgesehen von Baumpflanzungen in den Ortschaften, besonders den reichen Beständen an Dattelpalmen bei Haría, und einigen Beständen von hier nicht heimischem Eukalyptus fehlt

Die Abhänge der Riscos de Famara sind für ihre Flora und Vogelwelt berühmt.

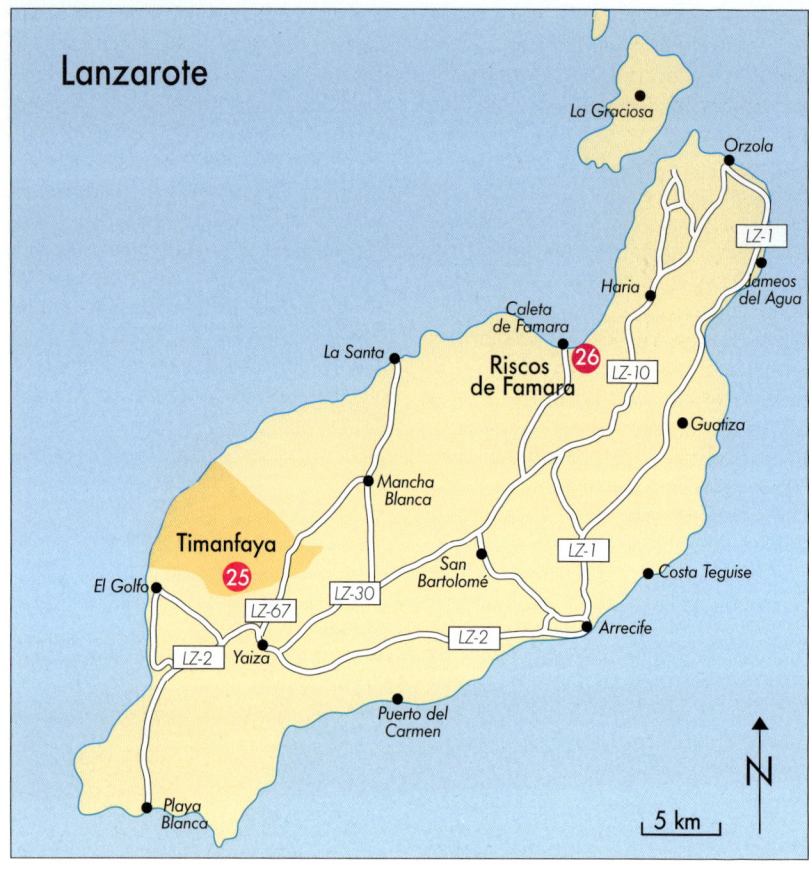

Lanzarote

La Graciosa

Orzola

LZ-1

Haria

Jameos del Agua

Caleta de Famara

La Santa

Riscos de Famara

26 LZ-10

Guatiza

Mancha Blanca

Timanfaya

25

El Golfo

San Bartolomé

LZ-1

Costa Teguise

LZ-67

LZ-30

LZ-2

Arrecife

LZ-2

Yaiza

Puerto del Carmen

Playa Blanca

N

5 km

der Wald. Auch die typische Strauchvegetation ist niedrig und schütter, so dass die steinige Oberfläche fast überall bloß liegt.

Relativ junger **Vulkanismus** beherrscht das Gesicht dieser Insel in größerem Maß als es bei den anderen der Fall ist. »Isla de los Volcanes« – Insel der Vulkane – wird sie deshalb genannt. Ein großes Gebiet junger Vulkanlandschaft im Südwesten der Insel ist als Nationalpark ausgewiesen. Doch auch in anderen Regionen der Insel sind im Zusammenwirken von Vulkanismus, Verwitterung, Sonne und Meer die

unglaublichsten Landschaften entstanden: Riesige, ebene oder leicht geneigte Flächen mit schütterer Vegetation, Berge aus schwarzer vulkanischer Asche, Lavaplatten, von unerhörten Kräften zerbrochen. Im Jahre 1993 ist ein großer Teil der Insel durch die UNESCO als Biosphärenreservat anerkannt worden.

Lanzarote war lange Zeit ein Geheimtipp für Maler, Schriftsteller und Naturfreunde. Heute ist die Insel erschlossen und recht überlaufen. Durch die unermüdlichen Bestrebungen des 1992 verstorbenen, weltweit anerkannten Künstlers César

Manrique ist es jedoch weitgehend gelungen, sie von Hotel-Hochhausbauten freizuhalten. Die Häuser der Einheimischen und zahlreiche moderne Nachbauten haben sich den weißen Außenanstrich, das afrikanische Flachdach und eine andere Eigenheit bewahrt: Fenster- und Türrahmen, Geländer und Veranden aus Holz tragen einen dekorativen dunkelgrünen, manchmal auch dunkelblauen oder pastell hellblauen Anstrich. Trotzdem sind die Urbanisationen im Bungalowstil in den letzten zehn Jahren an vielen Orten unaufhaltsam in die Breite gewachsen. Die Touristenzeitschriften wimmeln von Anzeigen der Immobilienmakler, aber auch von denjenigen der Ärztezentren, Zahnkliniken, Modeshops, internationalen Restaurants, Landschaftsgärtner, Möbelshops usw. Auf den Straßen herrschen Pkws und Lkws, hin und wieder Rennräder vor. Die vierrädrigen Quads mit ihrem Höllenlärm fielen uns weniger häufig auf. Den Himmel teilen sich die geräuschlosen Drachen- und Gleitschirmflieger mit kleinen lauten Motorflugzeugen.

Die Insel baut sich um drei Gebirgsstöcke herum auf, die sich in Nordost-Südwest-

Das Dromedar kommt als Touristentragtier zu Ehren, wird aber nur noch selten auf Bauernhöfen gehalten.

Richtung erstrecken. Das Timanfaya-Gebiet im Westen besteht aus etwa 20 jungen Vulkanen. Die Berge um Haría im Norden sind viel älter und stark verwittert, nur der Vulkan **Corona** hat die Nordostspitze der Insel in jüngerer Zeit mit Malpaís zugedeckt – das ist aber auch schon 50 000 Jahre her. Durch den Süden erstreckt sich ein etwa 600 m hoher Bergzug. Die wesentlichen Straßen verlaufen ebenfalls in Nordost-Südwest-Richtung. An der Straße zwischen **Mozaga** im Inselzentrum und

Uga im Südwesten reihen sich eigentümliche und charakteristische Weinkulturen: Jeder Weinstock wächst in einer metertiefen Mulde in lockeren schwarzen Lapilli und ist ringsum oder nur nordostwärts durch ein halbrundes oder eckig angelegtes Mäuerchen gegen den Passat geschützt (s. S. 213). Viele solcher Anlagen wirken aber heute bereits ungepflegt und verlassen – kein Wunder, die Weinproduktion kommt gegen die industriellen Kulturen der Iberischen Halbinsel nicht an.

Praktische Tipps

Anreise

Lanzarote kann man per Flugzeug von Europa oder von den größeren benachbarten Inseln aus erreichen (nicht von Fuerteventura). Der Flughafen liegt wenige Kilometer westlich der Hauptstadt Arrecife an der Küste. Von Arrecife aus gibt es eine Fährverbindung mit Las Palmas de Gran Canaria. Zwei Autofähren verbinden Lanzarote täglich achtmal mit Fuerteventura. Die Überfahrt von Playa Blanca im Süden von Lanzarote nach Corralejo an der Nordspitze von Fuerteventura dauert etwa eine halbe Stunde. Preisgünstige Tagesausflüge werden angeboten. Vom Hafen Orzola an der Nordspitze von Lanzarote aus erreicht man mit der Personenfähre die Insel Graciosa. Man kann auch ein Boot mieten, um die abgelegene Insel Alegranza zu besuchen.

Verkehr

Die **Straßen** sind im Allgemeinen gut ausgebaut. Besonders in Arrecife und Umgebung ist der Autoverkehr gefürchtet. Auf dem Land ist eine genaue Straßenkarte nützlich, weil es

mancherorts an Wegweisern mangelt. Die Bankette der Straßen sind oftmals scharf und tief abgebrochen. Es wird dringend empfohlen, angegebene Geschwindigkeitsbegrenzungen einzuhalten.

Informationen über die 17 **Buslinien** bekommt man in den Reisebüros oder im Internet unter www.lanzarote.com. Alle Busse verkehren von oder nach Arrecife. Ganztägige Verbindungen gibt es zwischen Arrecife und Puerto del Carmen bzw. Costa Teguise oder Playa Honda (jeweils alle 20 Minuten). Die Linie nach Playa Blanca und diejenige zum Flughafen verkehren stündlich, alle anderen sporadisch. Die Preise variieren zwischen 81 Cent und 2,67 €. Wenn man viel mit dem Bus fahren möchte, kann man sich an der Busstation Arrecife einen Gutschein kaufen, der die Fahrkarten auf die Hälfte verbilligt. Die Tickets bekommt man im Bus.

Taxis gibt es fast überall. Die offiziellen Preise sind angeschlagen. Unter lanzarote.com kann man einen Transfer zwischen Flughafen und Hotel buchen. Kosten je nach Strecke zwischen 15 und 30 € für bis zu 5 Personen.

Unterkunft und Verpflegung

Private Unterkunft ist zeitweise nicht leicht zu finden, Vorbereitung und Buchung mit Hilfe des Internets (www.lanzarote.com) ist aber dabei von Nutzen. Ruhig gelegene Appartements oder teils einfache, aber immer individuelle Landhäuser (Casa rural) gibt es z. B. in Haría, Yaiza, Orzola, La Caleta, Arrieta sowie in Playa Blanca im Süden (Kosten 2008 etwa ab 30 € pro Person und Nacht). Das Essen in den Restaurants variiert preislich wie in der Qualität und im Service, besonders in den touristischen Zentren. Man kann aber derzeit (2008) bei bescheidenen Ansprüchen bereits für 10 € recht gut essen und trinken.

Museum

Lanzarote hat wie die anderen Inseln eine vorspanische Geschichte. Einen Eindruck davon kann man in dem von dem Heimatforscher Juan Brito aufgebauten kleinen Museum im Fort Castillo de San Gabriel im Hafen von Arrecife gewinnen. Nebenbei: An der Mole kann man hier auf kleinen Felsinseln und im Felswatt stets rastende Watvögel aus dem Norden sehen: Pfuhlschnepfe, Regenbrachvogel, Kiebitz- und Sandregenpfeifer (meist Jungvögel) und Steinwälzer. Weiter draußen halten sich zahlreiche Mittelmeermöwen in allen Alterskleidern und in wechselnder Zahl auch überwinternde Brandseeschwalben auf.

Vulkanausbruch auf Lanzarote

Chronist dieser Ereignisse war Don Andrés Lorenzo Curbelo, der Pfarrer von Yaiza. Hier Zitate aus seinem Bericht: »Am 1. September (1730) zwischen 9 und 10 Uhr abends öffnete sich plötzlich in der Nähe von Timanfaya, zwei Meilen von Yaiza entfernt, die Erde. Schon in der ersten Nacht erhob sich ein enorm hoher Berg aus den Tiefen des Untergrunds, und aus seiner Spitze stiegen Flammen auf, die 19 Tage lang loderten ... Ein paar Tage später tat sich erneut ein Abgrund auf, und ein Strom von Lava ergoß sich über Timanfaya, Los Roques und einen Teil von Mancha Blanca. Die Lava breitete sich über diese Ansiedlungen hinaus weiter nordwärts aus, anfangs schnell wie Wasser, später mit geringerer Geschwindigkeit und zäh wie Honig... Die vulkanische Aktivität setzte sich auf diese Weise volle 10 Tage lang bis zum 28. Oktober fort, als plötzlich das Leben des Viehs der ganzen Gegend ausgelöscht wurde, erstickt durch giftige Ausdünstungen, die sich verdichteten und als Regen herabfielen. Am 30. Oktober war alles totenstill ... Etwa Ende Juni 1731 waren alle Strände und die Westküste mit ungaublichen Mengen toter Fische aller Arten bedeckt, von denen einige bisher noch nie gesehen worden waren. Von Yaiza aus konnte man an der Westküste aus dem Meer in großen Mengen Dampf und Flammen aufsteigen sehen, begleitet von lauten Explosionen ...«.

Die Einwohner der betroffenen Ortschaften verloren alles Hab und Gut. Die Leute von Yaiza flohen mit ihrem Pfarrer nach Gran Canaria, kehrten aber bald wieder zurück.

Nationalpark mit 20 jungen Vulkanen und Kennzeichen von noch lebendem Vulkanismus knapp unter der Erdoberfläche; geringe Vegetation; an der Küste große Saline, Rastplatz vieler Wasservögel, sowie El Golfo, ein halb im Meer versunkener Tuffkrater mit Lagune.

Noch zu Beginn des 18. Jh. war die Gegend des heutigen Timanfaya-Gebirges im Südwesten der Insel fruchtbares Kulturland, Timanfaya selbst ein blühendes Dorf mit einem alten, von den vorspanischen Ureinwohnern geprägten Namen. In den Jahren 1730–1736 und 1824 kam Unglück über das Land. Vulkanausbrüche verwüsteten das westliche Viertel der Insel fast vollständig.

Heute stellt das Timanfaya-Gebirge ein beeindruckendes Ausflugsziel für den Inselbesucher dar. Hier kann man dem Vulkanismus hautnah begegnen. Die **Montañas del Fuego** (Feuerberge) sind mit einer Fläche von 5107 ha seit dem Jahre 1974 Nationalpark. Zwei verschiedene Oberflächenformen bestimmen das Bild der Landschaft. Während man schon bei der Zufahrt endlose Ströme wüster Schollenlava durchquert, sind die konisch geformten Vulkanberge in der Regel von vulkanischer Asche und Lapilli (s. S. 15 f.) unterschiedlicher Farbgebung bedeckt. Lapilli können auch große Flächen zwischen den Kegeln einnehmen, z. B. im Valle de la Tranquilidad, dem Tal der Stille.

Am **Islote del Hilario**, dem Zentrum des Nationalparks, liegt eine abgeschlossene Blase glühenden Magmas knapp unter der

Aschekegel und Schollenlava kennzeichnen das Bild der urtümlichen Vulkanlandschaft Timanfayas.

Oberfläche. Hier werden von den Wärtern folgende Erscheinungen demonstriert: In eine mehrere Meter tiefe Höhlung mit einer Temperatur von etwa 250 °C wird mit einer langen Gabel ein trockener Dornlattich-Busch geschoben, der sich nach wenigen Sekunden entzündet und lichterloh brennt. Auf einer Terrasse daneben sind Metallrohre von etwa 15 cm Durchmesser 10 m tief in den Boden eingelassen, wo eine Temperatur von 400 °C herrscht. Hinein geschüttetes Wasser verpufft mit geringer Verzögerung als 5–10 m hohe Dampffontaine – ein künstlicher Geysir. Rote Lapilli vom Rand der Terrasse fühlen sich in der Hand merklich heiß an.

Am Islote del Hilario ist die Hitze des Magmas in einer Höhle im Boden so groß, dass der trockene Dornlattich sich darin von selbst entzündet.

Während der vom Nationalparkzentrum aus angebotenen Busrundfahrt, die in der Eintrittsgebühr für den Nationalpark eingeschlossen ist, gewinnt man atemberaubende Eindrücke von der Wildheit vulkanischer Oberflächenformen. Zerrissene Lavaschollen wechseln mit Aschekegeln, ein Krater öffnet sich 100 m tief. Ein weiter Ausblick reicht über eine monumentale Landschaft bis zum Meer hinunter, streicht über Vulkankegel, geronnene Lavaflüsse und einen mäandrierenden, tief in die Ebene hinein gefressenen Lavakanal, heute eine leere Höhle. In einer solchen Höhle, die man durchfährt, meint man noch zu sehen, wie die flüssige Lava von den Simsen tropft – jetzt alles zur Bewegungslosigkeit erstarrt.

Pflanzen und Tiere

Die jungen und genau datierten Lavaströme des Timanfaya-Gebietes stellen ein natürliches Laboratorium der Ökologie dar, in dem man die Abläufe pflanzlicher und tierlicher Besiedlung genau studieren kann. Die ersten Lebewesen, die die Malpaís-Regionen der frischen Lava erobern, sind anspruchslose Flechten: Symbiosen aus Pilzen und Algen. Eine graue strauchige Art (*Stereocaulon vesubianum*) ist als Pionier am häufigsten. Sie trägt den Namen des Vesuv und ist weltweit besonders auf jungen Laven verbreitet. Eine gelbliche Bäumchenflechte vermag erst später Fuß zu fassen. Beide bedecken verwitternde Lavaoberflächen an manchen Stellen so dicht, dass diese auf die Ferne weiß oder gelblich wirken. Als dritte häufigere Form kommt die leuchtend orangefarbene Krustenflechte *Xanthoria parietina* (S. 149) hinzu. Sie ist ebenfalls ein Kosmopolit, bevorzugt aber Stellen, wo Stickstoff vorhanden ist. Auffallend ist, dass der Flechtenbewuchs sich in nordöstlicher Richtung orientiert – die Richtung, aus der der Passat weht, der etwas Feuchtigkeit mitbringt. Insgesamt sind im Timanfaya-Gebiet mehr als 100 Flechtenarten, 5 Algenarten und ein gutes Dutzend Moose nachgewiesen worden. Von höheren Pflanzen sind 177 Arten gefunden worden. Dem Besucher begegnet vorwiegend der Dornlattich (*Launaea arborescens*, S. 112) sowie in einigen scharf begrenzten Zonen die große Stechbinse (*Juncus acutus*, S. 170), die es auch im Mit-

Der Schmutzgeier ist
ein Charaktervogel Lanzarotes.

Schüttet man einen Eimer Wasser in die Metall-
röhre, schießt nach kurzer Zeit ein künstlicher
Geysir empor.

telmeergebiet gibt. Stachlig bewehrte Blätter hat auch die mit den Brennnesseln verwandte Mäusefalle (»Ratonera«, Gattung
Forskaolea, nach Linné *Forskohlea* ge-
schrieben), die man in kleinen Beständen
findet. Weniger zu begrüßen sind die Felder oder einzelnen Pflanzen verwilderter
Begonien. Vielerorts hat sich auch der
baumförmige Wilde Tabak (*Nicotiana glauca*, S. 229) angesiedelt. Die Einheimischen
mögen ihn nicht. Sie nennen ihn »Tabacco
moro« oder »Bobo« (= Blödkopf), wegen
seiner Giftwirkung auch »Venenero« –
eine eingeschleppte Pflanze, die man
nicht unbedingt sympathisch finden muss.
Die Tierwelt wirkt nach außen hin ärmlich,
doch ist zu bedenken, dass die zahlreichen
Wirbellosen einschließlich der Insekten
sich der Beobachtung weitgehend entziehen. An Vogelarten treten paarweise Felsentauben und Kolkraben auf. Die Felsentauben sammeln sich scharenweise am
Lagerplatz der Dromedare. Selten kann
man auch den Schmutzgeier und den
Wüstenfalken beobachten, von denen je
ein Paar im Gebiet brütet. Häufiger ist der
Turmfalke. An Singvögeln lässt sich der
ökologisch universelle Kanarenpieper sehen, in den Randregionen auch der alt-
rosafarbene Wüstengimpel (S. 211) mit
lackrotem Schnabel. Wühlspuren und Kot-
ansammlungen belegen die Anwesenheit
von Wildkaninchen. In Höhlen oder sonstwie verborgen hält sich die kürzlich erst
entdeckte Kanarische Spitzmaus auf. Das
Dromedar (das einhöckerige Kamel S. 201)
ist als Haustier auf den Kanaren eingeführt.
Die Tiere wurden wahrscheinlich schon im
4. oder 3. Jahrtausend v. Chr. in Arabien
domestiziert, die ersten im 15. Jh. durch die
normannischen Eroberer auf die Kanaren
gebracht. Auf Lanzarote und Fuerteventura gab es zeitweise viele Tausend. Sie sind
vor allem als Trag- und Zugtiere in der

Landwirtschaft eingesetzt worden, ließen sich aber nur in geringem Maße züchten. Neuerdings werden sie wieder vermehrt als Tragtiere für Ausflügler angeboten.

Im Gebiet unterwegs

Die Einfahrt zum Nationalpark erreicht man entweder von Süden über Yaiza oder von Norden her von La Caleta über Tinajo und Mancha Blanca. An einer Schranke bezahlt man eine Gebühr von 8 € pro Person (2008). Dieser Preis schließt eine Busrundfahrt (»Ruta de los Volcanes«) ein. Innerhalb des Nationalparks ist es nicht erlaubt, die Straßen und befestigten Wege zu verlassen, außerhalb der Parkplätze anzuhalten und auszusteigen, auf Lava oder vulkanischer Asche herumzulaufen, Pflanzen, Mineralien oder Gesteine auf- oder mitzunehmen, Jagd auszuüben und Abfall fortzuwerfen. Ebenfalls ist Zelten und Kampieren untersagt. Dass man die Wege nicht verlassen darf, hat seinen Sinn: Fuß- oder gar

Flechten wie das graue *Stereocaulon vesubianum* sind die ersten Pflanzen, die die frische Lava besiedeln.

Reifenspuren bleiben jahrzehntelang in den nur leicht vom Wind gewellten Lapilliflächen erhalten. Außerhalb des Nationalparks findet man nordöstlich an der Straße LZ-67 kurz vor Tinajo das zugehörige Besucherzentrum Mancha Blanca, mit Ausstellung, Filmvorführung, Souvenirshop und Beratung. Wanderungen im Nationalpark sind nicht gestattet, doch gibt es se-

In Lavahöhlen scheint die erstarrte Lava von der Decke zu tropfen.

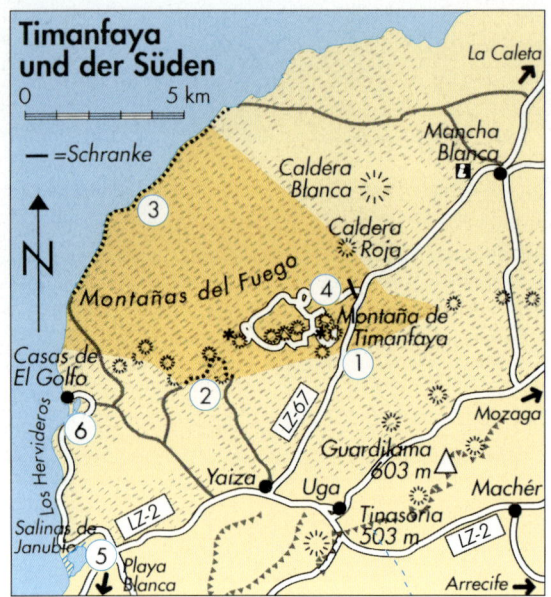

Timanfaya
und der Süden
0   5 km

— =Schranke

N

La Caleta
Mancha Blanca
Caldera Blanca
Caldera Roja
Montañas del Fuego
Montaña de Timanfaya
Casas de El Golfo
Los Hervideros
Mozaga
Guardilama 603 m
Yaiza
Uga
Machér
Salinas de Janubio
Tinasoria 503 m
Playa Blanca
Arrecife
LZ-67
LZ-2
LZ-2

worden ist. Ein öffentlich zugänglicher Wanderweg von etwa 9 km Länge (etwa 5 Stunden) führt die dem Nationalpark zugehörige Küstenlinie ③ entlang. Auch für diesen Weg kann Führung vereinbart werden. Anmeldungen bei ICONA in Tinajo.

Vom Parkeingang fährt man in wenigen Minuten in das Herz des Parks zum **Islote del Hilario** ④. Am Parkplatz beginnen zwischen 10.30 Uhr und 17 Uhr alle 20 Minuten Busrundfahrten von etwa 40 Minuten Dauer. Die zurückgelegte Strecke ist 14 km lang. Im Bus gibt es stimmungsvolle Kassettenmusik und gesprochene Information auf Spanisch, Englisch und Deutsch zu den einzelnen Stationen und Ereignissen des Vulkanismus.

TIPP: Wer die weiße Dampf- und Wassersäule des künstlichen Geysirs am Islote del Hilario fotografieren will, muss sich aus der richtigen Position heraus auf blitzartige Reaktion einstellen.

henswerte Routen außerhalb, z. B. von Tinajo aus zur Caldera Blanca.

Schon bevor man von Yaiza her die eigentliche Parkzufahrt erreicht, passiert man den viel besuchten **Echadero de los Camellos** ①, von wo aus man auf dem Rücken eines Dromedars in Karawane reitend für 20 Minuten einen kleinen Ausflug am Südostabhang des Timanfaya unternehmen kann. Am Ruheplatz der Dromedare sammeln sich die wilden Felsentauben der Umgebung und können hier aus nächster Nähe beobachtet und fotografiert werden. Am Echadero gibt es außerdem – sorgsam im vulkanischen Boden verborgen – eine Bar, ein WC sowie ein Informationsbüro von ICONA und einen Ausstellungsraum mit Mineralien und vulkanischem Gestein. Hier beginnt auch eine kostenlose, von Mitarbeitern von ICONA geführte Wanderung in den Süden des Nationalparks (2–3 Stunden, festes Schuhwerk), wo ein nur unter Führung erlaubter Wanderweg »Senda de Tremesana« ② gebaut

In der oben offenen Lavahöhle meint man die Lava noch fließen zu sehen.

Praktische Tipps

Blick in die Umgebung

Salinas de Janubio und andere

Verglichen mit den anderen Salinen der Kanarischen Inseln stellen die **Salinas de Janubio** ⑤ im Südwesten Lanzarotes wohl die größte Anlage zur Meersalzgewinnung mit Hilfe der Sonnenwärme dar. Eine ausgedehnte Bucht erstreckt sich zwischen steil abfallenden Felsen bis zum Meer. Sie ist gegen den Ozean hin durch einen etwa 1 km langen hohen Strandwall aus dunklem Schotter und Sand abgeschlossen. Meerwärts folgt ein steil abfallender Sandstrand, auf den schwere Dünung aufläuft. Landeinwärts schließen sich Sand- und Schotterflächen sowie Salzwasserlagunen an. Oberhalb liegt eine Cafeteria mit schöner Terrasse. Die Landschaft ist durch Müll, verfallende Gebäude und Mauern gestört. Um die große Zentrallagune herum liegen

Die Salinas de Janubio sind als Rastplatz für Wasservögel berühmt.

landeinwärts zahllose unterschiedlich gefüllte und erhaltene Salinenbecken. Die Saline ist 2008 noch in Betrieb, wie aufgehäuftes weißes Salz zeigt.

Unter dem Einfluss des Salzwassers hat sich ein breiter Gürtel von Salzpflanzen angesiedelt. Als interessanteste tritt teilweise direkt am Ufer der Lagune das strauchförmige Jochblatt *Zygophyllum fontanesii* (S. 198) auf. Die blaugrauen bis gelblichen Blätter sind flaschenförmig sukkulent und damit an den Salzgehalt des Untergrunds angepasst. Die Art kommt auch auf den anderen Inseln meist nur an den Südküsten vor. An etwas höher gelegenen Stellen gedeiht auch der Dornlattich (*Launaea arborescens*, S. 112).

Die Salinas de Janubio stellen auf den Kanarischen Inseln einen der bedeutendsten Sammel- und Rastplätze für durchziehende Watvögel dar. Sie sind u. a. vom Internationalen Rat für Vogelschutz zu einem der ornithologisch wichtigsten schutzwürdigen Gebiete (SPA) der Kanaren erklärt worden. Hier kann man zu jeder Jahreszeit verschiedene, teils arktische Watvogelarten antreffen: Grünschenkel, Rotschenkel, Flussuferläufer, Sandregenpfeifer, Kiebitzregenpfeifer, Steinwälzer (S. 223), Sanderling, Alpenstrandläufer, Stelzenläufer, Pfuhl- und Uferschnepfe. Als Brutvögel kommen vor: Seeregenpfeifer, Stummellerche, Wüstengimpel (legt Nester in Mauerritzen an), Wiedehopf (S. 191) und Turmfalke (S. 154). Die Watvögel rasten teils auch außerhalb der Saline im vorgelagerten Felswatt.

An Mauern und im Gesträuch sind sehr häufig kleine dunkle Ostkanareneidechsen in ihrer Lanzarote-Unterart (S. 174) anzutreffen, die meist bei Annäherung des Beobachters eilig verschwinden, manchmal aber auch ganz vertraut sitzen bleiben.

Weitere biologisch interessante Salinen finden sich u. a. bei **El Río** in der Küstenebene unterhalb des Mirador del Río sowie bei **Los Cocoteros** im Nordosten, an der Küste in Höhe von Guatiza. Man fährt hier vom Ortszentrum aus seewärts. Bevor man auf abbiegender Asphaltstraße die Urbanisation Cocoteros erreicht, fährt man geradeaus weiter auf einer breiten Piste und biegt dann jenseits der Saline links ab. Hier kann man direkt vom Wagen aus in die Salzwasserbecken hineinschauen und Watvögel beobachten. Diese Anlage ist ebenfalls noch in Betrieb. Auf den zerfallenden ehemaligen Windmühlen oder einem Baum an der Straße hält sich zeitweise ein Kanaren-Raubwürger auf.

Zwischen La Santa im Nordwesten der Insel und der Halbinsel La Isleta mit der anschließenden Urbanisation La Santa Sport gibt es eine kleine Bucht **Los Roquetes**, in der grobes Geröll mit feinem Sedimentboden und Tümpeln wechselt. Hier findet man Salzwiesen mit zwei Quellerarten: einem niedrigen verfilzten Kraut, das dichte Rasen bildet, und einem kniehohen Strauch *Arthrocnemum macrostachyum* (s. S. 182). In dem Mosaik verschiedener Lebensräume kann man wahrscheinlich sämtliche Watvögel der westlichen Alten Welt beobachten. Auf kleinen Felsinseln in der Bucht rasten

Der Wüstengimpel – hier ein Männchen – brütet u. a. in den Mauern der Salinen, scheut sich aber auch nicht davor, Ställe und Häuser aufzusuchen, wenn es dort Nahrung gibt.

Brandseeschwalben. Randlich zur Isleta hin gibt es offene Sandflächen, auf denen früher Seeregenpfeifer brüteten. Die ganze Bucht bedarf dringenden Schutzes.

Der weitere Küstenstreifen vor La Santa ist Felswatt und bietet Regenbrachvögeln (S. 223), Steinwälzern, Regenpfeifern, Möwen und Reihern Rastmöglichkeiten und Nahrung. Durch den Tourismusbetrieb, insbesondere das ausgeprägte Wellenreiten, werden die Vögel häufig gestört.

El Golfo

Die Straße von den Salinen nach **El Golfo** ⑥ führt kilometerweit nordwärts durch junge Schollenlava, die noch frei von jeglichem Bewuchs ist. Die wild zerrissene, brandungsumtoste Felsküste (Los Hervideros) kann von mehreren Aussichtpunkten aus betrachtet werden. El Golfo ist das weite Halbrund eines meerseitig durch die Brandung geöffneten Tuffkraters. Er liegt etwa

6 km nördlich der Salinen von Janubio und ist von zwei Seiten her zu erreichen, von Süden her über den **Charco de los Cliquos**, von Norden her über das Fischerdorf **Casas de El Golfo**, jeweils die letzte Strecke von einem Parkplatz aus zu Fuß. Die welligen Tuffschichtungen des Kraterinneren verwittern stark. Die Tuffe wechseln ihre Farben von Schwarz über Braun und Rot nach Gelb. Sie sind durch Ablagerung vulkanischer Glasformationen in Seewasser zu Palagoniten umgewandelt worden. Vulkanologen sprechen von einem palagonisierten Tuffring. Vom Meer her ist der Bucht ein hoher Strandwall aus dunklen Grobsanden vorgelagert.

Schwere faustdicke Knollen, auch in der Nachbarschaft, sind häufig mit Olivin angefüllt. Im Basalt und anderen gasarmen Lavaformen finden sich nicht selten solche daumennagel- bis faustgroßen Einschlüsse olivgrünlicher, wasserheller oder auch goldfarbener Kristalle – ein Silikatmineral, das als Halbedelstein gilt. Die Knollen werden von Einheimischen zum Kauf angeboten. Für die Verarbeitung hat sich eine lokale Schmuckindustrie gebildet.

Im Inneren des Golfo-Kraters liegt eine sichelförmige Lagune mit wechselndem Wasserstand. Ihr Wasser ist durch eine dichte Population planktischer Grünalgen leuchtend grün gefärbt. Darin schwimmen einige große Meeräschen, die sich als Planktonfresser hier halten. Die Lagune ist durch ein Seil für das Publikum abgesperrt. Strömungsspuren im Strandwall zeigen, dass manchmal bei Hochwasser Wellen hinein schlagen.

Im vielfarbigen Tuffkrater von El Golfo liegt hinter dem Strandwall eine smaragdgrüne Lagune.

Bei Masdache wächst jeder Weinstock in einer Mulde aus Lapilli, durch ein Mäuerchen gegen den Wind geschützt.

Trockenfeldbau

Diese Technik der Feldbewirtschaftung stammt von Lanzarote, wird aber auch auf anderen Inseln angewendet, z. B. bei Vilaflor auf Teneriffa. Ein bestelltes Feld wird mit einer etwa 10 cm hohen Schicht grober vulkanischer Asche (Lapilli) oder ähnlichen Materials bedeckt. Handelt es sich auf Lanzarote teils um Dünensand, meist aber um dunkle Lapilli, so verwendet man auf Teneriffa entweder graue (Jable) oder gelbliche Bimslapilli (Sahorra). Diese Abdeckung schützt den Boden vor Austrocknung durch Wind und Sonne. Sie speichert Tau und Regenwasser und gibt die Feuchtigkeit allmählich wieder an den Boden und an die Luft ab. Bevor der Boden bearbeitet wird, muss allerdings die Auflage mühsam abgetragen, außerdem alle 10–12 Jahre erneuert werden. Der Boden wurde in früheren Zeiten und wird lokal auch noch heute mit einem einfachen Hakenpflug (»Arado romano«) aufgerissen.

Diesem Trockenfeldbau (»enarenado«) stehen die üblichen Bewässerungsverfahren (»regadio«) gegenüber, bei denen viel wertvolles und teures Wasser verbraucht wird, besonders wenn man nicht moderne Verfahren verwendet. Auch kann man damit nicht so häufige Ernten erzielen.

Bei Famara zum Meer abfallender Steilhang mit zahlreichen endemischen Pflanzen und reicher Brutvogelwelt; im Osten ein botanisch interessantes Trockental; gut erschlossene Vulkanhöhlen mit einem kleinen weißen Höhlenkrebs; Insel Graciosa mit Sandstrand, Dünen sowie Pflanzen und Tieren der Küste.

Die höchste Erhebung Lanzarotes bei den **Peñas del Chache** ist Teil eines alten vulkanischen Bergrückens, der den Nordteil der Insel durchzieht. Dieser Kamm stürzt in einem Steilhang nordwestwärts ins Meer hinab. Das Gestein ist brüchig und stark verwittert. Deshalb hat sich zwischen Steilhang und Meer am Hangfuß mit sanft abnehmendem Gefälle eine riesige Geröllhalde gebildet. Das Gebiet mitsamt den darüber stehenden steilen Wänden nennt man **Riscos de Famara**. Es ist Teil eines Naturparks. Von hier aus hat man Ausblick auf die Inseln Graciosa, Montaña Clara und Alegranza. Nach Südwesten dehnt sich die weite Bucht von Famara mit breitem Sandstrand und starkem Wellengang. Schwimmen ist hier gefährlich.

Von dem Dorf Guatiza aus erstreckt sich in nordwestlicher Richtung auf die Peñas del Chache zu der tief eingeschnittene **Barranco de Teneguime** in die Berge hinein. In seinem unteren Teil gibt es noch Terrassen, Kulturpflanzen wie Feigenbäume, Mandelbäume, je zwei Arten Agaven und Opuntien und den unvermeidlichen Wilden Tabak. Weiter drinnen tritt der menschliche Einfluss zurück. Allerdings werden gleichzeitig auch die Fruchtbarkeit des Bodens und damit der pflanzliche Formenreichtum geringer. In der Tiefe des abgelegenen Tales herrscht hörbare Stille.

Nördlich von Guatiza liegt **Jameos del Agua**, eine riesige vulkanische Höhle (jameo = Einsturzhöhle). Ihr Dach ist an mehreren Stellen offen. Sie wurde nach Plänen von César Manrique zu einer publikumswirksamen Anlage ausgebaut, mit einem Restaurant, einem Schwimmbecken, einem beeindruckenden Konzertsaal und einem Besucherzentrum samt Vulkanismus-Information und Souvenirshop (Eintrittspreis für das Ensemble 8 €, keine Führung).

Westlich oberhalb in Richtung des Vulkans Monte Corona liegt die kilometerlange **Cueva de los Verdes**, die man nur mit Führung (Spanisch und Englisch, 10–17 Uhr, etwa 1 Stunde, 8 €) besichtigen kann. Die Lufttemperatur darin liegt zwischen 18 und 20 °C. Die Höhlen sind beim Ausbruch des Vulkans Corona durch Lavaströme entstanden und haben sich durch erkaltende Lava allseitig geschlossen. Übereinander liegende Gänge und Galerien sind durch seitliche Kranzleisten und Zwischendecken voneinander getrennt. An Leisten und Simsen hängen Lavatropfen und -zapfen. Am Ende der etwa 1 km langen zugänglichen Galerie gibt es einen erstaunlichen Ausblick mit Überraschungseffekt. Die Höhle enthält einen als Auditorio bezeichneten Konzertsaal mit 500 Sitzplätzen und hervorragender echofreier Akustik.

Drei kleine Inseln – **Islotes** genannt – sind der Nordspitze von Lanzarote vorgelagert. Die fernste, wegen ihrer riesigen Kolonie von Sepiasturmtauchern (s.S. 66) und des heute erloschenen Vorkommens einer Unterart des Kanarenschmätzers berühmt, ist **Alegranza**, die »Fröhliche«. Man braucht mit dem Motorboot einige Stunden, um sie

Den schönsten Überblick über den Río mit der Insel Graciosa genießt man vom Aussichtspunkt Mirador del Río, hoch über den Riscos de Famara.

Das Sandliebende Androzymbium *Androcymbium psammophilum* lebt auf Sand in Küstennähe und ist mit der Herbstzeitlose verwandt.

zu erreichen. Die felsige und steile **Montaña Clara** liegt ein Stück näher an Lanzarote. **La Graciosa**, die »Anmutige«, präsentiert sich direkt jenseits des Río genannten Sundes von etwa 1 km Breite. Im Hafenort **Caleta del Sebo** schien lange die Zeit stehen geblieben. Heute findet man hier Fischrestaurants und Unterkunftsmöglichkeiten neben zahlreichen Pkws. Auf etwa 500 Einwohner kommt im Sommer ein Vielfaches an Touristen. Während die Nordküste der Insel teilweise felsig ist, reihen sich an der Süd- und Ostküste weiße Sandstrände aneinander, meist mit vor- oder eingelagerten Felsriffen. Nahe der Punta de Herradura gibt es eine Strandlagune. Die Inseln sind 1986 zum Naturpark erklärt worden. Das bedeutet Einschränkungen, auch für den Besucher. Unterwasserjagd ist untersagt, Zelten und Kampieren nur mit besonderer Erlaubnis gestattet. Doch gibt es einen empfehlenswerten Rundwanderweg.

Pflanzen und Tiere
Riscos de Famara

Hier kann man fast sämtliche endemischen Blütenpflanzen Lanzarotes antreffen, wenn auch teilweise nur in geringer Dichte. Einige Arten werden für die Gipfelregion angegeben, treten aber trotzdem vereinzelt auch unten im Geröllhang auf. Im frühen Frühjahr wirkt die Region zeitweise wie ein blühender Steingarten. Im Sommer sind viele Pflanzen verblüht, manche werfen ihre Blätter ab. Die Vegetation wird von zwei strauchigen Wolfsmilchgewächsen beherrscht, der einblütigen Balsamwolfsmilch *Euphorbia balsamifera* und der vielblütigen Stumpfblättrigen Wolfsmilch (*Eu. obtusifolia*, S. 153) mit lebhaft grüngelben Hochblättern. Der Bocksdorn *Lycium intricatum* mit seinen kleinen violetten Blüten und den süßen roten Beeren sowie der Dornlattich *Launaea arborescens* sind auch hier häufig. Neben ihm dominiert als weiterer Korbblütler der manchmal bis hüfthohe »Verode« (*Kleinia neriifolia*, S. 57) mit seinen endständigen Blattwirteln. Aus der gleichen Familie steht überall am Weg als kniehoher Strauch der Goldstern *Nauplius intermedius* mit weich behaarten Blättern und gelben Korbblüten. Die Sträucher sind deutlich schmächtiger als der Seidige Goldstern *Nauplius sericeus* von Fuerteventura. Nur mit wenigen Individuen am unteren Teil des Weges ist der verwandte weißblütige Schultz-Goldstern *Nauplius schultzii* vertreten, ein Zwergstrauch mit leicht sukkulenten Blättern, der sich flach an den Boden drückt. Er kommt nur auf Lanzarote und lokal auf Fuerteventura vor. Als letzter Korbblütler sei die strauchige Margarite *Argyranthemum maderense* genannt, eine der wenigen gelb blühenden Arten der Gattung (S. 220). Wie eine gelb flammende Kerze hebt sich vereinzelt das bis 2 m hohe Lanzarote-Steckenkraut *Ferula lanzerottensis* (s.S. 218) aus der Strauchschicht heraus, ein Schirmblütler mit dunkelgrünem, fein zerteiltem Laub. Die beiden letztgenannten Arten kommen als Inselendemiten nur im Norden Lanzarotes vor. Häufig ist der flach kriechende Lanzarote-Hornklee *Lotus lancerottensis* mit gelben Schmetterlingsblüten, den es nur auf den Ostinseln gibt. Boden deckend wirken auch das Schneeweiße Nagelkraut *Polycarpaea nivea*, ein Nelkengewächs mit unscheinbaren Blütenbüscheln, und der Zwergheliotrop *Heliotropium bacciferum*. Mit dem Hornklee nicht verwechseln sollte man den kleinen Rachenblütler *Kickxia heterophylla* mit leuchtend gelben, lang gespornten Blüten und leicht sukkulenten Blättern. Gelb sind auch die kleinen fünfzähligen Blüten des Kanarischen Sonnenröschens *Helianthemum canariense*, die wie bei den verwandten Zistrosen nur einen Tag lang blühen und abends abfallen. Zu den Lippenblütlern gehört der Lavendel, hier mit der Art *Lavandula pinnata* vertreten, mit lang gestielten tiefblauen Blütenständen. Das für Lanzarote typische Fettblattgewächs *Aeonium lancerottense* ist hier selten. Doch kann man diese schöne, stark verzweigte Art in großen Mengen auf Pahoehoe-Lava im Inselzentrum bei Masdache besichtigen. Schließlich sind auch die einkeimblättrigen Frühjahrs-Geophyten nicht zu vergessen: Das Schweifblatt *Dipcadi serotinum*, das Sandliebende *Androcymbium psammophilum*, verwandt mit unseren Herbstzeitlosen, auch der vom Weidevieh verschonte Affodill *Asphodelus microcarpus* (= *aestivus*). Um einige Einzelgehöfte der Region herum sind verschiedene Opuntien und andere Fremdgewächse verteilt, die aber glücklicherweise noch nicht weit ins Gelände vorgedrungen sind. Der Reichtum der Pflanzenwelt resultiert u. a. daraus, dass das Gebirgsmassiv wegen seiner Höhe und der zuweilen daran hängenden Passatwolke besser als die übrigen Teile der Insel mit Wasser versorgt wird.

Aeonium lancerottense –
ein niedriger, kugeliger Strauch, ist auf den Nordteil von Lanzarote beschränkt.

Der Lanzarote-Natternkopf
Echium lancerottense tritt ebenfalls nur im Nordteil Lanzarotes auf.

Unauffällige Polster am Straßenrand auf den Ostinseln: der Hornklee *Lotus lancerottensis*.

Die Riscos de Famara gehören auch zu den ornithologisch wichtigen Gebieten der Inseln. Grund dafür sind Brutvorkommen von Gelbschnabelsturmtaucher (als Höhlenbrüter), Schmutzgeier, Fischadler, Wüstenfalke, Turmfalke, Schleiereule und Wüs-

Ferula lancerottensis:
Das Lanzarote-Steckenkraut ist ein
Inselendemit.

Nauplius schultzii, ein am Boden kriechender
Goldstern, bewohnt die Ostinseln in niedrigen
Lagen bis 100 m ü. M.

tengimpel, eventuell auch Eleonorenfalke. Häufige Singvögel sind ferner Kolkrabe, Bluthänfling, Kanarenpieper und Brillengrasmücke. Den Fischadler kann man in der Bucht von Famara fischen sehen.

Nach der Rückkehr von den Riscos lohnt sich noch ein Blick auf die Playa de Famara bei La Caleta und die dahinter liegenden Dünen. Die ersten Linien der Vegetation werden hier von Moquins Traganum (*Traganum moquiniii*) gebildet. Das verholzte Gänsefußgewächs bildet Primärdünen und wächst mitsamt der Düne immer weiter zu riesigen Komplexen an, die 10 m Durchmesser erreichen können. Hierin gleicht es dem Strandhafer an der deutschen Nordseeküste, der die Dünen

aufbaut und fixiert. Weiter landeinwärts, Richtung Teguise bzw. Soo, mischen sich allmählich andere Gewächse in den zwischen den Dünen gelegenen Flächen ein: die Strandeuphorbie *Euphorbia paralias*, ein Zypergras *Cyperus* sp., die kleine kissenförmige *Polycarpaea nivea* (Schneeweiße Vielfrucht). Je weiter man sich landeinwärts bewegt, desto mehr wird das Traganum durch andere Pflanzen ersetzt. Zoologisch gesehen, gibt es schon mitten im Winter hier Heuschrecken, außerdem lassen sich der Kanaren-Raubwürger, der Kanarenpieper, und vorbei fliegende Kolkraben sehen. Im eigentlichen Jable-Gebiet überwiegen Triele – viele werden nachts auf der schnellen Straße totgefahren – Stummellerchen und zuzeiten auch Rennvögel.

Barranco de Teneguime

Im Kulturland im unteren Teil überwiegen am Weg und am Feldrand typische Ruderalpflanzen. Dazu gehören mehrere Kreuzblütler und der auffallende kleine Blasenampfer, ein Fremdelement der Kanarischen Pflanzenwelt; aber vor allem fällt die aus dem Mittelmeergebiet stammende Kronenmargerite *Chrysanthemum coronarium* ins Auge. Sie sieht zwar mit ihren gelblichen Blütenkronen hübsch aus, stellt aber für die Landwirte ein lästiges Ackerunkraut dar. Ein ungemein häufiger Korbblütler mit gelben, in ihrem Zentrum dunkelpurpurn gefärbten Blüten und kurzem unverzweigtem Stiel ist die auch im Mittelmeergebiet vorkommende Tanger-Reichardie, *Reichar-dia tingitana*. Sie wächst an Straßen und Wegen und im offenen Gelände fast überall auf Lanzarote und Fuerteventura, ist aber auch auf den anderen Inseln verbreitet. Häufig findet man das niedrig kriechende Jochblattgewächs *Fagonia albiflora*, das sonst in Nordafrika und im Mittelmeergebiet verbreitet ist. Es hat dreizählig gefiederte, kleine Blätter mit zugespitzten Fiederblättchen und fünfzählige, rosafarbene Blüten mit gestielten Kronblättern.

Der Barranco ist in seinem unteren Teil besonders an dem nach Nordost exponierten Hang ziemlich dicht mit Strauchvegetation bewachsen. Von der früheren Beweidung ist nicht mehr viel zu bemerken. Hier dominieren knie- bis mannshohe Sträucher: ein Gemisch von Stumpfblättriger Euphorbie, dem sukkulenten »Verode« und der in er-

Der Barranco von Teneguime wartet mit einem Angebot an interessanten Pflanzen und Tieren auf.

Dipcadi serotinum ist ein graziles kleines Liliengewächs, das auch auf sehr trockenen Böden gedeiht.

Argyranthemum maderense ist eine der wenigen gelb blühenden Margeriten der Kanaren.

staunlichen Mengen vorkommenden Kanaren-Krummblüte *Campylanthus salsoloides* mit verlängerten, dünnen, fleischigen Blättern und hängenden violetten Blütentrauben am Ende der Äste. Der Strauch aus der Familie der Scrophulariaceen (Rachenblütler) blüht schon um die Jahreswende.

In der lokal gut ausgeprägten Krautschicht am Hangfuß gibt es als Frühjahrsblüher einen Aronstab, daneben zwei Affodill-Arten: den kräftigen Kleinfrüchtigen Affodill *Asphodelus microcarpus* (oder *aestivus*, S. 149) neben dem zarten *Asphodelus tenuifolius*. Diese Arten sind giftig und werden vom Weidevieh verschont. Eine andere Form mit tulpenartigen Blättern ist der aus Marokko stammende Breitblättrige Blaustern *Scilla latifolia*, der auf Lanzarote als selten gilt und erst im Herbst blüht. Die Liliengewächse sind mit weiteren Arten und dem unauffällig blühenden Schweifblatt *Dipcadi serotinum* vertreten, mit wenigen, lang ausgezogenen, sich am Boden windenden Blättern und einer Serie braun-grünlicher Blütenglocken von etwa 1 cm Länge am aufrechten Stiel. Natürlich gibt es auch hier reichlich den Dornlattich.

Unter den Sträuchern ist der Mittlere Goldstern *Nauplius intermedius* häufig, der dem

Seidenhaarigen Goldstern von Fuerteventura ähnelt, aber schmächtiger ist. Vereinzelt findet man einen meterhohen Strauch mit hellgrünen, welligen, lanzettlichen Blättern, im Frühjahr über und über mit weißlichen, parfümduftenden Blütensternen bedeckt: *Messerschmidia angustifolia*.

Der Barranco gehört zu den 64 wichtigen Vogelschutzgebieten der Kanarischen Inseln und steht formal unter Landschaftsschutz. Als Brutvögel werden neben dem Sepiasturmtaucher auch andere Höhlenbrüter angegeben. Die Schleiereule wird man kaum zu Gesicht bekommen. Die seltene Blaumeise (S. 106) gehört einer für Lanzarote und Fuerteventura endemischen Unterart an: *Parus caeruleus degener*. Sie kommt sonst nur noch bei Haría vor. Im Tal kann man auch dem Wüstenfalken *Falco pelegrinoides* begegnen, einem nahen Verwandten des Wanderfalken. Er mag hier die schnellen und häufigen Felsentauben jagen. Auch er dürfte in den Felswänden Brutmöglichkeiten finden, ebenso wie der häufige Turmfalke. Als weiterer Greifvogel ist der Schmutzgeier (S. 206) anzutreffen. Ihn dürften die Reste toter Ziege interessieren, die im Barranco liegen. Fliegt er zu nahe am Horst der Kolkraben vorbei, so wird er heftig angegriffen. Am Boden und im Gebüsch treten als Singvögel der Kanarenpieper, die sehr häufige Brillengrasmücke und der Wüstengimpel auf. Diesem kann man schon am Schluchteingang begegnen, wo er gemeinsam mit Scharen von Bluthänflingen auf Nahrungssuche geht, aber durch seine durchdringenden Lautäußerungen auffällt. Hier beherrscht auch der kanarentypische Raubwürger sein Territorium, in dem er seine Sitzwarten auf Steinen und Mauern mit weißen Klecksen markiert.

Jameos del Agua

Von besonderem biologischen Interesse ist der Salzwassersee am Grund einer dunklen Grotte, die nur wenig Licht von oben erhält. Er steht mit dem einige hundert Meter entfernten Meer in Verbindung. Von dort aus ist die bis etwa 2 cm lange und fast pigmentlose Krebsart *Munidopsis polymorpha* eingewandert, ein Tiefseekrebs, der hier in Mengen vorkommt. Er gehört der Familie der Galatheiden und der Ordnung der Zehnfüßigen Krebse an. Die Höhlen bewohnenden Krebse weiden auf der Oberfläche der Steine eine dünne Schicht aus Kieselalgen ab. Sie verteidigen kleine Territorien gegen ihresgleichen. Sie sind gänzlich blind, doch nehmen sie Erschütterungen wahr. Wenn man sich über sie beugt, verschwinden sie manchmal in der nächsten Felsspalte.

Die offenen Zonen des Höhlensystems, besonders die Cafeteria, werden von halbzahmen lärmenden Weidensperlingen (S. 136) besiedelt. Im dunklen Höhlendach brüten zuzeiten die hellkehligen Fahlsegler *Apus pallidus*.

Die Region um Haría im Norden Lanzarotes ist durch ihre reichen Bestände an Kanarischen Dattelpalmen bekannt.

La Graciosa

Der salzige Boden der strandnahen Zonen verlangt, dass seine pflanzlichen Bewohner Salz vertragen können. Malerisch steht die Strandwolfsmilch *Euphorbia paralias* im Sand. Ihre dicht beblätterten Sprosse sind maximal 40 cm lang und unverzweigt. Ist sie vom Wind frei geweht worden, zeigt sie ihre stabile, mehrere Zentimeter dicke Pfahlwurzel. Neben ihr wächst häufig ein Kreuzblütler mit blassvioletten Blüten: der Meerkohl *Cakile maritima*, der auch an der Nordseeküste den Spülsaum besiedelt. Nicht fehlen dürfen auch der unverwüstliche Dornlattich (S. 112) und das Jochblatt *Zygophyllum fontanesii* als sukkulenter Salzspezialist sowie das kriechende Schneeweiße Nagelkraut *Polycarpaea nivea*.

Landschaftsbildend aber sind in den ausgedehnten Dünenzonen hinter dem Strand andere Formen, unter ihnen strauchige Gänsefußgewächse, vor allem Moquins Traganum *Traganum moquinii*. Seine meist liegenden und verholzten Zweige sind ringsum dicht an dicht mit kurzen sukkulenten Blättern besetzt, die Blüten unauf-

In der Höhlenlagune von Jameos del Agua weidet der fast pigmentlose Krebs *Munidopsis polymorpha* die Kieselalgen auf den Steinen ab.

fällig. Langsam zu stattlicher Größe heranwachsend halten sie mehr und mehr Sand fest, der ihnen vom Wind zugetragen wird. Sie bilden einen Sandberg unter sich und verhindern die Ausbildung wandernder Dünen. Der gemessene Umfang einer einzigen solchen Pflanzendüne betrug hier 34 m.

Die flache Ausgleichsküste mit sandigen Partien und bei Niedrigwasser trocken fallendem Felswatt zieht Wasservögel an. Man kann regelmäßig einzelne Seidenreiher sehen, Mittelmeermöwen treten in verschiedenen Alterskleidern auf. Der Fischadler jagt im flachen klaren Wasser vor dem Strand. Am häufigsten sind die nordischen Watvögel: Sand- und Kiebitzregenpfeifer, Steinwälzer, Sanderling u. a. kann man teilweise auf geringe Entfernung beobachten. Nur die Regenbrachvögel sind scheu. Auf Schill- und Sandflächen brütet der gut getarnte Seeregenpfeifer, in den mehr bewachsenen Zonen die Stummellerche, der Kanarenpieper (S. 48) und die Brillengrasmücke. Den Triel bekommt man nicht leicht zu Gesicht, doch hinterlässt er seine dreizehigen Fußabdrücke im Sand. Der Turmfalke jagt nach den Eidechsen, deren Spuren man ebenfalls im Sand findet.

Die Höhle Cueva de los Verdes ist wie Jameos del Agua durch einen Lavastrom vom Vulkan Corona erzeugt worden.

Der Flussuferläufer ist in kleiner Zahl aber regelmäßig an den Küsten anzutreffen.

Regenbrachvögel treten vor allem an Felsküsten als Gäste und Überwinterer auf.

Sanderlinge sind meist zu mehreren im Spülsaum auf Nahrungssuche, rasten aber auch in der Wüste.

Der Steinwälzer ist nordischer Gast und Durchzügler meist an Felsküsten.

In den Tidentümpeln am Strand kann man leicht die kleine quergebänderte Meergrundel *Mauligobius maderensis* und viele Garnelen beobachten. Das Meer ist reich an Schalentieren, woraus ein vielgestaltiger Spülsaum und Schillflächen resultieren. Hier fallen Schalen von Napfschnecken, des Meerohrs sowie der Turbanschnecke und der ansehnlichen Rotmundleistenschnecke *Thais haemastoma* auf, die sich hauptsächlich von Seepocken ernährt und früher auch für die Gewinnung eines violetten Farbstoffs genutzt wurde.

Im Gebiet unterwegs

Riscos de Famara: Von der Straße, die Uga mit Teguise verbindet, biegt man nach wenigen Kilometern nordwärts in Richtung La Caleta ab. Man fährt abwärts durch eine ausgedehnte Halbwüste fast bis zum Meer hinunter. Oberhalb der Urbanisation Famara beginnend führt ein Feldweg ① parallel zur Küste mit schwacher Steigung durch den Geröllhang. Man kann ihn noch ein Stück weit mit dem Pkw befahren, muss aber spätestens dort parken, wo vom Meer her eine zweite Piste heraufkommt ②. Nach etwa 3 km erreicht der Weg den unteren Saum der Felswand. Er wird dann weniger gangbar, ist teilweise verschüttet oder abgerutscht. Ihn im Steilhang weiter bis unterhalb des Mirador del Río zu verfolgen, ist riskant. Für den Weg benötigt man insgesamt etwa drei Stunden, den Rückweg nicht gerechnet.

Vom **Mirador del Río** ③, einem Aussichtspunkt in 479 m Höhe, und der von ihm ausgehenden Höhenstraße aus hat man die zu Recht gerühmte Aussicht auf die Insel La Graciosa mit ihren Vulkankegeln und Stränden (S. 214). Die beim Mirador im Vulkanboden verborgene Anlage aus drei Ebenen mit Panoramacafé, Souvenirshop und Aussichtsplattformen wurde von César Manrique gestaltet. Geöffnet 10–17.45 Uhr; 4,50 €, ca. 1000 Besucher pro Tag, die meisten vormittags.

Barranco de Teneguime: Von der neuen Schnellstraße aus erreicht man Guatiza auf einer beschilderten Nebenstraße von Norden oder Süden her. Von der Ortsmitte aus fährt man westwärts über kleine Straßen ④, teils durch Opuntienfelder in Richtung

Mittelmeermöwen der Unterart *atlantis* leben das ganze Jahr über an den Küsten. Hier ein Paar beim aggressiven Jauchzen.

der 9 Windkraftanlagen oben auf dem Berg. Man überquert schließlich die Schnellstraße über die nördliche der beiden Brücken. Unmittelbar hinter der Brücke, am unteren Ende des Bachbettes, biegt man rechts ab auf eine Piste. Man kann diese Piste parallel zur Schnellstraße noch ein Stück fahren, biegt aber spätestens nach 400 m am Ende einer Leitplanke links ab und parkt den Wagen. Von hier aus geht man zu Fuß in den Barranco hinein einen Weg entlang, der bald wieder auf das Bachbett trifft. Wenn man sich etwa 2 Stunden Zeit nimmt, kommt man genügend weit in das Tal hinein.

Die Höhlen **Jameos del Agua** und **Cueva de los Verdes** ⑤ liegen einige Kilometer nördlich von Arrieta rechts und links der Straße nach Orzola. Die Zufahrten sind gut ausgeschildert, große Parkplätze.

Vom kleinen Hafen **Orzola** aus erreicht man die Insel **La Graciosa** ⑥ in 30 Minuten mit einem Ausflugsboot (Abfahrt 10, 12 und 17 Uhr, Rückfahrt 8, 11 und 16 Uhr, von Juli bis Oktober zusätzliche Hinfahrten 13.30 und 18.30, Rückfahrten 12.30 und 18.00 Uhr; 2008: einfache Fahrt 10 €, hin und zurück 18 €). Busverbindung zwischen Arrecife und Orzola: ab Arrecife 8.30, 11.30 und 16.30 Uhr, ab Orzola 7.30, 10.30 und 15.30 Uhr.

Geckos

Es ist Abenddämmerung, und plötzlich sitzt neben der eingeschalteten Wandlampe im Treppenaufgang ein eidechsenartiges Wesen mit breiten gespreizten Zehen an der Wand: klar, ein Gecko. Wenn man ihn stört, verschwindet er blitzschnell hinter einem Bild oder unter der Lampe. Geckos sind Insekten fressende kleine Reptilien, die von den Menschen im Haus begrüßt oder doch geduldet werden. Sie können senkrecht die Wand hinauf-, ja sogar an der Decke entlanglaufen, ohne herab zu fallen. Die Haftfähigkeit der Zehen beruht auf einem feinen System von Lamellen auf der Unterseite. Geckos hinterlassen auch auf Fensterglas keine Spuren. Man findet sie auch draußen in der offenen Landschaft unter Steinen. Sie können während ihres Tagschlafs ganz dunkel werden. Auf den Kanaren gibt es mehrere ähnliche Arten unterschiedlicher Größe. Auf Lanzarote und

Der Gecko *Tarentola angustimentalis* lebt nur auf den Ostinseln, häufig auch als Gast in bewohnten Häusern.

Fuerteventura lebt der Kanarische Mauergecko (*Tarentola angustimentalis*), auf Teneriffa und La Palma der Kanarengecko (*T. delalandii*) als größte Art (bis 15 cm), auf Gran Canaria und El Hierro *T. boettgeri*, der Gestreifte Kanarengecko, als kleinste Form mit maximal etwa 10 cm, und schließlich auf La Gomera *T. gomerensis*, der Gomeragecko. Bei den beiden ersten sind die Augen gelblich bis goldbraun gefärbt, bei den letzteren silbergrau. Alle Geckos verfügen über Lautäußerungen, wie übrigens auch die kanarischen Eidechsen.

Reiseplanung

Vor der Reise

Information

Spanische Fremdenverkehrsämter

Deutschland:
- Kurfürstendamm 63, D-10707 Berlin
  Tel.: 030-8826543
  berlin@tourspain.es
  Zweigstellen:
- Düsseldorf, 0211-6803980
  dusseldorf@tourspain.es
- Frankfurt/M., 069-725033, 725038
  frankfurt@tourspain.es
- München, 089-53074611
  munich@tourspain.es

Österreich:
- Walfischgasse 8/14, A-1010 Wien
  Tel.: 01/512-9580
  viena@tourspain.es

Schweiz:
- Seefeldstraße 19, CH-8008 Zürich
  Tel.: 01/2527930
  zurich@tourspain.es
  Zweigstelle
- Genf 022-7311133.

Fremdenverkehrsbüros auf den Kanarischen Inseln

- Teneriffa: Plaza de España,
  Sta. Cruz de Tenerife,
  +34-922 239 592
- Gran Canaria: Parque de Santa
  Catalina, Las Palmas de Gran Canaria,
  +34-928 446 824
- La Gomera: Calle Real 4, San
  Sebastián, Tel. +34-922 141512 (auch
  Valle Gran Rey und Playa Santiago)
- La Palma: Avenida Maritima 34,
  38700 Santa Cruz de La Palma,
  +34 922 423 340
- El Hierro: Calle Dr. Quintero Magdale-
  no 11, Valverde, +34 922 550 302
- Lanzarote: Parque José Ramirez
  Cerdá, Arrecife, +34 928 813 174
- Fuerteventura: Avda. Maritíma,
  Puerto del Rosario, +34-699 903 234,
  +34 928 860 604

Allgemeine Information:
www.canarias.arkus.net (Informationen
über Flüge, Fähren, Hotels, Busse);
www.turismodecanarias.com (unter Dienst-
leistungen Verkehrsmittel, Behörden, Kon-
sulate etc.)
TIPP: Telefonnummern und Internetadressen ändern sich oft, die Angaben sind also
nicht für längere Zeit verlässlich.

Einreise

Visa sind nicht nötig, ein gültiger Reise-
pass oder Personalausweis genügt. Nur bei
einer Aufenthaltsdauer über 3 Monate
wird ein Visum benötigt. Ein Kfz kann bis
zu 6 Monaten mitgeführt werden. Führer-
schein und Zulassung des Heimatlandes
sind ausreichend.

Zahlungsmittel und Zollbestimmungen

Währung ist der Euro. Maestro-Karten
können im Allgemeinen in allen größeren
Institutionen und Supermärkten verwendet
werden. Selbst in kleineren Orten gibt es
bereits Bankomaten, bei denen man nur in
seltenen Fällen »aus technischen Gründen«
keinen Erfolg hat.
Die Kanarischen Inseln haben häufig güns-
tige Angebote bei Spirituosen, Rauchwa-
ren, Schmuck und Toilettenartikeln. Die
Zollbestimmungen innerhalb der EU sind
zu beachten.

Gesundheit

Impfungen werden generell nicht verlangt. Apotheken (»Farmácia«) sind durch
ein großes grünes Kreuz kenntlich. Die
ärztliche Versorgung ist besonders in den
Zentren des Fremdenverkehrs gut. Die Ärz-
te oder ihre Mitarbeiter sprechen in der

Regel etwas Deutsch oder Englisch. Meist muss man Arztrechnungen und verschriebene Medikamente in bar bezahlen und sich die Kosten dann zu Hause von der Krankenkasse zurückerstatten lassen. In Touristenzentren werden z.T. auch Auslandskrankenscheine akzeptiert.

Reisezeit

Auf den Kanarischen Inseln ist das ganze Jahr über Saison mit frühlingshaften Temperaturen. In den Wintermonaten November bis Januar muss man mit stärkeren Niederschlägen rechnen, im Sommer dagegen kann es zum Wandern auf der Südseite schon fast zu heiß sein. Als günstigste Jahreszeit gilt das Frühjahr. Dann sind auch Vogelwelt und Blütenpflanzen in vollster Ausprägung zu beobachten. Besonders auf den Ostinseln beginnt die Fortpflanzungszeit der Vögel bereits im Dezember. Man trifft im Januar schon viele Jungvögel an.

Ortszeit

Auf den Kanaren gilt die Westeuropäische Zeit. Bei der Einreise muss man die Uhr 1 Stunde zurückstellen. Die Umstellung auf Winter- und Sommerzeit erfolgt wie in Mitteleuropa.

Anreise

Die Kanaren werden von zahlreichen Flughäfen her angeflogen. Erkundigen Sie sich einige Monate vor Ihrem Reisetermin nach günstigen Angeboten – sie sind schnell ausgebucht. Es lohnt sich, im Internet auch nach Last-minute-Angeboten zu suchen. Selbstverständlich kann man sich auch jederzeit im nächsten Reisebüro helfen lassen.

Auch mit dem eigenen Pkw kann man die Kanaren erreichen. Von Cadiz aus gibt es zwei Routen: (1) Cadiz – Teneriffa – La Palma – Cadiz, Abfahrt Di 23.55 Uhr, Ankunft Teneriffa Do 8.00 Uhr. (2) Cadiz – Gran Canaria – Lanzarote – Cadiz, Abfahrt Sa 17.00 Uhr, Ankunft Gran Canaria So 23.00 Uhr. www.trasmediterranea.es

Reisen im Land
Flugzeug und Schiff

Flüge zwischen den Inseln, z.B. mit den Gesellschaften Binter (www.binternet.com, Tel. 902 391 392) und LasIslas (www.islas-airways.com), kann man kurzfristig in den entsprechenden Büros oder an den Flughäfen auf den Inseln buchen. Sie sind nicht teuer, aber durch den hohen Kerosinverbrauch wesentlich umweltschädlicher als eine Schiffspassage. Es gibt Flugverbindungen von La Laguna (Teneriffa) aus nach La Palma, El Hierro, La Gomera und Gran Canaria.

Der Wilde Tabak *Nicotiana glauca*, **den die Kanarier Tabaco moro nennen, hat sich von Mittelamerika kommend überall ausgebreitet.**

Das Einsammeln der Kiefernnadeln dient dazu, Einstreu für den Stall zu gewinnen.
Außerdem hilft es, Bodenfeuer im Wald zu vermeiden, verhindert aber die Bodenbildung.

Auf den meisten Fähren können auch Autos mitgenommen werden. Internetadressen: www.fredolsen.com, www.navieraarmas.com, www.garajonayexpres.com. Weitere Details bei der Darstellung zu den einzelnen Inseln.

Mietwagen

Bereits an den Flughäfen und den Häfen werden Leihwagen angeboten; günstiger ist es jedoch, zuerst das Angebot der kleinen Firmen in den Städten oder Feriensiedlungen zu vergleichen bzw. vorher im Internet zu recherchieren. Kleine Modelle mit geringem Verbrauch bekommt man schon zu Preisen zwischen 10 und 30 € pro Tag, wenn man sie für 1 Woche oder länger mietet (inkl. Versicherungen und Steuer, ohne Benzin). Kleinwagen sind nicht für alle Arten von Gelände- oder Pistenfahrten geeignet. Teils gelten Versicherungsleistungen nur für ausgebaute Straßen, man kann aber auch allradangetriebene Fahrzeuge und Jeeps mieten. Man sollte vor Abschluss des Mietvertrages auf vollständige Ausstattung achten: Ersatzrad, Werkzeug, Nackenstützen, Abdeckung des Gepäckraums und die Gurte prüfen. Bei Unfällen ist es unbedingt notwendig, die Polizei zu verständigen, eventuell auch das Konsulat.

ACHTUNG: Auf den stark erschlossenen Inseln (Teneriffa, Gran Canaria), aber auch anderswo werden immer wieder abgestellte Pkws sowohl in den Ortschaften als auch im Gelände aufgebrochen und ausgeraubt. Also keine Wertgegenstände im Wagen lassen.

Privatauto

Da die Leihwagen relativ billig sind, sollte man gut überlegen, ob man das Risiko eingeht, mit dem eigenen Pkw zu reisen. Die Straßen sind kurvenreich, nicht selten handelt es sich um Pisten. Leitplanken oder Begrenzungsmauern fehlen oft, auch an Steilhängen. In den Barrancos liegende zerstörte Autowracks erinnern an frühere Unfälle. Die heimischen Autofahrer hupen vor unübersichtlichen Stellen. Parken ist im Allgemeinen kein Problem, doch sollten Parkverbote in den Städten beachtet werden.

Busse

Anstatt ein Auto zu mieten, kann man auch gut mit den öffentlichen Bussen reisen – stressfrei und umweltfreundlich. Die Verbindungen sind auf den großen Inseln hervorragend, auf den kleinen seltener; man muss daher gut vorplanen. Näheres dazu s. »Praktische Tipps« der jeweiligen Inseleinführung.

Taxi

Der Fahrpreis richtet sich nach der Entfernung und ist im Prinzip fixiert. Man sollte sich trotzdem erkundigen und versuchen zu handeln. Die Preise sind relativ niedrig.

Fahrrad

Fahrradfahren empfiehlt sich auf den Kanarischen Inseln nur für aktive Berg- und Talfahrer. Fast auf allen Inseln sind, bedingt durch gebirgsbildende Lavaströme und Erosionstäler, starke Höhenunterschiede zu bewältigen. Schon mit dem Pkw braucht man für 30 km auf manchen Strecken eine Stunde. Die Straßen sind eng und oft schlecht (Schotter, scharfe Abbrüche zum Bankett). Da wenig Fahrradfahrer unterwegs sind, ist das Risiko übersehen zu werden erhöht. Auf La Gomera (ähnlich neuerdings auch auf anderen Inseln) gibt es einen Radverleih mit Mountainbike-Führung durch den Nationalpark; dabei müssen die Nationalparkweisungen beachtet werden. Auf Lanzarote, Fuerteventura und Gran Canaria sieht man viele profimäßig ausgestattete Radrennfahrer, die auch in Gruppen unterwegs sind. Allerdings werden für Teilstrecken durchaus auch sehr verkehrsreiche Straßen genutzt, was unerfreulich und gefährlich sein kann. Andere Teilstrecken führen auf alten aber bestens gepflegten Nebenstraßen durch einsame Dörfer und Landschaften. Fuerteventura ist die schönste Insel zum Radfahren.

Sonstiges

Unterkunft

Die hoch entwickelten Touristikzentren mit Bungalow-Siedlungen und Appartementhotels sind in der Hauptsaison meist ausgebucht. Wer auf die Kanaren fliegt und sich selbst Unterkunft suchen will, hat eher im Sektor Privatquartier in den Städten oder Ortschaften Glück, sollte aber vorher das Internet konsultieren. Die Preise orientieren sich in etwa an den billigeren Appartementpreisen und lagen 2007 ab etwa 30 € pro Tag für ein Appartement der einfachen Kategorie, bis etwa 70 € in der gehobenen Kategorie. Doppelzimmer findet man ab 30–40 € pro Tag. Auf den Kanarischen Inseln versucht man zunehmend den »Turismo rural« zu entwickeln und Unterkünfte in liebevoll renovierten Landhäusern, vom ausgebauten Ziegenstall bis zur Luxusfinca anzubieten. Bei den Wirtsleuten zeigt sich die sprichwörtliche Gastfreundschaft der kanarischen Bevölkerung.

In den Informationsbüros gibt es reichlich Unterlagen, in denen Art, Preise und Adressen von Unterkünften für alle Inseln aufgelistet sind.

Camping

Camping ist wenig verbreitet, es fehlt die Infrastruktur. Die wenigen Campingplätze sind nicht gut ausgestattet. Wildes Campieren ist generell nicht genehmigungspflichtig, aber in den Nationalparks und an einigen Stränden generell verboten. Teilweise wird es durch die Polizei mit Geldstrafen geahndet. Am Strand muss mit Diebstahl gerechnet werden.

In Arona, 80 km von Sta. Cruz, Teneriffa, gibt es einen einzigen vom Fremdenverkehrsbüro aufgeführten Campingplatz. Weitere an der Montaña Roja, bei Punta del Hidalgo, Las Galletas und bei Mesa del Mar werden genannt. Sechs Plätze gibt es bei Las Palmas de Gran Canaria, auf dieser Insel weitere in Sta. Brígida, Aguimes und La Playa de Mogán. Auf La Palma gibt es nur wenige offizielle Zeltplätze, z.B. einen kostenlosen im Nationalpark Caldera de Taburiente (s. dort), einen im Norden an der Laguna de Barlovento (auch Holzhütten). Auf den Ostinseln sind keine offiziellen Campingplätze bekannt.

Telefon

Es gibt auch in kleineren Orten häufig Münztelefone, die in der Regel gut funktionieren. Man kann direkt wählen. Die Vorwahlen sind für Deutschland 00 49, danach Ortsvorwahl ohne 0; für die Schweiz 00 44, für Österreich 00 43. Es gibt auch Kartentelefone, die mit der käuflichen »Tarjeta telefonica« funktionieren. Will man auf den Inseln telefonieren, muss man in der Regel die Vorwahl 0922 verwenden. Mit dem Handy bekommt man besonders auf den kleinen Inseln oder in abgelegenen Gegenden nicht überall Empfang.

Hygiene

Das Leitungswasser ist auf den Inseln im Allgemeinen überall trinkbar, schmeckt aber teilweise nicht gut. Es handelt sich wenigstens zum Teil um Wasser aus Meerwasser-Entsalzungsanlagen. Wer empfindlich ist, sollte mit Wasser und Essen vorsichtig sein. Wegen der schwachen Kanalisation sollte in ländlichen Unterkünften das Toilettenpapier nicht in der Toilette, sondern im bereitgestellten Eimer entsorgt werden. Selbst in Appartements wird oft das Toilettenpapier nicht gestellt, so dass man es im nächsten Laden einkaufen muss.

Gifttiere

Auf den Inseln gibt es keine Schlangen, auch keine giftigen Skorpione. Geckos und Eidechsen sind harmlos. Stechmücken können regional lästig werden. Beim Schwimmen im Meer kann besonders im Frühjahr die Portugiesische Galeere, eine Staatsqualle (S. 198), mit brennenden Verätzungen gefährlich werden. Außerdem

gibt es einige Fische mit Giftstacheln und besonders an Felsküsten zahlreiche Seeigel.

Kleidung

Die Witterung ist das ganze Jahr über zumal an der Küste mild. Doch gibt es vor allem im Winter Kaltlufteinbrüche vom Norden her. Auch wenn man höhere Lagen aufsuchen will oder längere Zeit im kühlfeuchten Lorbeerwald verbringen möchte, sind ein warmer Pullover und eine leichte Regenjacke unumgänglich. Auch abends kann es, besonders im Norden, kühler werden. In windexponierten Lagen muss man mit Starkwinden rechnen. Für Wanderungen sind feste Schuhe vonnöten. Das scharfe Vulkangestein zerschlitzt schnell leichteres Schuhwerk und trägt zu Knöchelverletzungen bei.

Baden, Verhalten am Meer

Die Dünung ist an vielen Stellen auf den Kanaren, besonders an den Steilküsten, so gefährlich, dass sich das Baden von selbst verbietet. Das gilt sogar für manche Sandstrände, wo sich in engen Buchten starker Sog, Strömungen und Wirbel bilden können. Man sollte immer ein Auge auf die Wellen haben. Der Tidenhub kann je nach Wetterlage, Exposition und Mondphase 1–2 m betragen. Darauf muss man achten, wenn man längere Zeit am Strand lagert oder kampiert.

Eine aufgezogene gelbe Flagge warnt an den belebten Stränden vor dem Schwimmen, eine rote Flagge verbietet es bei hoher Strafe (La Palma). Zum Schnorcheln eignen sich besonders die **Meerwasserschwimmbecken**; oft hat sich darin eine sehr reichhaltige natürliche Fauna und Flora der Küste angesiedelt. Einige gute Möglichkeiten zum Schnorcheln und Baden abseits der riesigen Touristenstrände sind:

Teneriffa: Bajamar, Puerto de la Cruz, Garachico. Freies Baden und Schnorcheln am Fußpunkt der Masca-Schlucht sowie bei ruhigem Wasser im kleinen Hafen an der Punta de Teno und bei Guimar. Tauchen auch bei San Juan südlich von Los Gigantes.

La Palma: Charco Azul bei San Andrés, Fajaná im Nordosten: hier mehrere Becken. Freies Schnorcheln an der Playa de Cancajos, die durch Inseln und Betonvorbauten etwas geschützt ist. Der Strand ist allerdings zu Zeiten wegen der Nähe des Hafens ölverschmutzt.

La Gomera: Playa de Santiago.

El Hierro: Charco Azul, Punta del Verodal.

Gran Canaria: Mehrere kleine Becken bei San Felipe im Norden.

Fuerteventura: Kleine ruhige Buchten mit Flachwasser im Nordosten der Insel (El Cotillo).

Lanzarote: Ruhige Buchten an der Südostküste.

ACHTUNG: Die Sonneneinstrahlung ist auf den Kanaren besonders an der Küste oft extrem stark. Deshalb Sonnenschutzmittel mit hohem Lichtschutzfaktor verwenden und an Kopfbedeckung denken. Dies gilt für alle Jahreszeiten.

Seekrankheit

Die lästige Seekrankheit mit Übelkeit und Niedergeschlagenheit tritt bei Bootsfahrten auf dem Meer, aber selbst in großen Autofähren bei bewegter See auf. Empfindliche Personen sollten sich deshalb mit Reisetabletten versorgen, aber auch Kamelritte vermeiden.

Nationalparkregeln

Allgemein gelten folgende Regelungen für den Besucher:

1. Keinerlei Abfall darf hinterlassen werden.
2. Fremde Pflanzen oder Tiere dürfen nicht ausgesetzt werden.
3. Weder Pflanzen noch Tiere oder Teile davon oder Steine dürfen mitgenommen werden.
4. Jegliches Anzünden von Feuer ist strengstens untersagt.
5. Objekte von historischem, archäologischem oder sonstwie kulturellem Wert dürfen weder verändert noch beschädigt oder entfernt werden.
6. Auf den Wanderwegen dürfen motorisierte Fahrzeuge nicht verwendet werden.
7. Das Führen von Waffen ist verboten.
8. Es ist verboten, ruhestörenden Lärm zu machen.
9. Man darf sich in den Bächen waschen oder baden, aber keine Seife oder andere Detergentien verwenden (Caldera de Taburiente auf La Palma).
10. Das Kampieren außerhalb der dafür vorgesehen Flächen ist untersagt. Teilweise bedarf es einer Sondererlaubnis bei der zuständigen Stelle.

Außerdem ist es untersagt, Kulturdenkmäler wie Felszeichnungen der Guanchen zu verändern oder zu beschädigen, ebenso Scherben oder andere Reste ihres Seins und ihrer Tätigkeit zu sammeln oder auszugraben.

Artenschutz

Sieht man die Pracht der schönen an die Trockenheit angepassten Sukkulenten in der Landschaft, so möchte man sie gleich für den heimischen Steingarten mitnehmen. Die Pflanzen überdauern in mitteleuropäischen Gärten nicht den Winter; im Topf gehalten verlieren sie bald ihre Blattrosetten und gehen jämmerlich zugrunde. Deshalb: Fotos sind die bessere Möglichkeit, ein Souvenir zu gewinnen.

Diplomatische Vertretungen Spaniens

■ Botschaft des Königreichs Spanien, Lichtensteinallee 1, 10787 Berlin, Tel.: 030-2540070;

Bitte erfragen Sie dort die Adresse Ihres zuständigen Konsulats in Hamburg, Düsseldorf, Hannover, Frankfurt, Stuttgart oder München bzw. suchen Sie sie im Internet.

■ Spanische Botschaft, Argentinierstraße 34, A-1040 Wien, Tel.: 01-5055788

■ Spanische Botschaft, Kalcheggweg 24, CH-3000 Bern, Tel.: 031-3505252.

Diplomatische Vertretungen auf den Kanarischen Inseln

■ Deutsches Konsulat, Calle Albareda 3-2°, E-35007 Las Palmas de Gran Canaria, Tel.: +34-928 491880

Das Deutsche Konsulat auf Teneriffa ist 2007 geschlossen worden.

■ Österreichisches Konsulat, Calle Dr. Verneau 1, E-35001 Las Palmas de Gran Canaria, Tel: +34-928 762500; Parteienverkehr Hotel Eugenia Victoria, Avenida de Gran Canaria 26, E-35100 Playa del Inglés

■ Schweizerisches Konsulat, Calle Domingo Rivero, E-35007 Las Palmas de Gran Canaria, Tel.: +34-928/293450.

Öffnungszeiten

Es gibt im Allgemeinen geregelte Ladenschlusszeiten. Die Geschäfte sind täglich einschließlich Samstag von 8–13 Uhr und von 16 oder 17 bis etwa 20 Uhr geöffnet. Doch gilt: Je kleiner der Laden, desto länger wird er offen gehalten. Manche Läden und Bäckereien sind auch am Sonntagvormittag geöffnet.

Bei klarem Himmel kann man von den Hochlagen im Westen Teneriffas über das Wolkenmeer La Gomera und ganz im Hintergrund El Hierro sehen.

Ende der Reise: Das Dromedar dient heute vor allem als Reittier für Besucher der Inseln.

Banken und Behörden sind meist an Werktagen zwischen 9 Uhr und 14 oder 15 Uhr geöffnet. Auch die ICONA-Büros folgen diesen Zeiten. Selten haben Banken auch am Samstagvormittag geöffnet. Viele Tankstellen sind an Sonn- und Feiertagen geschlossen.
Museum: Das Museo Arqueologico in Sta. Cruz de Tenerife ist wochentags von 9–13 Uhr und von 16–18 Uhr geöffnet.

Buchhandlungen

Etwas anspruchsvollere Literatur kann man auf Teneriffa in der Buchhandlung Goytec, Pérez Galdós 15, Santa Cruz, nahe der Plaza de España bekommen. Beinahe ebenso gut ist Lemus im Universitätsviertel in La Laguna. Ein gutes Angebot an naturkundlicher Literatur findet man auch im Centro de Visitantes in El Portillo in den Cañadas oder in den Informationszentren der anderen Nationalparks. Auf Lanzarote gibt es Shops im Centro de Visi-

tantes beim Nationalpark Timanfaya sowie bei Jameos del Agua. Auf Fuerteventura gibt es eine Buchhandlung in Costa Calma sowie eine große spanische Buchhandlung in Puerto del Rosario: Librería Tagoror, Calle Virgen de la Peña, 15.

Anhang

Karten

Straßenkarten, Wanderkarten und Wanderführer für die Kanarischen Inseln findet man unter www.portal-de-canarias.com. Hier sind auch Satellitenkarten sowie weitere Informationen eingestellt.

Literatur

ASHMOLE, M.& P. (1989): Natural History Excursions in Tenerife. A Guide to the Countryside, Plants and Animals. Kidston Mill Press, Peebles, GB. Naturkundlicher Führer, sehr informationsreich, aber etwas veraltet.

BACALLADO, J.J. (2000): Canarias – Parques Nacionales. Turquesa, Santa Cruz de Tenerife. Spanisch, Deutsch, Englisch. Phantastische Fotos.

BRAEM, H. & M. (1988): Kanarische Inseln – Auf den Spuren atlantischer Völker. Knaur, München. Taschenbuch über Vorgeschichte der Inseln.

FERNANDEZ-PALACIOS, J.M. & J.L.M. ESQUIVEL (Hrsg., 2002): Naturaleza de las Islas Canarias – Ecología y Conservacíon. Turquesa, Santa Cruz de Tenerife, 2. Aufl. Gründliches und modernes Handbuch zu Geologie, Fauna, Flora und Schutz.

HERNANDEZ, P.H. (Hrsg., ab 1968): Natura y Cultura de las Islas Canarias. La Laguna. 5. Aufl. Dickleibiges Handbuch und enzyklopädisches Nachschlagwerk.

POTT, R., J. HÜPPE & W. WILDPRET DE LA TORRE (2003) : Die Kanarischen Inseln – Natur- und Kulturlandschaften. Ulmer, Stuttgart. Wertvolle neue Quelle, vor allem zur Botanik.

WILKENS, H. (1999): Lanzarote – Kragentrappen, blinde Krebse und Vulkane.

Naturerbe Verlag J. Resch, Überlingen. Erstklassiger Naturführer für diese Insel.

Tiere

BACALLADO, J.J.A. (Hrsg. 1984): Fauna marina y terrestre del Archipielago Canario. Gran Biblioteca Canaria Bd. 13. Las Palmas de Gran Canaria.

BACALLADO, J.J., G. ORTEGA, G. DELGADO & L. MORO (2006): La Fauna de Canarias. Gobierno de Canarias, Tenerife y Gran Canaria.

BANNERMAN, D.A. (1963): Birds of the Atlantic Islands. Vol. 1, Edinburgh. Klassisches dickleibiges Werk.

BERGMANN, H.-H. & H.-W. HELB & S. BAUMANN (2008): Die Stimmen der Vögel Europas. Wiebelsheim. CD und Sonagramme, auch von kanarischen Vogelarten.

BRAMWELL, D. & Z. (1987): Historia Natural de las Islas Canarias. Madrid. Naturkundlicher Führer mit vielen Abbildungen.

DOMINGUEZ, M.A.R. (2006): Die Rieseneidechse von El Hierro. Turquesa, Santa Cruz de Tenerife. Übersicht mit vielen Fotos.

HOHMANN, H., F. LA ROCHE & G. ORTEGA (1992): Bienen und Wespen der Kanarischen Inseln. Veröff. Überseemuseum Bremen A, Bd. 11. Ergebnis langer Sammeltätigkeit.

MACHADO, A. (1987): Bibliografía Entomologica Canaria. La Laguna. Quellenverzeichnis entomologischer Literatur.

MARTíN HIDALGO, A. (1987): Atlas de las aves nidificantes en la isla de Tenerife. La Laguna. Klassischer Brutvogelatlas mit Verbreitungskarten für Teneriffa.

MARTíN HIDALGO, A. et al. (1989): Libro

rojo des los Vertebrados terrestres de Canarias. Caja Gen. Ahorros de Canarias, Sta. Cruz de Tenerife, 146: 1–135. Rotes Buch der landlebenden Wirbeltiere der Kanarischen Inseln.

MARTÍN, A. & J.A. LORENZO (2001): Aves del Archipiélago Canario. F. Lemus, La Laguna. Ausführliche Avifauna der Kanaren.

MORENO, J.M. (1988): Guía de las aves de las Islas Canarias. Sta. Cruz de Tenerife. Feldführer auf Spanisch mit deutschen Namen, Farbtafeln und Verbreitungskärtchen.

MORENO, J.M. (2000): Cantos y reclamos des las aves de Canarias. Turquesa Ediciones, Santa Cruz de Tenerife. 2 CDs mit Vogelstimmen. Begleitbuch. 78 Arten.

MORENO, J.M. (Hrsg., 2003): Fauna Canaria – Secretos de la evolución. Turquesa, Santa Cruz de Tenerife. Bildband mit phantastischen Aufnahmen.

PEREZ SANCHEZ, J.M. & E. MORENO BATET (1990/1991): Invertebrados Marinos de Canarias. Cabildo Insular de Gran Canaria. Las Palmas de Gran Canaria. Ausgezeichnet gedrucktes Werk über Wirbellose der Küste, mit vielen Farbfotos.

SCHMIDT, G. (1990): Zur Spinnenfauna der Kanaren, Madeiras und der Azoren. Stuttgarter Beitr.Naturk.Ser.A, Nr. 451, 1–46.

Pflanzen

BRAMWELL, D. & Z. (1974): Wild Flowers of the Canary Islands. London. Einführung, Zeichnungen, Farbfotos, Bestimmungsschlüssel einer reichen Auswahl wildlebender Pflanzen. 4. spanische Neuauflage 2001: Flores Silvestres de las Islas Canarias. Editorial Rueda, Madrid. Noch mehr Farbfotos und andere Abbildungen.

HOHENESTER, A. & W. WELSS (1993): Exkursionsflora für die Kanarischen Inseln. Ulmer, Stuttgart. Pflanzen-Bestimmungsbuch mit Fotos und Strichzeichnungen.

KÄMMER, F. (1974): Klima und Vegetation auf Tenerife, besonders im Hinblick auf den Nebelniederschlag. Scripta Geobotanica 7, 1–78. Grundlagenwerk.

KUNKEL, G. (1974): Flora de Gran Canaria. Bde 1–4. Las Palmas. Großformatige Bände mit prachtvollen Zeichnungen.

KUNKEL, G. (1993): Die Kanarischen Inseln und ihre Pflanzenwelt. Fischer, Stuttgart. Standardwerk.

SCHMIDT, H. (1992): Pflanzen auf Teneriffa. Basilisken-Pr., Marburg/L. Lebensräume und Arten in vielen brillanten Fotos.

SCHÖNFELDER, P. & I. SCHÖNFELDER (1997): Die Kosmos-Kanarenflora. Franckh-Kosmos, Stuttgart. Mehr als 850 Arten, 48 tropische Ziergehölze. Farbfotos.

Allgemeine und Wanderführer

ROGNER, M. (2002): Kanarische Inseln – Naturreiseführer. Natur- und Tier-Verlag, Münster

Es gibt zahlreiche Wanderführer für die ganze Inselgruppe wie für einzelne Inseln. Die naturkundlichen Informationen darin sind teilweise recht gut, teilweise falsch und unbrauchbar.
Es gibt Wanderführer für einzelne Inseln von den Verlagen Rother, München, Bruckmann, München, Kompass, Innsbruck, DuMont, Ostfildern und anderen.

Wörterbuch

Deutscher oder spanischer Name / wissenschaftlicher Name

Deutsche Bezeichnungen, die keine Artnamen, sondern Gattungsnamen oder höhere Kategorien darstellen sind in »Anführungszeichen« gestellt.

Insekten und Spinnen

Ameisenlöwe, -jungfer / *Euroleon* spec.

Baldachinspinne / *Cyrtophora citricola*
»Blattkäfer« / *Chrysolina sanguinolenta*

Distelfalter / *Vanessa cardui*

»Gespinstmotte« / *Yponomeuta gigas*

Kanaren-Kiefernspinner / *Macaronesia fortunata*
Kanarenbläuling / *Cyclyrius webbianus*
Kanarischer Admiral / *Vanessa vulcanica*
Kanarischer Blaupfeil / *Orthetrum chrysostigma*
Königslibelle / *Anax imperator*
Koschenilleschildlaus / *Dactylopius (Coccus) cacti*

Manto de Canarias / *Cyclyrius webbianus*
Monarch / *Danaus plexippus*

»Nonne« / *Macaronesia fortunata*

»Ölkäfer« / *Meloë tuccius*
Opuntienspinne / *Cyrtophora citricola*

Palma-Zitronenfalter / *Gonepteryx palmae*
»Pelzbiene« / *Anthophora* spec.

»Raubfliege« / *Promachus* spec.

»Schwarzkäfer« / *Pimelia sparsa albohumeralis*
»Siebenpunkt« / *Coccinella* spec.

Wanderheuschrecke / *Schistocerca gregaria*

Zitronenfalter / *Gonepteryx cleobule*

Sonstige Wirbellose

»Höhlenkrebs« / *Munidopsis polymorpha*

Lorbeerwaldschnecke / *Insulivitrina lamarcki*

Meerohr / *Haliotis coccinea*

»Napfschnecke« / *Patella* spec.

Portugiesische Galeere / *Physalia physalis*

Rennkrabbe / *Grapsus grapsus*
Rotmundleistenschnecke / *Thais haemastoma*

Segelqualle / *Velella velella*
Sepia-Tintenfisch / *Sepia* spec.

»Tintenfisch« / *Spirula spirula*

Turbanschnecke / *Astraea rugosa*
Turmschnecke / *Rumina decollata*

Wachsrose / *Anemonia sulcata*

Fische, Amphibien

Iberischer Seefrosch / *Rana perezi*

Laubfrosch / s. Mittelmeerlaubfrosch

Meeräsche / *Mugil* spec.
»Meerbarsch« / *Diplodus cervinus*
»Meergrundel« / *Mauligobius maderensis*
Meerpfau / *Thalassoma pavo*
Mittelmeerlaubfrosch / *Hyla mediterranea*

Saharafrosch / *Rana saharica*
»Schleimfisch« / *Ophioblennius atlanticus*
Seehase / *Aplysia dactylomela*

Reptilien

Fuerteventura-Gecko / *Tarentola angustimentalis*

Gestreifter Kanarenskink / *Chalcides sexlineatus*
Gestreifter Kanarengecko / *Tarantola boettgeri*
Gomeragecko / *Tarentola gomerensis*
Gomera-Rieseneidechse / *Gallotia gomerana*

Hierro-Rieseneidechse / *Gallotia simonyi*

Kanareneidechse / *Gallotia galloti*
Kanarengecko / *Tarentola delalandii*
Kleine Kanareneidechse / *Gallotia caesaris*

Lagarto gigante del Hierro / *Gallotia simonyi*

Ostkanareneidechse / *Gallotia atlantica*

Purpurarieneidechse / *Gallotia atlantica*

Riesenkanareneidechse / *Gallotia stehlinii*

Teneriffagecko / *Tarentola delalandii*
Teno-Rieseneidechse / *Gallotia intermedia*

Westkanareneidechse (nördliche) / *Gallotia galloti eisentrautii*
Westkanareneidechse (südliche) / *Gallotia galloti galloti*
Westkanareneidechse / *Gallotia galloti gomerae*

Vögel

Alpenkrähe / *Pyrrhocorax pyrrhocorax*
Alpenstrandläufer / *Calidris alpina*
Amsel / *Turdus merula*

Blässhuhn / *Fulica atra*
Blauflügelente / *Anas discors*
Bluthänfling / *Carduelis cannabina*
Brandseeschwalbe / *Sterna sandvicensis*
Brillengrasmücke / *Sylvia conspicillata*

Buchfink / *Fringilla coelebs* subspec.
Buntspecht / *Dendrocopos major*

Einfarbsegler / *Apus unicolor*
Eleonorenfalke / *Falco eleonorae*

Fahlsegler / *Apus pallidus*
Feldsperling / *Passer montanus*
Felsenhuhn / *Alectoris barbara*
Felsentaube / *Columba livia*
Fischadler / *Pandion haliaetus*
Flussseeschwalbe / *Sterna hirundo*
Flussuferläufer / *Actitis hypoleucos*

Gebirgsstelze / *Motacilla cinerea*
Girlitz / *Serinus serinus*
Graja / *Pyrrhocorax pyrrhocorax*
Gran Canaria-Rotkehlchen / *Erithacus [superbus] marionae*
Grauammer / *Emberiza calandra*
Graureiher / *Ardea cinerea*
Grünfink / *Carduelis chloris*
Grünschenkel / *Tringa nebularia*

Halsbandsittich / *Psittacula krameri*
Haussperling / *Passer domesticus*
Heiliger Ibis / *Threskiornis aethiopicus*
Hirtenmaina / *Acridoteres tristis*
Hubara / *Chlamydotis undulata*

Kampfläufer / *Philomachus pugnax*
Kanarengirlitz / *Serinus canaria*
Kanarenpieper / *Anthus berthelotii*
Kanaren-Raubwürger / *Lanius koenigi*
Kanarenschmätzer / *Saxicola dacotiae*
Kanarentaube / *Columba bollii*
Kanaren-Zilpzalp / *Phylloscopus canariensis*
Kanarienvogel / *Serinus canaria*
Kiebitzregenpfeifer / *Pluvialis squatarola*
Kolkrabe / *Corvus corax*
Kragentrappe / *Chlamydotis undulata fuertaventurae*
Kronenkranich / *Balearica pavonina*
Kuhreiher / *Bubulcus ibis*

Löffler / *Platalea leucorodia*
Lorbeertaube / *Columba junoniae*

Marmelente / *Marmaronetta angustirostris*
Mäusebussard / *Buteo buteo insularum*
Mehlschwalbe / *Delichon urbica*
Mittelmeermöwe / *Larus cachinnans atlantis*
Mönchsgrasmücke / *Sylvia atricapilla*
Mönchssittich / *Myiopsitta monachus*

Pfuhlschnepfe / *Limosa lapponica*

Raubwürger / *Lanius excubitor koenigi*
Rauchschwalbe / *Hirundo rustica*
Regenbrachvogel / *Numenius phaeopus*
Rennvogel / *Cursorius cursor*
Ringschnabelente / *Aythya collaris*
Rostgans / *Tadorna ferruginea*
Rotkehlchen / *Erithacus rubecula*
Rotmilan / *Milvus milvus*
Rotschenkel / *Tringa totanus*

Samtkopfgrasmücke / *Sylvia melanocephala*
Sanderling / *Calidris alba*
Sandflughuhn / *Pterocles orientalis*
Sandregenpfeifer / *Charadrius hiaticula*
Schleiereule / *Tyto alba*
Schmutzgeier / *Neophron percnopterus*
Schwarzer Austernfischer / *Haematopus meadewaldoi*
Seeregenpfeifer / *Charadrius alexandrinus*
Seidenreiher / *Egretta garzetta*
Sepiasturmtaucher / *Puffinus borealis*
Sperber / *Accipiter nisus*
Star, Europäischer / *Sturnus vulgaris*
Steinsperling / *Petronia petronia*
Steinwälzer / *Arenaria interpres*
Stelzenläufer / *Himantopus himantopus*
Stieglitz / *Carduelis carduelis*
Stummellerche / *Calandrella rufescens*

Teichhuhn / *Gallinula chloropus*
Teidefink / *Fringilla teydea*
Teneriffa-Goldhähnchen / *Regulus (regulus) teneriffae*
Teneriffa-Blaumeise / *Parus teneriffae*
Teneriffa-Rotkehlchen / *Erithacus superbus*
Triel / *Burhinus oedicnemus*
Türkentaube / *Streptopelia decaocto*
Turmfalke / *Falco tinnunculus*
Turteltaube / *Streptopelia turtur*

Uferschnepfe / *Limosa limosa*
Uferschwalbe / *Riparia riparia*

Waldohreule / *Asio otus*
Waldschnepfe / *Scolopax rusticola*
Weidensperling / *Passer hispaniolensis*
Weißkopfmöwe / *Larus cachinnans*
Wellenastrild / *Estrilda astrild*
Wiedehopf / *Upupa epops*
Wüstenfalke / *Falco pelegrinoides*
Wüstengimpel / *Rhodopechys githaginea*

Zilpzalp / *Phylloscopus collybita*
Zwergdommel / *Ixobrychus minutus*

Säugetiere

Dromedar / *Camelus dromedarius*

Esel / *Equus asinus*

Grindwal / *Globicephala melaena*

Hausziege / *Capra aegagrus hircus*

Kanarische Spitzmaus / *Crocidura canariensis*

Mönchsrobbe / *Monachus monachus*
Mufflon / *Ovis musimon*

Nordafrikanisches Erdhörnchen / *Atlantoxerus getulus*

Tümmler / *Tursiops truncatus*

Wanderigel / *Erinaceus (Aethechinus, Atelerix) algirus*
Wildkaninchen / *Oryctolagus cuniculus*

Pflanzen

»Aeonium« / *Aeonium*, zahlreiche Arten
Adlerfarn / *Pteridium aquilinum*
Affodill, Kleinfr. / *Asphodelus microcarpus*
Affodill, Röhriger / *Asphodelus fistulosus*
Afrikanische Tamariske / *Tamarix africana*
Agave / *Agave americana*
Ahornblättrige Strauchpappel / *Lavatera acerifolia*
Akazie / *Acacia* spec.
Aleppokiefer / *Pinus halepensis*
Alheli montunjo / *Cheiranthus virescens*
Ampfer / *Rumex vesicarius*
Ampferstrauch / *Rumex lunaria*
Artischocke, Wilde / *Cynara cardunculus*
Aschersons Wegerich / *Plantago aschersonii*
Asphaltklee / *Psoralea bituminosa*
Ästige Sonnenwende / *Heliotropium erosum*
    (=ramosissimum)
Avocadobaum / *Persea gratissima (P. americana)*

Balsamwolfsmilch / *Euphorbia balsamifera*
Banane / *Musa cavendishii* und *M. paradisiaca*
Baumförmige Wolfsmilch / *Euphorbia mellifera*
Baum-Gänsedistel / *Sonchus congestus*
Baumheide / *Erica arborea*
Baumnessel / *Gesnouinia arborea*
Begonie / *Begonia* spec.
Behaartes Bartgras / *Hyparrhenia hirta*
»Bergminze« / *Micromeria* spec. *(= Satureja)*
Berthelot-Wolfsmilch / *Euphorbia berthelotii*
Blasenampfer / *Rumex vesicarius*
Blattlose Wolfsmilch / *Euphorbia aphylla*
Blauer Teidenatternkopf / *Echium auberianum*
Blutrote Zinerarie / *Pericallis cruenta*
Bocksdorn / *Lycium intricatum*
Braune Fensterpflanze / *Ceropegia fusca*
»Braunwurz« / *Scrophularia calliantha*
Breitblättriger Blaustern / *Scilla latifolia*
Bremsenragwurz / *Ophrys bombyliflora*
Brezo / *Erica scoparia* und *arborea*

Capitana / *Phyllis nobla*
Cardón / *Euphorbia canariensis*
Cienfuego / *Lotus pyranthus*
Codeso / *Adenocarpus foliolosus*
Codeso de Cumbre (Codeso del Teide) /
    Adenocarpus viscosus
Cresta de Gallo / *Digitalis canariensis*

Dornlattich / *Launaea arborescens*
Drachenbaum / *Dracaena draco*
Drago s. Drachenbaum

Efeublättriger Streifenfarn / *Asplenium hemionitis*
Eisblume, Eispflanze / *Mesembryanthemum*
    crystallinum
Engelsfarn, Kanarischer / *Polypodium macaronesicum*
Escobón / *Chamaecytisus proliferus*
Esskastanie / *Castanea sativa*
Eukalyptus / *Eucalyptus globulus*

Fadenblättrige Margerite / *Argyranthemum filifolium*
Faya / *Myrica faya*
Federborstengras / *Pennisetum setaceum*

Feige / *Ficus carica*
Feigenkaktus / *Opuntia ficus-indica*
Fingergras / *Cynodon dactylon*
»Flechte« / *Xanthoria parietina*
Fliegenblume / *Caralluma burchardii*
Französische Zistrose / *Cistus monspeliensis*

Glatte Frankenie / *Frankenia laevis*
Gabelästiger Allagopappus / *Allagopappus*
    dichotomus
Gagelbaum / *Myrica faya*
»Gänsedistel« / *Sonchus acaulis*
Gefiederter Lavendel / *Lavandula pinnata*
Gelbe Fensterpflanze / *Ceropegia dichotoma*
Gelbe Hauhechel / *Ononis natrix*
Gelber Sauerklee / *Oxalis cernua (O. pes-caprae)*
Gibalbera / *Semele androgyna*
Ginsterwinde / *Convolvulus scoparius*
Glockenblütenbaum / *Spathodea campanulata*
Goldmohn / *Eschscholzia californica*
Gold-Schriftfarn / *Ceterach aureum*
Goldstern, Mittlerer / *Nauplius intermedius*
Goldstern, Seidiger / *Nauplius sericeus*
Gran Canaria-Drachenbaum / *Dracaena tamaranae*
»Greenovia« / *Greenovia diplocycla*
Grüne Schizogine / *Schizogyne glaberrima*

Heliotrop / *Heliotropium erosum (H. ramosissimum)*
Hierro-Rose / *Greenovia aurea*
Hija de Don Enrique / *Sventenia bupleuroides*
»Hornklee« / *Lotus spartioides, L. hillebrandii,*
    L. maculatus, L. berthelotii, L. pyranthus,
    L. mascaensis

Jandía-Wolfsmilch / *Euphorbia handiensis*
Japanische Mispel / *Eriobotrya japonica*
Jochblatt / *Zygophyllum fontanesii*

Kalifornischer Mohn / *Eschscholzia californica*
Kanaren-Ampferstrauch / *Rumex lunaria*
Kanareneiskraut / *Aizoon canariense*
Kanarenenzian / *Ixanthus viscosus*
Kanarenkiefer / *Pinus canariensis*
Kanaren-Krummblüte / *Campylanthus salsoloides*
Kanarenorchis / *Orchis canariensis*
Kanaren-Schneeball / *Viburnum tinus* ssp. *rigidum*
Kanaren-Sonnenröschen / *Helianthemum canariense*
Kanarenstendel / *Habenaria tridactylites*
Kanaren-Storchschnabel / *Geranium canariense*
Kanaren-Strauchflockenblume / *Cheirolophus*
    canariensis
Kanaren-Wacholder / *Juniperus turbinata*
Kanaren-Zitronenstrauch / *Cedronella canariensis*
Kanarische Besenrauke / *Descurainia bourgeauana*
Kanarische Dattelpalme / *Phoenix canariensis*
Kanarische Gänsedistel (Wollgänsedistel) / *Sonchus*
    canariensis
Kanarische Glockenblume / *Canarina canariensis*
Kanarische Kiefer / *Pinus canariensis*
Kanarische Ragwurz / *Ophrys canariensis*
Kanarische Stechpalme / *Ilex canariensis*
Kanarische Steinbeere / *Neochamaelea pulverulenta*
Kanarische Tamariske / *Tamarix canariensis*
Kanarische Weide / *Salix canariensis*

Kanarische Zinerarie / *Senecio webbii*
Kanarischer Blaustern / *Scilla haemorrhoidalis*
Kanarischer Erdbeerbaum / *Arbutus canariensis*
Kanarischer Fingerhut / *Digitalis canariensis*
Kanarischer Holunder / *Sambucus canariensis*
Kanarischer Krugfarn / *Davallia canariensis*
Kanarischer Lorbeer / *Laurus novocanariensis*
Kanarischer Salbei / *Salvia canariensis*
Kanarischer Wacholder / *Juniperus turbinata*
Kanarisches Flachkraut / *Aizoon canariensis*
Kanarisches Johanniskraut / *Hypericum canariense*
Kanarisches Sonnenröschen / *Helianthemum
   canariense*
Kandelaberwolfsmilch / *Euphorbia canariensis*
Kastanie, Edelkastanie / *Castanea sativa*
Kasuarine / *Casuarina equisetifolia*
Kiefer, Kanarische / *Pinus canariensis*
Kiefern-Bergminze / *Micromeria pineolens*
Klebriger Alant / *Inula (Dittrichia) viscosa*
Klebriger Codeso / *Adenocarpus viscosus*
Kleinfrüchtiger Affodill / *Asphodelus microcarpus*
König-Juba-Wolfsmilch / *Euphorbia regis-jubae*
Krapp / *Rubia fruticosa*
Kristall-Mittagsblume / *Mesembryanthemum
   crystallinum*
Kronenmargerite / *Chrysanthemum coronarium*
Krummstab, Gemeiner / *Arisarum vulgare*
»Krustenflechte« / *Xanthoria parietina*
Kuckucksknabenkraut / *Orchis mascula*

Lanzarote-Hornklee / *Lotus lancerottensis*
Lanzarote-Natternkopf / *Echium lancerottense*
Lanzarote-Steckenkraut / *Ferula lancerottensis*
La Palma-Veilchen / *Viola palmensis*
»Lavendel« / *Lavandula pinnata* und *L. minutolii*
Lockerblättriges Aichryson / *Aichryson laxum*
Lorbeer, Kanarischer / *Laurus novocanariensis*
Lotwurzblättriger Natternkopf / *Echium onosmifolium*

Madeira-Margerite / *Argyranthemum maderense*
Makaronesischer Tüpfelfarn / *Polypodium
   macaronesicum*
Mandelbaum / *Prunus amygdalus*
»Margerite« / *Argyranthemum* spec.
Marmulán / *Sideroxylon marmulano*
Mastkraut / *Sagina procumbens*
Maulbeerblättrige Brennessel / *Urtica morifolia*
Mauermiere / *Paronychia gomerensis*
Mäusefalle / *Forsskålea angustifolia*
Medusenhauptwinde / *Convolvulus caput-medusae*
Meerkohl / *Cakile maritima*
Milchdistel / *Galactites tomentosa*
Mittagsblume / *Mesembryanthemum* spec.
Mocán / *Visnea mocanera*
Mönchsohr / *Aeonium undulatum*
Montereykiefer / *Pinus radiata (P. insignis)*
Moquins Traganum / *Traganum moquinii*
Murray-Zinerarie / *Pericallis murrayi*

Napffrüchtige Rübe / *Patellifolia patellaris*
»Natternkopf« / *Echium* spec.
Nierenblättriger Milzfarn / *Adiantum reniforme*
Nymphendolde / *Astydamia latifolia*

Oleander / *Nerium oleander*
Ombu / *Phytolacca dioica*
Opuntie / *Opuntia ficus-indica* und *O. dillenii*
Orchilla-Flechte (Orseille) / *Roccella tinctoria*

Palo blanco / *Picconia excelsa*
Paradiesvogelblume / *Strelitzia reginae*
Parolinia, Geschmückte / *Parolinia ornata*
Phönizischer Wacholder / *Juniperus phoenicea*
»Pimpinelle« / *Pimpinella junoniae*
Plocamaähnlicher Spargel / *Asparagus plocamoides*
Poleo / *Bystropogon origanifolius* und *B. plumosus*
Poleo del monte / *Bystropogon canariensis*
Portugiesischer Kirschlorbeer / *Prunus lusitanica*
Punktiertes Aichryson / *Aichryson punctatum*

Queller, Strauchiger / *Arthrocnemum macrostachyum*

Ratonera / *Forsskålea angustifolia*
Reina del monte / *Ixanthus viscosus*
Retama del Teide / *Spartocytisus supranubius*
Reichardie / *Reichardia tingitana*
Rotbraune Wolfsmilch / *Euphorbia atropurpurea*
Roter Teidenatternkopf / *Echium wildpretii*

Sandliebendes Androzymbium / *Androcymbium
   psammophilum*
»Sauerklee« / *Oxalis cernua (O. pes-caprae)*
Scheidenblättrige Zistrose / *Cistus symphytifolius*
Scheinkrokus / *Romulea columnae*
Schizogine / *Schizogyne sericea*
Schizogine, Grüne / *Schizogyne glaberrima*
Schmalblättrige Hauhechel / *Ononis natrix*
Schneeweißes Nagelkraut oder Vielfrucht /
   Polycarpaea nivea
Schönblütige Braunwurz / *Scrophularia calliantha*
Schönkerziger Natternkopf / *Echium callithyrsum*
Schultz-Goldstern / *Nauplius schultzii*
Schwalbenwurzgewächse / Asclepiadaceae
Schweifblatt / *Dipcadi serotinum*
Seidiger Goldstern / *Asteriscus (Nauplius) sericeus*
Skorpionskraut / *Heliotropium* spec.
»Sonnenröschen« / *Helianthemum canariense*
Spanisches Rohr / *Arundo donax*
Stachelfrüchtiger Natternkopf / *Echium
   acanthocarpum*
Stachliger Natternkopf / *Echium aculeatum*
Stadt-Aeonium / *Aeonium urbicum*
Stechbinse / *Juncus acutus*
Stengellose Gänsedistel / *Sonchus acaulis*
Stinklorbeer / *Ocotea foetens*
Stinkstrauch / *Bosea yervamora*
Strandflieder / *Limonium pectinatum*
Strandmargerite / *Argyranthemum frutescens*
Strandwolfsmilch / *Euphorbia paralias*
Strauchige Ceballosie / *Ceballosia (=Messerschmidia)
   fruticosa*
Strelitzie / *Strelitzia reginae*
Stumpfblättrige Wolfsmilch / *Euphorbia obtusifolia*

Tabaco moro (Wilder Tabak) / *Nicotiana glauca*
Tabaiba dulce / *Euphorbia balsamifera*
Talerfarn / *Adiantum reniforme*
Tamariske / *Tamarix africana* und *T. canariensis*

Tanger-Reichardie / *Reichardia tingitana*
Tasaigo / *Rubia fruticosa*
Teide-Edelweiß / *Gnaphalium teydeum*
Teideginster / *Spartocytisus nubigenus*
  (S. supranubius)
Teidelack / *Cheiranthus scoparius (Erysimum*
  scoparium)
Teidenatternkopf, Blauer / *Echium auberianum*
Teidenatternkopf, Roter / *Echium wildpretii*
Teiderauke / *Descurainia bourgeauana*
Teideskabiose / *Pterocephalus lasiospermus*
Teideveilchen / *Viola cheiranthifolia*
Tejo / *Erica scoparia*
Teufelszwirn / *Cuscuta approximata*
Til (Stinklorbeer) / *Ocotea foetens*

Valo / *Plocama pendula*
Venushaar / *Adiantum capillus-veneris*
Venusnabel / *Umbilicus horizontalis*
Verode / *Senecio kleinii (Kleinia neriifolia)*
Verzweigter Beifuß / *Artemisia ramosa*
»Vieraea« / *Vieraea laevigata*
Viñatigo / *Persea indica*

Waldhahnenfuß / *Ranunculus cortusifolius*
Walnuss / *Juglans regia*
Wasserhahnenfuß / *Ranunculus* spec.
Wasserlinse / *Lemna* spec.
Weidenblättrige Kugelblume / *Globularia salicina*
Weißes Eupatorium / *Ageratina adenophora*
Wilde Artischocke / *Cynara cardunculus*
Wilder Ölbaum / *Olea europaea* ssp. *guanchica*
Wilder Tabak / *Nicotiana glauca*
Wolfsmilch / *Euphorbia* spec.
Wollgänsedistel / *Sonchus acaulis*
Wolliges Gliedkraut / *Sideritis dasygnaphala*
Wurzelnder Kettenfarn / *Woodwardia radicans*

Zedernwacholder / *Juniperus cedrus*
Zinerarie / *Pericallis* spec.
Zweiblättriger Grünstendel / *Gennaria diphylla*
Zweifarbiger Schöterich / *Erysimum bicolor*
Zweihäusige Kermesbeere / *Phytolacca dioica*
Zwergbanane / *Musa cavendishii*
»Zwergheliotrop« / *Heliotropium erosum, bacciferum*
Zwergstrandflieder / *Limonium pectinatum*
»Zypergras« / *Cyperus kallii, C. capitatus*

Register

Fettgedruckte Seitenzahlen verweisen auf Abbildungen, *schräg gedruckte* auf Essays (im Text beige unterlegt).

Pflanzen und Tiere

In dieses Register sind auch teilweise wissenschaftliche Namen von Arten eingefügt, die im Text nur mit deutschem Namen genannt werden.

Orte, Sachbegriffe, Personen

Danksagung

Bärbel und Dr. Herbert HOHMANN und Joachim HELLMICH haben Teile des Manuskripts kritisch durchgesehen. Ihnen danken wir herzlich. Im Übrigen gilt der Dank auch denjenigen Personen, die uns bei den früheren Auflagen des Buches unterstützt haben. Für besondere Hinweise sind wir Joachim HELLMICH, Dr. Ulrich JOGER und Dr. Jochen TAMM dankbar.

Für bereitgestellte Fotos danken wir Bärbel und Dr. Herbert HOHMANN, Hans-Dietrich LÜDEMANN und Dr. Martin STOCK.

Bildnachweis

B. & H. Hohmann: 27, 46 u, 49 o, 78 u, 143 u
H.-D. Lüdemann: 194, 195
M. Stock: 8
Alle anderen Fotos: W. Engländer & H.-H. Bergmann

Umschlagfotos:
H.-H. Bergmann (vorne: Las Cañadas mit Teide auf Teneriffa; hinten: Kanarenschmätzer);
W. Engländer (hinten: Kanaren-Glockenblume; Felsküste bei Tindaya, Fuerteventura)

Fotos Seite 1:
H.-H. Bergmann (links: Rotbraune Wolfsmilch, Teneriffa; rechts: Teidefink-Männchen, Teneriffa);
W. Engländer (Mitte links: Felslandschaft im Zentrum Gran Canarias; Mitte rechts: Hornklee *Lothus berthelotii*)

Foto S. 2/3: Andén Verde, Gran Canaria, W. Engländer

Der ideale Reisebegleiter – hier finden Sie auch die Stimmen der Vögel der Kanarischen Inseln!

Bergmann/Helb/Baumann

Die Stimmen der Vögel Europas

Dieses Buch erschließt die bezaubernde Welt der Vogelstimmen.

Alle in Europa vorkommenden Vogelarten sind farbig abgebildet, werden ausführlich vorgestellt und deren Lautäußerungen umfassend, auch mit ihrer biologischen Bedeutung, beschrieben. Völlig neu und bisher einmalig ist, dass sämtliche im Buch durch farbige Sonagramme dargestellten Rufe und Gesänge mittels der beigefügten DVD auch akustisch unterlegt werden können. Die Tonbeispiele sind sowohl in der Originalqualität als auch in MP3-Komprimierung enthalten, sodass direkte Vergleiche oder »Animationen« in der freien Natur möglich sind. Besonders hilfreich hierbei ist, dass die rufenden oder singenden Vögel – bei geeigneten Geräten – auch als Bild erscheinen, und zwar mit Einblendung der deutschen und wissenschaftlichen Namen. Ein einprägsamer Einführungskurs in Text und Ton ermöglicht auch Anfängern eine problemlose Benutzung dieses Buches.

474 Vogelportraits mit 914 Rufen und Gesängen auf 2.200 Sonagrammen

1. Aufl. 2008. 672 S., durchgehend farbig illustriert, 2.200 Sonagramme, geb., inkl. Begleit-DVD

ISBN 978-3-89104-710-1
Best.-Nr. 315-01084   **€ 39,95**

AULA-Verlag GmbH
Industriepark 3 · 56291 Wiebelsheim · Tel: 0 67 66 / 903-141 · Fax: 0 67 66 / 903-320
E-Mail: vertrieb@aula-verlag.de · www.verlagsgemeinschaft.com

Entdecken Sie das große
Natur- und Reisemagazin

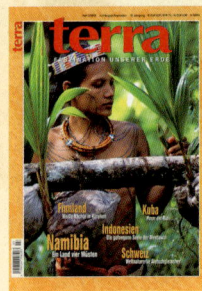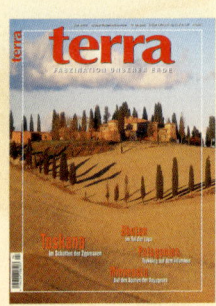

terra
FASZINATION UNSERER ERDE

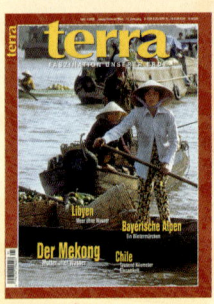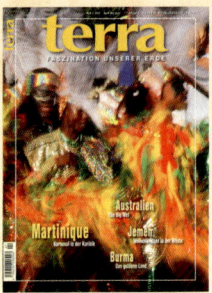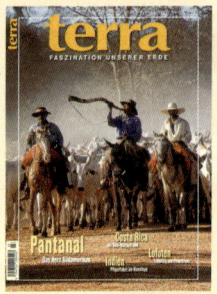

Von den Dschungeln Indochinas bis ins ewige Eis der Antarktis – entdecken Sie grandiose Naturlandschaften und faszinierende Kulturen, feinfühlig fotografierte Bildstrecken und fesselnde Reportagen in **terra**.

NEUES SEHEN
NATUR ERLEBEN

terra – Bestellen Sie 1 Exemplar kostenlos zum Kennenlernen!

4x im Jahr für 31,- €
(Einzelausgabe 8,20 €)

Tecklenborg Verlag · **terra**-Leserservice · Siemensstraße 4 · 48565 Steinfurt
Telefon (0 25 52) 920-02 · Telefax 920-180 · www.tecklenborg-verlag.de

Spaniens älteste Kulturlandschaft

Joachim Griesinger,
Manuela Seifert
Extremadura
Spaniens älteste Kulturlandschaft
128 Seiten, 122 Abbildungen
Gebunden, 28 x 24 cm
ISBN 10: 3-939172-20-0
ISBN 13: 978-3-939172-20-8
€ 34,80 / sFr 60,20

Ein Paradies für Naturfotografen

Die Extremadura im Südwesten Spaniens übt schon immer eine magische Anziehungskraft auf Naturfotografen aus. Nirgendwo sonst in Europa findet man eine höhere Artenvielfalt an Pflanzen und vor allem an Vögeln. Besonders viele Greifvogelarten kreisen in der Thermik über den Gebirgsketten und Ebenen, die mit immergrünen Stein- und Korkeichen bedeckt sind und besonders im Sommer an die afrikanische Savanne erinnern. Über 80.000 Kraniche verbringen den Winter in der weitläufigen Dehesa und teilen sich die Früchte der Steineichen mit den schwarzen iberischen Hausschweinen. Groß- und Zwergtrappen, Spieß- und Sandflughühner, Triele und Wiesenweihen haben in den ausgedehnten Kultursteppen Zuflucht gefunden. Im Frühling findet man riesige Blütenteppiche aus blauem Natternkopf, violettem Schopflavendel, grellgelben Wucherblumen und rotem Mohn und überall hängt der betörende Duft der Lackzistrosen in der Luft. Die beiden Autoren und Spanienkenner beschreiben in ihrem Buch die verschiedenen Lebensräume der Extremadura und verraten dabei die besten Gebiete zum Fotografieren.

Autorin und Fotograf

Manuela Seifert
Die Biologin hat über 8 Jahre lang ein Umweltbildungszentrum in der Extremadura geleitet und ist immer noch in dortigen Naturschutzprojekten involviert.

Joachim Griesinger ist Diplombiologe und kam über die Ornithologie schon früh zur Naturfotografie. Sein Beruf als Veranstalter von Natur- und Fotoreisen führt ihn jährlich mehrmals in die Extremadura. Durch die Kombination von verhaltensbiologischem Wissen, Hartnäckigkeit beim Thema und Geduld, setzt er die Motive dieser einzigartigen Landschaft und ihrer Tier- und Pflanzenwelt in aussagekräftige Bilder um.

Bestellungen bitte an:
Tecklenborg Verlag · Siemensstraße 4 · 48565 Steinfurt
Telefon (02552) 920-02 · Telefax 920-180 · www.tecklenborg-verlag.de